La Bohême galante
suivie de
Petits châteaux de Bohême

Gérard de Nerval

La Bohême galante

suivie de Petits châteaux de Bohême

Édition critique par Jean-Nicolas Illouz

PARIS
CLASSIQUES GARNIER
2022

Spécialiste de la poésie du XIXe siècle, Jean-Nicolas Illouz étudie les questions esthétiques liées à la prose des poètes, au lyrisme moderne et à l'interprétation réciproque des arts. Ses travaux portent plus particulièrement sur Nerval, qu'il édite et commente, sur Rimbaud et sur Mallarmé. Il dirige les *Œuvres complètes* de Nerval, et codirige, avec Henri Scepi, la *Revue Nerval*.

Couverture : *La vie à Montmartre* / Georges Montorgueil ; illustrations de Pierre Vidal. Date : 1899. Source : Gallica.bnf.fr.

ISBN 978-2-406-12465-8
ISSN 2417-6400

ABRÉVIATIONS

NPl
[pour : Nouvelle
édition de la Pléiade],
suivi du numéro du tome

NERVAL, Gérard de, *Œuvres complètes*, édition de Jean Guillaume et Claude Pichois, Paris, Gallimard, Bibliothèque de la Pléiade, t. I (1989), t. II (1984), t. III (1991).

OC,
suivi du numéro du tome

Œuvres complètes de Gérard de Nerval, sous la direction de Jean-Nicolas Illouz, Paris, Classiques Garnier.

OC I

Choix des poésies de Ronsard, Dubellay, Baïf, Belleau, Dubartas, Chassignet, Desportes, Régnier, édition de Jean-Nicolas Illouz et Emmanuel Buron, Paris, Classiques Garnier, 2011.

OC VII, vol. 1 et 2

Scènes de la vie orientale, édition de Philippe Destruel, Paris, Classiques Garnier, 2014.

OC IX

Les Illuminés, édition de Jacques-Remi Dahan, Paris, Classiques Garnier, 2015.

OC X

La Bohême galante, Petits châteaux de Bohême, édition de Jean-Nicolas Illouz, Paris, Classiques Garnier, 2020.

OC X bis

Les Nuits d'octobre, Contes et facéties, édition de Jean-Nicolas Illouz avec la collaboration de Gabrielle Chamarat, Paris, Classiques Garnier, 2018.

OC XI

Les Filles du feu, édition de Jean-Nicolas Illouz avec la collaboration de Jean-Luc Steinmetz, Paris, Classiques Garnier, 2015 (édition reprise en format de poche, éditions Garnier, Classiques Jaunes, 2018).

OC XIII

Aurélia, édition de Jean-Nicolas Illouz, Paris, Classiques Garnier, 2013 (édition reprise en format de poche, éditions Garnier, Classiques Jaunes, 2014).

BOHÈME, FUGUE, ET RHAPSODIE

La Bohême galante et les Petits châteaux de Bohême

Nerval publie *La Bohême galante* en feuilleton dans *L'Artiste* du 1ᵉʳ juillet au 15 décembre 1852 ; et, à la fin de cette même année, soit deux semaines plus tard, il fait paraître chez Eugène Didier (avec la date de l'année 1853), les *Petits châteaux de Bohême*, sous-titrés *Prose et poésie*.

Les deux textes sont issus d'une même matrice ; ils participent d'un même geste d'écriture ; mais, pris dans le jeu de ce constant *déplacement* qui préside à la création nervalienne, ils ne se superposent pas. De l'un à l'autre, un dessin, de vie autant que d'écriture, s'improvise, se reprend, et se médite.

Le point de départ est le même : il s'agit de répondre à une sollicitation d'Arsène Houssaye, ami du temps du Doyenné, devenu directeur de *L'Artiste* et administrateur du Théâtre-Français, qui invitait Nerval à ressusciter ses années de bohème, le contraignant de la sorte à se raconter lui-même, tout en l'incitant à récapituler son cheminement poétique.

La Bohême galante et les *Petits châteaux de Bohême* sont donc d'abord des œuvres *de circonstance*, où Nerval, en répondant à Arsène Houssaye – « Mon ami, vous me demandez si… » –, retrouve la manière dialogique qui a déjà été la sienne dans le feuilleton des *Faux Saulniers*, et qui vaut, ironiquement, comme un instrument de fuite ou d'esquive, afin que les détours, les caprices ou les zigzags conduisent à quelque but plus profond.

La ligne serpentine, toute de digressions concertantes, de *La Bohême galante*, prend l'allure, dans les *Petits châteaux de Bohême*, d'un parcours plus balisé, où, sous le couvert de la fantaisie, trois fils d'écriture s'entremêlent savamment et vibrent ensemble : – un fil historique, qui fait de la bohème le *lieu commun* d'une génération ; – un fil autobiographique, qui est pour Nerval l'occasion, moins d'un dévoilement, que d'une *fugue* perpétuelle ; – et un fil poétique, qui change la forme ancienne du prosimètre en une *rhapsodie* de vers et de prose, – Nerval cousant ensemble ses textes passés, pour chercher dans la diversité de leurs combinaisons possibles celle-là seule qui délivrerait le chiffre d'un « Destin ».

BOHÊME NERVALIENNE

Arsène Houssaye, donc, invite Nerval à raconter les souvenirs de leurs communes années de bohème au temps du Doyenné.

Cet épisode de l'histoire du romantisme est connu. Le quartier du Doyenné appartient à la topographie du « vieux Paris » romantique : déjà détruit au moment où Nerval entreprend de le ressusciter poétiquement (« Notre palais est rasé. J'en ai foulé les débris l'automne passé[1] »), il était situé à l'emplacement actuel de la place du Carrousel et de la pyramide du Louvre, – non loin alors des ruines de l'église Saint-Thomas-du-Louvre et de l'hôtel de Longueville, telles qu'on peut les voir sur un tableau de Lina Jaunez exposé au salon de 1833[2]. En 1834, Camille Rogier, bientôt rejoint par Gérard et par Arsène Houssaye, avait loué un appartement au 3 impasse du Doyenné, tout près du pied-à-terre qu'occupait Théophile Gautier, situé quant à lui, non pas impasse, mais rue du Doyenné. Abrité « sous une aile du Louvre » (comme l'écrit Arsène Houssaye cité par Nerval[3]), ce coin de Paris, chargé d'histoire, n'en ressemblait pas moins à un « coupe-gorge », si l'on en croit la description qu'en donne Balzac dans *La Cousine Bette* (1846)[4], – bien éloignée de l'évocation bucolique que lui préfère Nerval,

---

1   *La Bohême galante*, p. 39 ; *Petits châteaux de Bohême*, p. 147. La démolition du quartier du Doyenné avait commencé en 1851, ce qui valut à Nerval d'être expulsé du logement qu'il occupait alors rue Saint-Thomas-du-Louvre : il reproduit l'ordre d'expulsion dans *Les Faux Saulniers*, NPl II, p. 95-96. Les travaux qui transforment le quartier du Carrousel nourrissent aussi la mélancolie de Baudelaire dans « Le Cygne » : « (La forme d'une ville / Change plus vite, hélas ! que le cœur d'un mortel) ».

2   On peut voir une reproduction du tableau de Lina Jaunez, *Vues des ruines de la chapelle du Doyenné*, conservé au musée Carnavalet, dans le catalogue de l'exposition *Gérard de Nerval*, Bibliothèque historique de la ville de Paris, 1996, p. 25.

3   *La Bohême galante*, p. 38 ; *Petits châteaux de Bohême*, p. 147.

4   Balzac, *La Cousine Bette*, *La Comédie humaine*, Paris, Gallimard, Bibliothèque de la Pléiade, t. V, 1936, p. 99-100 : « La rue et l'impasse du Doyenné, voilà les seules voies intérieures de ce pâté sombre et désert où les habitants sont probablement des fantômes, car on n'y voit jamais personne. [...] Enterrées déjà par l'exhaussement de la place, ces maisons sont enveloppées de l'ombre éternelle que projettent les hautes galeries du Louvre, noircies de ce côté par le souffle du Nord. Les ténèbres, le silence, l'air glacial, la profondeur caverneuse du sol concourent à faire de ces maisons des espèces de cryptes, des tombeaux vivants. Lorsqu'on passe en cabriolet le long de ce demi-quartier mort, et que le regard s'engage dans la ruelle du Doyenné, l'âme a froid, l'on se demande qui peut demeurer là, ce qui doit s'y passer le soir, à l'heure où cette ruelle se change en coupe-gorge, et où les

citant Virgile (« *Arcades ambo* »), après le *Pastor fido* de Guarini, au début de ses deux « *Bohême* ». Là, en tout cas, autour du groupe formé par Gautier, Nerval, Rogier et Houssaye, passaient artistes, poètes et journalistes. Les noms diffèrent selon les témoignages, mais l'on y voit, notamment, Pétrus Borel, Henry d'Egmont, Alphonse Esquiros, Hippolyte Lucas, Alexandre Weill, Frédéric Villot, Paul Chenavard, Roger de Beauvoir, Édouard Ourliac, Alphonse Karr, Gabriel Laviron, Victor Loubens, Prosper Marilhat, Célestin Nanteuil… Les décorations du « vieux salon du doyen », confiées aux « soins de tant de peintres, nos amis, qui sont depuis devenus célèbres[5] », sont restées dans les mémoires : les témoignages divergent[6] ; mais Nerval pour sa part mentionne des peintures de Rogier, Nanteuil, Wattier, Corot, Châtillon, Chassériau, Lorentz, Théodore Rousseau, et même un *Ribeira*. On y donnait « des bals, des soupers, des fêtes costumées » ; on y « jouait de vieilles comédies[7] » ; mais on y travaillait aussi : c'est l'époque où Nerval fonde *Le Monde dramatique* et développe à qui veut l'entendre ses théories sur le théâtre nouveau (qui est aussi le plus ancien) ; où Gautier lit les premiers vers de *La Comédie de la mort* ; où l'on projette souvent des œuvres en collaboration : Nerval avec Dumas, pour *Une Reine de Saba*, qui, abandonnée de Meyerbeer, tomba bientôt « dans le troisième dessous[8] » ; ou encore Nerval avec Gautier, pour *Les Confessions galantes de deux gentilshommes périgourdins*, qui ne virent pas davantage le jour[9]. Dans *Aurélia*, Nerval, évoquant sa

---

vices de Paris, enveloppés du manteau de la nuit, se donnent pleine carrière ? […] Voici bientôt quarante ans que le Louvre crie par toutes les gueules de ces murs éventrés, de ces fenêtres béantes : Extirpez ces verrues de ma face ! On a sans doute reconnu l'utilité de ce coupe-gorge, et la nécessité de symboliser au cœur de Paris l'alliance intime de la misère et de la splendeur qui caractérise la reine des capitales. »

5   *La Bohême galante*, p. 37 ; *Petits châteaux de Bohême*, p. 146.

6   Voir, outre la notice très complète sur le Doyenné dans le *Dictionnaire Nerval* de Claude Pichois et Michel Brix, l'article de Michel Brix, « Le musée imaginaire de Gérard de Nerval », *French Studies*, n° 52/4, 1998, p. 425-435.

7   *La Bohême galante*, p. 39 ; *Petits châteaux de Bohême*, p. 147. – Dans ses *Confessions* (1885), Houssaye insère une illustration de Camille Rogier représentant « Un déjeuner dans le salon de la rue du Doyenné » (voir une reproduction dans l'*Album Nerval* de la Bibliothèque de la Pléiade, p. 75). – Nerval donna au Doyenné un bal costumé le 18 novembre 1835 : Gautier y était vêtu en en costume Moyen Âge (voir le catalogue de l'exposition *Gérard de Nerval*, Bibliothèque historique de la ville de Paris, 1996, p. 27). Maurice Tourneux rapporte ce goût des bals costumés à « l'horreur de l'habit noir », caractéristique du bourgeois (*L'Âge du Romantisme. – Gérard de Nerval*, 1887, p. 4).

8   *Petits châteaux de Bohême*, p. 172.

9   Sur ce projet, voir Michel Brix, *Nerval journaliste*, Namur, Presses Universitaires de Namur, 1986, p. 109-110.

chambre à la clinique du docteur Blanche où il a rassemblé les « débris de [ses] diverses fortunes », mentionnera des restes du Doyenné sauvés des démolisseurs, avec notamment ces « panneaux de boiseries [...] couverts de peintures mythologiques exécutées par des amis aujourd'hui célèbres[10] » : il dessinera ainsi le parcours d'une vie de poète, qui, des années 1830 aux années 1850, l'aura conduit, symboliquement, de la bohème à l'asile.

Au moment où Nerval écrit *La Bohême galante* et les *Petits châteaux de Bohême*, le Doyenné a fait l'objet de plusieurs témoignages rétrospectifs et réélaborations littéraires : – Il y a, bien sûr, le (très mauvais) poème d'Arsène Houssaye, que Nerval cite au début de son texte pour se conformer à la manière dialogique qu'impose la commande que lui a passée Houssaye et pour donner un équivalent textuel à la nature intrinsèquement communautaire de la bohème : ce poème remonte à l'année 1840, et, au fil de ses reprises (de l'album au journal et du journal au recueil), il s'est successivement intitulé « Les Belles Amoureuses », « Le Beau Temps des poètes », et enfin « Vingt ans[11] » ; il faut noter que le poème comporte une allusion très directe (et peu subtile) aux amours de Nerval et de Jenny Colon, et qu'il est aussi implicitement lié à la crise de folie de 1841, puisque Houssaye l'avait republié, avec une brève notice, à la suite de l'article de Jules Janin qui, dans le *Journal des Débats* du 1er mars 1841, avait révélé au public la folie de Nerval. – Il y a, par ailleurs, avant 1852, au moins deux textes de Théophile Gautier consacrés au Doyenné : le plus long, publié dans *La Revue des Deux Mondes* du 1er juillet 1848, est le bel hommage funèbre que Gautier consacre au peintre orientaliste Prosper Marilhat, évoquant en commençant « la petite colonie d'artistes » et le « campement de bohèmes littéraires et pittoresques » qui se réunissaient au Doyenné[12] ; le second se trouve dans le compte rendu

---

10 *Aurélia*, OC XIII, p. 110. À noter que Nerval évoque encore les décorations du Doyenné dans une lettre à Dumas du 14 novembre 1853 (NPl III, p. 823).

11 Le poème d'Arsène Houssaye s'est en effet d'abord intitulé « Les Belles Amoureuses » dans le collectif *Les Belles Femmes de Paris et de la Province*, 2e série, 1840, p. 76-77 ; – puis « Le Beau Temps des poètes », dans *L'Artiste* en mars 1841 (2e série, t. VII, p. 168), où Houssaye le repu-blie avec une notice censée rassurer les lecteurs sur la santé de Nerval dont Janin a dévoilé la « folie » dans le *Journal des Débats* du 1er mars 1841 ; – cette version est reprise la même année dans les *Poésies d'Arsène Houssaye. Les Sentiers perdus*, Masgana, 1841, p. 78-83 ; – le poème prend ensuite le titre « Vingt ans » dans les *Poésies complètes*, publiées en 1850, et rééditées en 1852 au moment où Nerval compose *La Bohême galante*. – À noter qu'un autre poème d'Arsène Houssaye, « Adieu au bois » (première publication en 1845), évoque également plusieurs des noms de ceux qui formèrent la « poétique Bohème » (*Poésies complètes*, p. 164).

12 Théophile Gautier, *Histoire du Romantisme* suivi de *Quarante portraits romantiques*, édition d'Adrien Goetz, Paris, Gallimard, Folio classique, 2011, p. 185-215.

de la pièce de Murger et Barrière, *La Vie de Bohème*, publié dans *La Presse* le 26 novembre 1849, où Gautier met explicitement en parallèle la bohème de Murger et celle « que nous avions installée, il y a quelque quinze ans, au fond de la rue du Doyenné, ce désert en plein Carrousel, Camille Rogier, Arsène Houssaye, Gérard de Nerval, votre serviteur [écrit Gautier], et ce pauvre Ourliac, le *gracioso* de la troupe, mort de mélancolie dans les pratiques de la plus austère dévotion : un cénacle de rapins ayant l'amour de l'art et l'horreur du bourgeois ; fous, les uns de poésie, les autres de peinture ; celui-ci de musique, celui-là de philosophie ; poursuivant bravement l'idéal à travers la misère et les obstacles renaissants[13] ».

Après la mort de Nerval, d'autres textes feront renaître les souvenirs du Doyenné, alimentant sa légende. – Il faut citer à nouveau Arsène Houssaye, qui, dans ses *Confessions* (1885), sous-titrées *Souvenirs d'un demi-siècle*, tente de se donner la part belle dans l'invention de la bohème ; il faut mentionner aussi Maurice Tourneux, dans le portrait qu'il fait de Nerval dans *L'Âge du Romantisme* (1887). Mais le texte le plus poignant, et le plus en accord avec la note funèbre sourde que Nerval fait entendre dans *La Bohême galante* et les *Petits châteaux de Bohême*, est le poème de Théophile Gautier, « Le Château du Souvenir », publié d'abord dans *Le Moniteur universel* du 30 décembre 1861, et repris dans l'édition de 1863 d'*Émaux et Camées* : il s'agit d'une évocation hallucinée des « vaillants de dix-huit cent trente », de ceux du « Petit Cénacle » et de ceux du Doyenné. Cydalise Ire, amie de Camille Rogier et de Gautier, y apparaît comme la figure d'un tableau qui sortirait de son cadre :

> Ma main tremblante enlève un crêpe
> Et je vois mon défunt amour,
> Jupons bouffants, taille de guêpe,
> La Cidalise en Pompadour !

Son fantôme côtoie alors celui de Nerval, reconnaissable sous le pseudonyme de Fritz, aux côtés d'un autre compagnon du « Petit Cénacle », Napoléon Thomas, surnommé Tom, – dans ce quatrain aux rimes virtuoses :

> Tom, qu'un abandon scandalise,
> Récite « Love's labours lost »,

---

13 Théophile Gautier, *Œuvres complètes. Critique théâtrale*, tome VIII, 1849 – juin 1850, édition Patrick Berthier, Paris, Champion, 2016, p. 505-506.

Et Fritz explique à Cidalise
Le « Walpurgisnachtstraum » de Faust[14].

Les textes se font écho ; de telle sorte que cette intertextualité, toute carnavalesque, en augmentant les diaprures propres au texte de Nerval, signale aussi le caractère fondamentalement *littéraire* de la bohème, laquelle est, au moins autant qu'une réalité sociologique s'imposant aux jeunes gens qui entreprennent de vivre de leur plume ou de leur art, *l'effet*, toujours déjà poétique, des chroniques, biographies, récits héroï-comiques ou poèmes cénaculaires qui en content l'histoire et en façonnent la légende.

C'est dans ce contexte qu'il convient d'interroger la valeur que revêt la reprise, en 1852, par Nerval, de ce *lieu commun* qu'est donc devenue la bohème.

Pour Arsène Houssaye, les choses sont simples, et les enjeux tout pragmatiques. En bon « *impresario* des lettres », écrit Jean-Didier Wagneur[15], Houssaye a vu dans la bohème un filon à exploiter et une « scie » journalistique à faire chanter. La commande qu'il passe à Nerval vient peu de temps après le succès rencontré par les *Scènes de la vie de bohème* d'Henry Murger, lesquelles ont d'abord été publiées dans *Le Corsaire-Satan* en 1845, puis adaptées à la scène en 1849, sous le titre *La Vie de Bohème*, avec le concours de Théodore Barrière, enfin reprises en volume en 1851 chez Lévy. Arsène Houssaye est d'autant mieux placé pour entretenir cet engouement du public que bien des « bohèmes », précisément, se sont rencontrés dans les colonnes de son journal, – aussi bien la génération déjà ancienne, dont il fait lui-même partie, avec Pétrus Borel, Nerval ou Gautier, – que la génération plus récente, celle de Murger, Champfleury, Privat d'Anglemont, ou encore Théodore de Banville. Entre ces deux générations, se joue une sorte de querelle de préséance : pour les aînés, il s'agit de rappeler leur antériorité en matière de bohème, et donc d'instituer les Jeunes-France, le Petit Cénacle, ou, surtout, le Doyenné, comme des « bohèmes » par anticipation, ayant existé avant que le mot ne connaisse la vogue qui est la sienne dans les années 1840 ; pour les

14   Théophile Gautier, « Le Château du Souvenir », *Émaux et Camées*, dans *Poésies complètes*, édition Michel Brix, Paris, Bartillat, 2004, p. 545 et p. 550.

15   Jean-Didier Wagneur, « L'invention de la Bohème : entre Bohème et Bohème », dans Pascal Brisette et Anthony Glinoer (dir.), *Bohème sans frontière*, Rennes, Presses Universitaires de Rennes, 2010, p. 85-102.

cadets, il s'agit de trouver dans cette filiation rétrospective une caution d'authenticité artistique, – le Doyenné faisant figure d'« Âge d'or » de la bohème selon un poncif mythologique que Nerval fait jouer avec beaucoup d'élégance au début de son texte. Arsène Houssaye, dans ses *Confessions*, énonce cette captation symbolique qu'il entend opérer sur la vogue de la bohème que Murger a instituée, quand il présente le Doyenné comme « le rendez-vous de la *première* bohème littéraire[16] », rapportant en outre un dialogue entre Nerval et Murger, – celui-ci idéalisant un Doyenné qu'il n'a pas connu directement, – tandis que celui-là accueille volontiers ses nouveaux compagnons de poésie… et, en vérité, désormais, de misère :

> [Murger] disait à Gérard, qui lui parlait sans cesse de notre terre promise abandonnée : « Votre bohème était l'idéal, sa sœur cadette n'est qu'une catin et ne reçoit que de la mauvaise compagnie. – Qu'importe, répliquait Gérard, puisque la mauvaise compagnie est souvent meilleure que la bonne[17].

La sociologie littéraire n'a pas manqué de souligner la différence d'état entre ces deux âges de la bohème. La misère du Doyenné était en quelque sorte une misère dorée, où chacun cultivait plutôt un luxe esthète, bien décidé, comme l'écrit Houssaye, *à vivre richement quitte à mourir pauvrement*, – tout à l'inverse des principes de vie de la bourgeoisie économe[18]. Au contraire, la pauvreté des bohèmes de 1840 s'impose comme une réalité économique plus objectivement contraignante, signalant à la fois la « perte d'auréole » de l'écrivain-journaliste soumis au « joug du feuilletonisme », et son *aliénation* dans « la littérature industrielle[19] ». L'élaboration d'une mythologie de la bohème *monnaye* en quelque sorte cette situation objective de l'écrivain, en échangeant une précarité de vie bien réelle contre un « capital symbolique » de contrebande – une « fausse monnaie » dirait Baudelaire –, qui réinscrit le *poétariat* de 1840 dans la lignée légendaire de « la tribu prophétique aux prunelles ardentes[20] ».

---

16 Arsène Houssaye, *Les Confessions. Souvenirs d'un demi-siècle*, tome I, 1885, p. 283.

17 Arsène Houssaye, *Les Confessions. Souvenirs d'un demi-siècle*, tome III, p. 413.

18 *Ibid.*, « L'Art et la poésie », *Poésies complètes*, 1851, p. 185.

19 Sainte-Beuve, *Revue des Deux Mondes*, 1839, t. 19, p. 675-691.

20 Baudelaire, « Les Bohémiens en voyage » [première publication en 1851], *Les Fleurs du mal*, *Œuvres complètes*, édition Claude Pichois, Paris, Gallimard, Bibliothèque de la Pléiade, t. I, 1975, p. 18. – Le terme de « poétariat » se trouve chez Jean-Claude Pinson

L'originalité de la position de Nerval tient à ce qu'il réunit ces deux bords de la bohème, selon un unique chemin de vie et d'écriture, qui, déroutant le lieu commun, n'appartient finalement qu'à lui seul.

Sollicité par Arsène Houssaye, Nerval est sans doute le mieux placé pour raviver, face à la bohème misérable d'aujourd'hui, le souvenir de la bohème artiste d'autrefois. Cette préférence s'indique dans une inflexion orthographique perceptible dans le titre même de *La Bohême galante* : sur le manuscrit, le titre était de la main d'Arsène Houssaye, qui l'avait orthographié avec un accent grave, *La Bohème galante* ; pour la publication, Nerval, corrigeant probablement sur épreuves, préfère l'accent circonflexe, *La Bohême galante*[21], – afin de rattacher sa propre vie de bohème à une lignée plus ancienne que la lignée immédiate de Murger : la lignée ravivée par Nodier, auteur de l'*Histoire du roi de Bohême et de ses sept châteaux* (1830), sans rapport sans doute avec la bohème littéraire au sens étroit, mais référent exemplaire de tout « bohémianisme[22] ». Le titre, *Petits châteaux de Bohême*, souligne davantage encore la dette de Nerval envers Nodier ; mais il est intéressant de remarquer que le titre de Nerval retourne comme un gant un titre que Privat d'Anglemont avait annoncé en 1848 (sans que l'annonce ne soit suivie d'effets) : *La Vie interlope. Histoire des sept bohèmes qui n'ont pas de châteaux*[23] : face à la bohème « réaliste » des années 1840, bien représentée par Privat d'Anglemont, Nerval maintient les droits de la « bohême » « fantaisiste » des années 1830, – même s'il est vrai que chez Nodier déjà, comme, à sa suite, chez Nerval, ou, plus littéralement, chez Privat, aucun « château » véritable n'est jamais à l'horizon de l'errance poétique, qu'elle soit fastueuse ou misérable.

(*Poéthique, une autothéorie*, Champ Vallon, 2013), qui l'applique à la situation actuelle de la poésie contemporaine. Mais le terme gagnerait beaucoup à être resitué dans le contexte de 1848, alors que Karl Marx, en exil à Paris, publie le *Manifeste du Parti communiste*.

21 Le manuscrit appartient au Fonds Lovenjoul de la Bibliothèque de l'Institut (D 741, f°s 36-43). Sur cette variante orthographique, voir, outre l'article déjà cité de Jean-Didier Wagneur, Michel Brix, « Nerval, Houssaye et *La Bohême galante* », *Revue Romane*, n° 26, 1, 1991, p. 69-77.

22 Le néologisme « Bohémianisme » est de Baudelaire, *Mon cœur mis à nu*, *Œuvres complètes*, édition Claude Pichois, Paris, Gallimard, Bibliothèque de la Pléiade, 1976, t. I, p. 701 : « Glorifier le vagabondage et ce qu'on peut appeler le Bohémianisme, culte de la sensation multipliée, s'exprimant par la musique. En référer à Liszt. »

23 L'annonce se trouve au dos du livre de Privat d'Anglemont, *La Closerie des Lilas : quadrille en prose*, Paris, Typographie de J. Frey, 1847 (nous remercions Jean-Didier Wagneur qui nous a indiqué cette piste).

Pour autant, Nerval n'ignore pas la face « réaliste » de la bohème, qu'il dévoile dans le feuilleton des *Nuits d'octobre*, exactement contemporain de l'élaboration et de la publication des *Petits châteaux de Bohême* : loin de la légende dorée du romantisme et loin des excentricités des jeunes gens de 1830, Nerval, explorant à son tour la « Basse-Bohème » déjà racontée par Privat d'Anglemont[24], met en scène une marginalité plus trouble, plus inquiétante, moins aisément « poétisable », peut-être aussi plus « politique » même si la charge insurrectionnelle qu'elle contient est alors violemment refoulée, pour vingt ans, juste à l'orée du Second Empire[25].

Ni tout à fait « fantaisiste », ni tout à fait « réaliste », mais oscillant entre ces deux bords opposés comme entre le rêve et la vie, la bohème nervalienne trouve *son lieu et sa formule* (dirait Rimbaud) dans les dernières lignes de *Promenades et souvenirs*. On y voit le narrateur s'abriter de la pluie dans une roulotte de saltimbanques ; écoutant chanter des jeunes filles et les regardant jouer la comédie, il songe à « Mignon et Philine dans *Wilhelm Meister* » ; un moment tenté d'élire domicile dans cette « maison errante », il reprend seul son chemin :

> Pourquoi ne pas rester dans cette maison errante à défaut d'un domicile parisien ? Mais il n'est plus temps d'obéir à ces fantaisies de la verte Bohême ; et j'ai pris congé de mes hôtes, car la pluie avait cessé[26].

---

24   Privat d'Anglemont, « Album d'un flâneur. Une excursion en Basse-Bohême », *La Sylphide*, 30 mai 1849, – texte recueilli dans l'anthologie de Jean-Didier Wagneur et Françoise Cestor, *Les Bohèmes. 1840-1870, écrivains, journalistes, artistes*, Seyssel, Champ Vallon, 2012, p. 292-303.

25   Sur la politique de Nerval, voir Jean-Nicolas Illouz, « "Tu demandes pourquoi j'ai tant de rage au cœur" : écriture et opposition, entre mythe et histoire, des *Faux Saulniers* à *Angélique* », dans Gabrielle Chamarat, Jean-Nicolas Illouz, Mireille Labouret, Bertrand Marchal, Henri Scepi, Gisèle Séginger (dir.), *Nerval : histoire et politique*, Paris, éditions Classiques Garnier, coll. « Rencontres », 2018, p. 189-207.

26   *Promenades et souvenirs*, NPl III, p. 691.

FUGUE DU SUJET

En demandant à Nerval d'évoquer la bohème du Doyenné, Arsène Houssaye l'invitait aussi à se raconter lui-même, en sollicitant de lui quelques confidences autobiographiques.

Plus qu'aucun autre, Nerval sait à quel point les voies de l'écriture de soi sont périlleuses. D'autant qu'en ce premier âge « médiatique » de la littérature, l'homme de lettres, dans le petit monde des journaux et des théâtres, est devenu un « homme public », écrit Nerval[27], exposé de ce fait à toutes sortes de « biographies directes ou déguisées[28] », qui colportent sur son compte légendes fabuleuses ou couplets malveillants. Nerval en a fait douloureusement l'expérience quand Jules Janin déjà, Alexandre Dumas bientôt, ou encore Eugène de Mirecourt ont parlé de sa maladie ou de ses excentricités : « on m'y traite en héros de roman », écrira-t-il à son père, ajoutant qu'il a bien fait de mettre à part sa « vie poétique » et sa « vie réelle[29] ». Dans *Promenades et souvenirs*, il analysera très lucidement le champ nouveau dans lequel se trouve objectivement situé le genre subjectif de l'autobiographie, quand l'écrivain ne peut plus se prévaloir de la solitude que réclamait Rousseau, mais quand il se sait désormais crûment exposé à la « publicité » et, en ce sens, « aliéné » dans le regard des autres :

> Qu'on nous pardonne ces élans de personnalité, à nous qui vivons sous le regard de tous, et qui, glorieux ou perdus, ne pouvons plus atteindre au bénéfice de l'obscurité[30] !

Il est certain qu'Arsène Houssaye, en passant commande à Nerval, entend profiter de l'exposition « médiatique » dont celui-ci, malgré lui,

---

27 Lettre à J.-A. Bamps, fin mars 1854, NPl III, p. 848 : « Vous savez la manière de vivre des écrivains français ; journalistes ou auteurs dramatiques, nous sommes pour ainsi dire des hommes publics [...] ».

28 *Promenades et souvenirs*, NPl III, p. 686 : « N'est-on pas aussi, sans le vouloir, le sujet de biographies directes ou déguisées ? »

29 Lettre à son père, 12 juin 1854, NPl III, p. 864.

30 *Promenades et souvenirs*, NPl III, p. 686. Sur cette exposition « médiatique » de Nerval, voir aussi Jean-Nicolas Illouz, « Nerval et Baudelaire devant Nadar », dans *Baudelaire et Nerval : poétiques comparées*, actes du colloque international de Zürich (25-27 octobre 2007), Études réunies par Patrick Labarthe et Dagmar Wieser, avec la collaboration de Jean-Paul Avice, Paris, Honoré Champion, 2015, p. 83-102.

fait l'objet. Il a d'ailleurs été lui-même l'un des premiers à faire courir quelques anecdotes « galantes », puisque, dans le poème « Vingt ans », il évoque, sans finesse, en des termes à peine voilées, les amours de Gérard et Jenny Colon[31]. L'indiscrétion circule dans les rédactions de presse ou les coulisses des théâtres, puisqu'on en trouve un écho direct sous la plume de Baudelaire, qui, dans un article du *Corsaire-Satan* du 24 novembre 1845, désigne Nerval comme « un nom bien connu de la Bohème d'alors pour ses amours de matous et d'Opéra-Comique[32] », reprenant des images venues du poème d'Arsène Houssaye. Chacun ira de son couplet. De Janin à Balzac, de Mirecourt à Houssaye, ou de Gautier à Hippolyte Lucas, on brodera à plaisir sur « le lit Renaissance » que Nerval avait installé au Doyenné pour y accueillir Jenny Colon, sans y dormir jamais lui-même[33]. Et l'on glosera sur cette « autre reine du matin » qu'il s'agissait de « faire débuter à l'Opéra[34] » : « Cette autre reine de Saba, dont l'image tourmentait ses journées, c'était une charmante amie à moi, qui ne fut jamais que mon amie, c'était la rieuse aux belles dents, la chanteuse à la voix de cristal, l'artiste aux cheveux d'or. / C'était Jenny Colon[35] », écrira Dumas sans ses *Nouveaux Mémoires*. Bref, le texte est mis *en forme de serrure* pour que chacun se flatte d'en connaître la *clef*[36].

---

31 Il s'agit de ces vers, que Nerval reprend (sans les deux premiers) dans *La Bohème Galante* et les *Petits châteaux de Bohème* : « Et Gérard survenant s'asseyait près de nous, / Et le chat en gaieté sautait sur ses genoux. / D'où vous vient, ô Gérard ! cet air académique ? / Est-ce que les beaux yeux de l'Opéra-Comique / S'allumeraient ailleurs ? La reine de Saba, / Qui, depuis deux hivers, dans vos bras se débat, / Vous échapperait-elle ainsi qu'une chimère ? / Et Gérard répondait : "Que la femme est amère" ».

32 Baudelaire, « Comment on paie ses dettes quand on a du génie », *Le Corsaire-Satan*, 24 novembre 1845, dans *Œuvres complètes*, édition Claude Pichois, Paris, Gallimard, Bibliothèque de la Pléiade, 1976, t. II, p. 8.

33 Ce lit Renaissance, qui fait partie de la « légende Nerval », est évoqué par Janin (*Journal des Débats*, 1er mars 1841), par Balzac dans *Honorine* (1843), par Eugène de Mirecourt (*Les Contemporains*, 1854), par Houssaye après la mort de Nerval (*L'Artiste*, 4 février 1855), par Gautier dans la préface du tome I des *Œuvres complètes* parues chez Lévy (1868), ou encore par Hippolyte Lucas (*Portraits littéraires et souvenirs*, 1890).

34 *La Bohème galante*, p. 47 ; *Petits châteaux de Bohème*, p. 155.

35 Alexandre Dumas, *Nouveaux Mémoires*, texte publié dans *Le Soleil*, 4 avril 1866, – dans Alexandre Dumas, *Sur Gérard de Nerval – Nouveaux Mémoires*, préface de Claude Schopp, Éditions Complexe, 1990, p. 60.

36 *Cf.* Julien Gracq, *Lettrines*, dans *Œuvres complètes*, Paris, Gallimard, Bibliothèque de la Pléiade, t. II, 1995, p. 161 : « Que dire à ces gens qui, croyant posséder une clé, n'ont de cesse qu'ils aient disposé votre œuvre en forme de serrure ? »

Face à ces rumeurs, légendes ou ragots, qui façonnent l'image, ou la « mythologie », de l'homme de lettres dans le champ qui est alors le sien, Nerval préfère l'esquive ironique, même s'il porte parfois quelques pointes plus directes contre Arsène Houssaye, à qui il est redevable mais dont il est aussi dépendant[37].

Mais l'esquive réside surtout dans la sorte de *fugue* selon laquelle Nerval entrelace la « vie poétique » et la « vie réelle », dévoilant allusivement celle-ci, pour mieux tenter de déployer symboliquement celle-là, – entre la confession autobiographique et la transposition poétique.

Dans le « Premier Château » un souvenir insiste : il s'agit du souvenir de Cydalise Iʳᵉ, qui fut l'amie de Camille Rogier et de Théophile Gautier, et qui mourut jeune de tuberculose. Camille Rogier a laissé un portrait d'elle[38]. Gautier en fixera le souvenir dans plusieurs sonnets, dont celui que Nerval évoque dans son récit[39]. Un *Album amicorum* d'offrandes poétiques à Cydalise est passé en vente chez *Sotheby's* le 16 décembre 2008[40] : il contient, à côté d'un dessin de Gautier daté de 1833 représentant la jeune malade, et parmi des vers de Hugo, Gautier, et Lamartine, un poème autographe de Nerval, qui est en réalité une traduction d'Uhland, titré « La Malade », où l'agonie de la jeune fille se change en la promesse de sa résurrection : « Adieu le monde, adieu ! / Maman, ces sons étranges / C'est le concert des anges / qui m'appellent à Dieu ! » Le thème funèbre attaché à la jeune fille est présent en outre dans « Vingt ans » d'Arsène Houssaye, qui le développera plus tard, en un long récit d'un pathétique tout conventionnel, dans ses *Confessions*. Nerval quant à lui ne dit presque rien de Cydalise et de sa mort. Mais la prégnance de ce deuil s'indique *obliquement* dans son texte, – si l'on s'avise que le poème « La Malade », jadis offert à Cydalise, et maintenant titré « La Sérénade (d'Uhland) »,

---

37 Sur les pointes subtiles que Nerval porte contre Houssaye, voir Michel Brix, « Nerval, Houssaye et *La Bohême galante* », *Revue Romane*, nº 26, 1, 1991, p. 69-77.

38 On peut voir une reproduction de ce dessin dans le catalogue de l'exposition *Gérard de Nerval*, Bibliothèque historique de la ville de Paris, 1996, p. 27.

39 *La Bohême galante*, p. 42 ; *Petits châteaux de Bohême*, p. 28. Le poème de Gautier en question est le poème intitulé « Sonnet » que Gautier reprendra en 1838 dans *La Comédie de la mort* (*Œuvres poétiques complètes*, édition Michel Brix, Paris, Bartillat, 2004, p. 316).

40 Cet *Album amicorum*, en partie visible dans le catalogue de *Sotheby's* 2017 que nous a communiqué Jean-Didier Wagneur (« Books, manuscripts, and photo books », 16 décembre 2008), est analysé par Corinne Bayle, « Gautier, Nerval, et les Cydalises. Figurations de la poésie, entre image et voix », dans *Gautier et Nerval : Collaborations, solidarités, différences*, Dossier dirigé par Anne Geisler-Szmulewicz et Sarga Moussa, *Bulletin de la Société Théophile Gautier*, nº 38, 2016, p. 47-62.

referme le recueil des *Petits châteaux de Bohême*. Entretemps, la figure
féminine, sans rien perdre de son incarnation passagère, a revêtu une
généralité plus grande dans l'odelette « Les Cydalises » : « Où sont nos
amoureuses ? Elles sont au tombeau : Elles sont plus heureuses / Dans
un séjour plus beau[41] ! » Le nom de « Cydalise », d'abord emprunté au
nom des jeunes premières dans les pièces du XVIIIᵉ siècle, y désigne toute
femme « aimée et perdue », comme le nom d'« Aurélia[42] », entrant ainsi
dans une cryptonymie poétique, reprise à la lyrique courtoise, mais proprement nervalienne. Si donc il y a bien une manière autobiographique
chez Nerval – lui qui est parmi les très rares écrivains à s'impliquer aussi
entièrement dans son œuvre[43] –, celle-ci, évitant toute forme de *pathos* narratif, réside, moins dans ce qui est dit explicitement, que dans *l'agencement*
des textes, qui donne au recueil une valeur intime, peut-être perceptible
seulement à Nerval, mais nullement cachée pour autant, – évidente et
mystérieuse à la fois. Une telle disposition formelle signale en outre que la
vérité du sujet se loge dans l'oscillation que Nerval instaure entre le « je »
autobiographique et le « je » lyrique, lesquels ne se confondent pas, mais
se répondent et se correspondent, dans la forme hybride du prosimètre.

Ce *tremblé* entre lyrisme et autobiographie est perceptible encore quand
il s'agit d'évoquer Jenny Colon. Dans la partie narrative du « Premier
Château », Nerval ne dit rien de plus que ce que chacun connaît déjà : Jenny,
jamais nommée directement, est celle pour laquelle il projette, avec Dumas,
d'écrire une *Reine de Saba*, qui la ferait débuter à l'Opéra-Comique. Pourtant,
tout comme Aurélie dans *Sylvie*, l'actrice semble n'exister qu'à travers les
masques qu'elle doit incarner au théâtre. La manière dont la Reine de Saba
est désignée est d'ailleurs singulièrement instable, comme si le nom, tel un
masque, se ressentait de l'absence en lui d'une identité assignable : « reine de
Saba » – et non pas « du Sabbat » comme l'a écrit Houssaye dans un lapsus
qui change de surcroît la reine en sorcière[44] –, elle est encore « la fille des
Hémiarites », telle qu'elle apparut à Salomon, et telle qu'elle est représentée

---

41 *La Bohême galante*, p. 86 ; *Petits châteaux de Bohême*, p. 171. Recueilli dans les « Odelettes »,
le poème « Les Cydalises » ne date pourtant pas des années 1830, mais est sans doute
composé pour les deux « *Bohême* » de 1852, – signe que Nerval donne un sens rétrospectif
à ses œuvres de jeunesse en en accentuant la note funèbre qui émerge après-coup.

42 *Aurélia*, OC XIII, p. 45 : « Une dame que j'avais aimée longtemps et que j'appellerai du
nom d'Aurélia était perdue pour moi ».

43 « Je suis du nombre des écrivains dont la vie tient intimement aux ouvrages qui les ont
fait connaître », écrit Nerval dans *Promenades et souvenirs* (NPl III, p. 686).

44 *La Bohême galante*, p. 45 ; *Petits châteaux de Bohême*, p. 153.

dans un tableau de Charles Gleyre, lequel vaut pour Nerval, raconte Arsène Houssaye, comme le souvenir d'une « vie antérieure[45] » ; mais elle est aussi « la reine du matin » ; ou encore « l'immortelle Balkis[46] ». Dans tous les cas, elle est un « fantôme » qu'il s'agit de faire coïncider avec une « image », en réunissant « dans un trait de flamme », écrit Nerval, « les deux moitiés de mon double amour[47] », – l'idéal et la réalité, comme dans *Sylvie*, – le rêve et la vie, comme dans *Aurélia*, – ou encore « les deux rendez-vous », selon le premier titre que Nerval avait d'abord donné à *Corilla*, – qu'il insère dans le « Second » de ses *Châteaux de Bohême*. C'est seulement dans la brève partie narrative qui ouvre le « Troisième Château » que Nerval confie, en à peine deux lignes, le nœud d'un drame intime, autour duquel vont bientôt tourner *Pandora* et *Aurélia* :

> Ma cydalise, à moi, perdue, à jamais perdue !… Une longue histoire, qui s'est dénouée dans un pays du Nord, – et qui ressemble à tant d'autres[48] !

Ce « pays du Nord » est la Belgique, où, à Bruxelles lors de l'hiver 1840, Nerval revoit, en même temps que Jenny Colon, Marie Pleyel. Cette rencontre nourrit le rêve d'un roman impossible qui relaterait « l'histoire d'un cœur épris de deux amours simultanés[49] » ; elle attend sa relève dans le mythe : « Je n'ai revu la Pandora que l'année suivante, dans une froide capitale du Nord[50] » ; elle attend son élucidation dans le rêve : « Ce fut en 1840 que commença pour moi cette – *Vita nuova*. Je me trouvais à Bruxelles […] », lit-on dans la première version d'*Aurélia*[51], – avant que, dans la version finale, le narrateur ne choisisse de voir dans la rencontre

---

45 Le tableau de Charles Gleyre, dont le nom (mal orthographié par Nerval) est indiqué dans *La Bohême galante* (p. 46) s'intitule *Entrée de la reine de Saba à Jérusalem* (1838-1839). On peut en voir une reproduction dans le catalogue de l'exposition *Gérard de Nerval*, Bibliothèque de la ville de Paris, 1996, p. 27. Arsène Houssaye, sans ses *Confessions*, rapporte l'anecdote suivante : « Si Gérard eût choisi sa patrie et son siècle, il serait né en Grèce au temps d'Hélène ou en Syrie, au temps où la reine de Saba venait, comme une épouse du soleil, rayonner à la cour de Salomon. Gleyre avait une belle et lumineuse esquisse de l'entrée à Jérusalem de la reine de Saba. Quand Gérard de Nerval a vu cette esquisse, il s'est écrié : "Ah ! je m'en souviens." » (*Confessions. Souvenirs d'un demi-siècle*, Dentu, 1885, t. I, p. 323).
46 Sur la Reine de Saba chez Nerval, voir Aurélia Hetzel, *La Reine de Saba : des traditions au mythe littéraire*, Paris, Classiques Garnier, 2012.
47 *La Bohême galante*, p. 47 ; *Petits châteaux de Bohême*, p. 155.
48 *Petits châteaux de Bohême*, p. 194.
49 *Sylvie*, OC XI, p. 206.
50 *Pandora*, NPl III, p. 663.
51 OC XIII, p. 126.

des deux femmes à Bruxelles, dont l'une est « l'amour-écran » de l'autre, le signe, compréhensible par lui seul, de quelque « pardon du passé[52] ».

Dans les *Petits châteaux de Bohême*, l'histoire, à peine énoncée, est suspendue, comme réservée, selon un geste de discrétion que l'on trouve souvent dans l'écriture nervalienne. Comme celle de « tant d'autres », cette histoire est une histoire « d'amour et de mort », – la plus ordinaire qui soit, en même temps que la seule fondatrice de l'expérience poétique dans son exigence la plus haute. Son sens, infiniment personnel (c'est-à-dire *romantique*), se joue *entre* un récit autobiographique, que Nerval esquive ou retient, et une élaboration symbolique, qui décline la vie du poète en trois âges, selon une progression en trois châteaux. Il se joue aussi *entre* la prose et la poésie, entre le « je » autobiographique et le « je » lyrique, dans le battement qu'institue la forme renouvelée du prosimètre.

RHAPSODIE DE VERS ET DE PROSE

Plutôt en effet que de se raconter directement dans une autobiographie qui corrigerait les histoires plus ou moins romancées que l'on fait courir sur son compte, – plutôt, aussi, que de se dire dans un « volume de poésies » où l'auteur trahirait « ses plus intimes émotions[53] » sous le voile de l'énonciation lyrique parant le « je » d'images fabuleuses, Nerval, dans les *Petits châteaux de Bohême*, choisit, plus impersonnellement en quelque sorte[54], de composer une anthologie de ses poèmes, insérée à la fois dans un discours et dans un récit, afin que la vie – une *vie de poète* en vérité – s'apparaisse *prismatiquement*, réfléchie dans le jeu déformant et seul véridique de la littérature : il en résulte des « petits mémoires littéraires[55] », qui mêlent non seulement tous les genres – récit, poésie, théâtre[56] –, mais aussi trois niveaux dans l'instance énonciative : un

---

52 *Aurélia*, OC XIII, p. 48.
53 *Promenades et souvenirs*, NPl III, p. 686.
54 Sur la tentation de l'impersonnalité dans le lyrisme « moderne », voir Aurélie Foglia, « Nerval ou la chimère du moi », *Revue Nerval*, n° 1, 2017, p. 59-76.
55 *Petits châteaux de Bohême*, p. 173.
56 Le mélange des genres est un principe de la révolution romantique, et Nerval le réaffirme souvent avec force : « La division absolue des genres est une convention tout académique

« je » narrateur qui conte ses souvenirs, un je « lyrique » qui s'énonce poétiquement en se multipliant dans le miroir des fables, et un je « critique » qui évalue rétrospectivement son cheminement poétique, – selon une tripartition qui présidait déjà à la *Vita nuova* de Dante, modèle exemplaire du prosimètre, sur la trame de laquelle s'écrira bientôt *Aurélia*[57].

Dans ce cheminement qui a conduit le poète à devenir « un humble prosateur[58] », la forme du prosimètre trahit, contradictoirement, un retour intempestif de la poésie, qui *résiste* à sa « tombée[59] » dans la prose[60]. Nerval recueille, et en ce sens conserve, quelques-uns de ses vers anciens, odelettes ou poèmes « opéradiques » (dirait Rimbaud) dispersés, avec ses projets de théâtre, dans les travaux et les jours de la bohème d'antan ; et il esquisse, pour ceux de ses poèmes nés « dans la fièvre et dans l'insomnie[61] », un premier agencement en *laisse*, qui conduira au dévoilement des *Chimères*, – lesquelles seront annexées au recueil des *Filles du feu* avec ce même *contretemps* qui maintient jusque dans la prose – serait-ce comme une « dernière folie[62] » – les droits de la poésie.

Comme l'a montré Jean-Luc Steinmetz[63], les poèmes tirent leur sens des *combinaisons*, multiples et changeantes, dans lesquelles ils sont pris,

---

qui, au point de vue où nous en sommes venus, ne supporte guère l'examen » (*La Presse*, 23 septembre 1850, NPl II, p. 1192). Sur l'hybridation générique des recueils de Nerval, voir Jean-Nicolas Illouz, « Œuvre fragmentaire et livre-chimère : note sur la composition des *Filles du feu* », dans Nerval, *Œuvres complètes*, tome XI, *Les Filles du feu*, édition de Jean-Nicolas Illouz avec la participation de Jean-Luc Steinmetz, Paris, Classiques Garnier, 2015, p. 9-24.

57 Sur Nerval et Dante, et sur la réécriture de la *Vita nuova* dans *Aurélia*, voir Jean-Nicolas Illouz, « "Un mille-pattes romantique" : *Aurélia* de Gérard de Nerval ou le Livre et la Vie », *Romantisme*, n° 161, 2013, p. 73-86 ; article repris dans Nerval, *Œuvres complètes*, tome XIII, *Aurélia*, édition de Jean-Nicolas Illouz, Paris, Classiques Garnier, Bibliothèque du XIXᵉ siècle, 2013, p. 7-25.

58 *La Bohême galante*, p. 35 ; *Petits châteaux de Bohême*, p. 143.

59 *Petits châteaux de Bohême*, p. 172.

60 Sur le prosimètre que forment les *Petits châteaux de Bohême*, voir Jean-Nicolas Illouz, « Nerval, entre vers et prose », dans *Crise de Prose*, Jean-Nicolas Illouz et Jacques Neefs (dir.), Saint-Denis, PUV, 2002, p. 73-88 ; Lieven D'Hulst, « Fonction de la citation poétique dans *La Bohême galante* et *Petits châteaux de Bohême* de Nerval », dans *Aux origines du poème en prose français (1750-1850)*, Nathalie Vincent-Munnia, Simone Bernard-Griffiths et Robert Pickering (dir.), Paris, Champion, 2003, p. 416-429 ; Marie Frisson, « *Petits châteaux de Bohême. Prose et poésie* de Gérard de Nerval : un prosimètre fantaisiste ? », *Fabula / Les colloques, Générations fantaisistes (1820-1939)* : www.fabula.org/colloques/document2615.php.

61 *Petits châteaux de Bohême*, p. 194.

62 Préface aux *Filles du feu*, NPl III, p. 458.

63 Voir Jean-Luc Steinmetz, « La non-révélation des *Chimères* », dans *Gérard de Nerval et l'esthétique de la modernité*, Paris, Hermann, 2010, p. 19-32 ; ainsi que « Le dispositif des

– les « châteaux » de Nerval (comme les « saisons » de Rimbaud) valant comme autant de « demeures d'écriture », précaires autant que fastueuses. Tout se passe comme si Nerval disposait ses textes comme on tirerait des cartes afin d'y déchiffrer un « Destin[64] ». Certaines cartes parlent plus clairement que d'autres : ainsi, par exemple, le poème « Fantaisie » dont les principaux motifs – le château, la dame, la chanson –, en remotivant, en abyme, le titre des *Châteaux de Bohême*, continueront ensuite leur migration dans la prose. Mais c'est la séquence que Nerval intitule « Mysticisme » qui prend une valeur particulière du fait de son rapport aux futures *Chimères* : on y lit « Le Christ aux Oliviers », « Daphné », « Vers dorés », dont le regroupement signale que quelque chose de la folie (depuis la crise de 1841) est désormais partie prenante de l'expérience poétique, tandis que la disposition des poèmes donne au chagrin sentimental, énoncé d'abord très elliptiquement en prose, une dimension nouvelle, le projetant, selon un langage symbolique, dans le domaine mystique, quand la perte de la femme aimée – dont le nom se cache maintenant sous celui de « Daphné[65] » – est éprouvée comme un retrait du divin hors du monde (d'où la « nuit mystique » narrée dans le « Christ aux Oliviers ») ou, inversement, comme sa diffusion dans la nature entière (d'où la sagesse panthéiste proférée dans « Vers dorées »). Le parcours qui s'écrit ainsi – du « désespoir » à la « résigna-tion[66] » – dans une série de sonnets encore fragmentaire au regard aussi bien des poèmes du manuscrit Dumesnil de Gramont de 1841 que des futures *Chimères* de 1854 – préfigure le parcours initiatique qui sera, en prose, celui d'*Aurélia* ; mais le sens, peut-être incertain pour Nerval lui-même (tant le poème excède toute intention d'auteur), est aussi ful-gurant qu'hypothétique, tremblant entre sens et non-sens, intermittent, – d'autant que Nerval choisit d'arrêter le petit recueil qu'il vient de composer sans tenir compte de la chronologie de ses textes, sur les vers beaucoup plus légers de la section intitulée « Lyrisme », – écartant de

---

Chimères », dans Nerval, *Œuvres complètes*, tome XI, *Les Filles du feu*, édition de Jean-Nicolas Illouz avec la participation de Jean-Luc Steinmetz, Paris, éditions Garnier, 2015, p. 25-42.

64 Rappelons que « Le Destin » est le premier titre du sonnet « El Desdichado » sur le manuscrit Éluard.

65 « Daphné » deviendra « Delfica » dans *Les Filles du feu* ; mais le sonnet est aussi relié, par ses quatrains, au poème dédié « À J—y Colonna » (sur le manuscrit Dumesnil de Gramont), dont le titre-dédicace laisse encore percevoir le nom, italianisé, de Jenny Colon.

66 *Petits châteaux de Bohême*, p. 194.

la sorte l'éthos du poète fou ou inspiré, pour lui préférer le « rythme sautillant[67] » de quelques vers d'opéra, plus en accord avec l'éthos du poète-bohème qu'il a fixé au début du recueil.

La forme du prosimètre exige en outre que les vers ainsi recueillis soient insérés dans un récit et fassent l'objet d'un commentaire, qui en conterait et en expliquerait le sens, « si la chose était possible[68] ». Le modèle le plus illustre de cette forme est, nous l'avons dit, la *Vita nuova*, dont l'un de ses traducteurs, Delécluze, soulignait la triple dimension tout à la fois « narrative, poétique et philosophique[69] ». Nerval reprend ce modèle et fait jouer la même tripartition énonciative : – un récit de souvenirs, ceux du Doyenné, et, plus allusivement, ceux d'une histoire d'amour perdu ; – des poèmes : odelettes, sonnets mystiques, ou vers d'opéra ; – une réflexion critique enfin, présente dans les *Petits châteaux de Bohême*, mais plus appuyée dans *La Bohême galante* qui comportait des digressions sur des questions d'esthétique portant sur les poètes du XVIᵉ siècle, sur Richard Wagner, ou encore sur les chansons du Valois. Cependant, entre le récit, les poèmes, et la réflexion critique, l'alliage n'est plus aussi *pur* que dans le prosimètre médiéval. Les trois fils – narratif, poétique et critique – s'enroulent plutôt en *tresse*, dans une rhapsodie de vers et de prose, laquelle engendre un texte relevant plus du « rapié-çage » bigarré que de l'organisation clairement hiérarchisée qui, chez Dante, échelonnait les quatre sens – littéral, allégorique, tropologique, anagogique – que l'écriture poétique reprenait à la tradition de l'exégèse biblique. La manière rhapsodique de Nerval a donc à voir avec la « fan-taisie » romantique, d'autant que le mélange, tout carnavalesque, que Nerval accomplit au fil de son « vagabondage poétique[70] » emprunte autant au modèle « sublime » de Dante qu'au modèle « grotesque » de Chapelle et Bachaumont, en passant par quelques autres formes ironiques d'hybridation générique, comme le *Wilhelm Meister* de Goethe ou comme les *Tableaux de voyage* de Heine[71]. Mais le jeu que Nerval insinue entre les

67   *Petits châteaux de Bohême*, p. 194.
68   Préface aux *Filles du feu*, OC XI, p. 64.
69   Dante, *La Divine Comédie*, précédée de *La Vie nouvelle*, traduite par J. Delécluze, Charpentier, 1841, p. 1.
70   *La Bohême galante*, p. 140.
71   Le *Voyage* de Chapelle et Bauchaumont, publié en 1663, lance la vogue du récit de voyage humoristique, mêlant vers et prose ; Nodier, qui voit dans ce « badinage » « un monu-ment », en a préfacé une réédition en 1825 ; Nerval évoque cet ouvrage dans un article

trois modes énonciatifs du prosimètre indique que l'expérience poétique dans ce qu'elle a de plus élevé – quand la lyrique amoureuse rejoint la lyrique sacrée – ne se laisse plus aussi simplement raconter ni aussi simplement expliquer, tandis que la part secrète d'une vie éprouvée par le deuil et par la folie demeure intraduisible dans le langage de la raison.

Si le prosimètre fantaisiste qu'expérimente Nerval a donc encore à voir avec le romantisme de la jeunesse que ravivait le « Premier Château », et si, en ce sens, la forme inventée par Nerval se tient à l'écart de la forme poétique que Baudelaire donnera bientôt à la prose, c'est dans la relative *discordance* entre poésie, récit et discours, que s'indique, ici, le statut *moderne* de la littérature, – quand l'énigme qu'encrypte le poème, et à laquelle le poète suspend sa vie, est devenue à la fois inénarrable et inexplicable, – non communicable, sinon symboliquement (à qui saurait encore l'entendre), au sein d'un texte qui demeure cependant adressé (désespérément) « à un ami »[72].

Jean-Nicolas ILLOUZ

---

du *Messager*, 18 septembre 1838 (NPl III, p. 454). Dans ce même article, qui dresse un panorama de la littérature de voyage, Nerval mentionne également les *Reisebilder* de Heine qui sont aussi une forme hybride, mêlant récit et poésie. Quant au *Wilhelm Meister* de Goethe, il contient la « Chanson de Mignon », qui donne son rythme à « Delfica » dans *Les Filles du feu*, c'est-à-dire « Daphné » dans les *Petits châteaux de Bohême*.

72   Cette introduction a fait l'objet d'une pré-publication dans le volume d'*Hommage à Jacques Bony*, paru aux Presses Universitaires de Namur en 2019.

NOTE SUR L'ÉTABLISSEMENT,
L'HISTOIRE ET LA COMPOSITION
DES TEXTES

Pour *La Bohême galante*, nous suivons le feuilleton de *L'Artiste* publié du 1er juillet au 15 décembre 1852, en indiquant, par l'insertion d'une étoile noire, la séparation des différentes livraisons.

En annexe (p. 207-218), nous publions le *facsimile* de huit folios manuscrits (avec leur transcription) appartenant au fonds Lovenjoul (D 741, fos 36-43). Ce manuscrit correspond à une première version de l'évocation du Doyenné qui lance *La Bohême galante* et les *Petits châteaux de Bohême*. On y voit Arsène Houssaye intervenir directement sur le manuscrit, de façon à se donner le rôle d'initiateur dans l'invention de la *vie de bohème*. Nerval réduira la part des interventions de Houssaye ; mais, comme il l'avait fait un an auparavant pour le feuilleton des *Faux Saulniers* adressé au directeur du *National*, il conserve le tour dialogique que la commande d'Arsène Houssaye, directeur de *L'Artiste*, confère à son écriture, – tirant ainsi de sa situation de sujétion par rapport à un directeur de presse une liberté de manière, qui est tout sienne. Par ailleurs, le manuscrit fait apparaître une écriture en continu, sans divisions en chapitres qui ne viendront qu'à un stade ultérieur de l'élaboration du récit ; ce trait, qui apparaît aussi dans les manuscrits d'*Aurélia*[1], signale un mode d'écriture en quelque sorte « musical », où tout se presse dès les premières « mesures », sans guère de ratures, et s'ordonne ensuite par associations ; les divisions, qui monnayent la matière selon les contingences de la publication, ne viennent que dans un second temps.

Au reste, le récit tout entier procède par associations. Ces associations prennent la forme d'un montage de textes antérieurement publiés :

---

1   Voir *Aurélia*, OC XIII, p. 142-146. Le manuscrit fait clairement apparaître que les divisions en chapitres sont surajoutées (voir *facsimile*, ill. 2 et 5) dans un ensemble écrit d'abord en continu.

La Bohême galante est un *patchwork*, où Nerval, au fil des livraisons, « recoud » ensemble – son Introduction au *Choix des poésies de Ronsard [...]* qui remonte à 1830 (chap. V et VI), – des odelettes qu'il a publiées entre 1831 et 1835 (chap. VII), – des pièces en vers empruntées à deux opéras-comiques (*Piquillo*, *Les Monténégrins*) ou au *Faust* (chap. VIII), – de larges morceaux découpés des récents *Faux Saulniers* (chap. IX à XIV), – eux-mêmes interrompus par une reprise de l'article sur les *Vieilles Ballades françaises* déjà publié trois fois depuis 1842 (chap. X et XI), – enfin le conte de « La Reine des poissons » issu d'un compte rendu critique sur les livres d'enfants paru à la fin de l'année 1850 (chap. XV). Cette bigarrure textuelle compose avec la variété des formes (vers et prose mêlés dans le genre renouvelé du *prosimètre*), mais aussi avec la variété des tons et des modes énonciatifs, puisque Nerval mêle le récit (de souvenirs ou de promenades), la poésie lyrique recueillie dans une anthologie personnelle, et l'essai critique quand il s'agit de réfléchir sur l'apport de la poésie de la Renaissance, sur les réformes du drame wagnérien, ou sur la valeur des chansons populaires.

Les contraintes de la publication en feuilleton servent ainsi d'étayage à l'invention d'une manière rhapsodique très singulière : le sujet s'y donne à lire en ligne de fuite, selon la perspective qu'il instaure entre son histoire personnelle, l'histoire de sa génération, et l'histoire de la poésie universelle, tout au long de la série de masques ou *avatars* qui l'ont fait tour à tour poète bohème, faiseur dramatique, versificateur de l'école de Ronsard, traducteur de la poésie allemande, promeneur rousseauiste, et enfant du Valois, dépositaire d'une parole poétique immémoriale aussi bien qu'historiquement située.

Pour les *Petits châteaux de Bohême*, nous suivons le texte de l'édition originale parue chez Didier en 1853 (la *Bibliographie de la France* enregistre le volume au titre de l'année 1852).

On peut s'étonner que Nerval reprenne à si peu de temps de distance le récit de sa *bohème* (la dernière livraison de *La Bohême galante* remonte au 15 décembre 1852). En réalité, on peut considérer *La Bohême galante* comme le maillon d'une chaîne plus grande qui relie des textes antérieurs à des textes encore à venir, puisque les fragments de cette première anthologie personnelle vont essaimer dans les *Petits châteaux de Bohême*, puis dans *Les Filles du feu*. Dans tous les cas, la reprise n'est pas une répétition pure et simple ; mais un déplacement et un réajustement, en même temps qu'une réappropriation de plus en plus subjective d'une matière textuelle préexistante.

L'architecture des *Petits châteaux de Bohême* est certes plus marquée : le « vagabondage poétique » de *La Bohême galante* se change en « petits mémoires littéraires[2] », où la division en « château », seulement esquissée au début de *La Bohême galante*, devient un motif structurant, qui balise un parcours symbolique, fait de stases initiatiques. La manière dont Nerval réajuste ses propres textes consiste en un art de la *dispositio* : c'est la place des fragments qui fait leur sens et qui les révèle. En témoigne par exemple le déplacement que Nerval fait subir à deux de ses poèmes : « Les Cydalises » (et non plus « Ni bonjour, ni bonsoir ») referme le « Premier Château », conférant au deuil de Cydalise une portée plus générale, tandis que « La Sérénade (d'Uhland) », jadis transcrite dans un *Album amicorum* à Cydalise (sous le titre « La Malade »), referme maintenant le « Troisième Château », – signe que la mort de Cydalise, redoublée entretemps par la mort de Jenny Colon (« Ma cydalise, à moi, perdue, à jamais perdue[3] ! »), vaut désormais comme une allégorie du deuil de toute dame aimée et perdue, – prémonition d'un Destin, qui se déploiera dans *Aurélia*.

Cependant, le nouvel ensemble ainsi constitué n'a rien lui-même de stable ni de définitif. Si le « Premier Château » se déleste de l'excroissance que formait l'Introduction du *Choix des poésies de Ronsard [...]*, le « Second Château » en inclut une autre, qui produit un nouveau déséquilibre, lequel appelle des réajustements ultérieurs. Nerval y réemploie en effet une pièce de théâtre, *Corilla*, qui y est significativement présentée comme une pièce de substitution, venue remplacer une défunte *Reine de Saba* « tombée dans le troisième dessous[4] » : tout se passe comme si une pièce tenait lieu d'une autre, de la même façon que, en abyme dans *Corilla*, la bouquetière remplace la *prima donna*, et de la même façon que, au Doyenné, le « Seigneur poète » quitte « la proie pour l'ombre[5] ». La substitution (à partir d'une origine perdue) enclenche un déplacement sans fin ; et le déplacement des textes fait des recueils nervaliens autant

---

2   *La Bohême galante*, p. 140 ; et *Petits châteaux de Bohême*, p. 173.
3   *Petits châteaux de Bohême*, p. 194.
4   *Petits châteaux de Bohême*, p. 172.
5   *Ibid.*, p. 157.

de châteaux de cartes ou châteaux en Espagne, dans lesquels tout agencement ne produit qu'une construction provisoire, – éphémère autant que somptueuse. Il en est de même pour le « Troisième château », qui est d'ailleurs moins le dernier de *trois*, que le *troisième* d'un ensemble virtuel de *sept*, puisque Nerval le situe aussitôt, ironiquement, dans la série des *Sept Châteaux* de Nodier et de son *roi de Bohême*[6]. L'effet de clôture est délégué aux vers d'opéra que Nerval rassemble dans la section « Lyrisme », bien accordée à l'*ethos* du poète bohème posé au début de l'œuvre ; mais, chemin faisant, Nerval, dans la section « Mysticisme », a esquissé un premier groupement des sonnets qui se fondront bientôt dans *Les Chimères*, rejoignant alors un autre recueil : celui des *Filles du feu*, lui-même travaillé par ces déséquilibres dynamiques, inhérents à la logique de l'œuvre fragmentaire et au mode d'engendrement du Livre-Chimère[7].

Je remercie vivement le professeur Takeshi Matsumura qui a relu notre édition et dont les remarques nous ont permis d'améliorer l'établissement du texte.

---

6 *Petits châteaux de Bohême*, p. 194.
7 Voir notre préface, « Œuvre fragmentaire et livre-chimère : note sur la composition des *Filles du feu* », dans OC XI, *Les Filles du feu*, p. 9-24.

LA BOHÊME GALANTE

LA BOHÊME GALANTE

À ARSÈNE HOUSSAYE

Mon ami, vous me demandez si je pourrais retrouver quelques-uns de mes anciens vers, et vous vous inquiétez même d'apprendre comment j'ai été poète, longtemps avant de devenir un humble prosateur. – Ne le savez-vous donc pas ? vous, qui avez écrit ces vers :

Ornons le vieux bahut de vieilles porcelaines
Et faisons refleurir roses et marjolaines.
Qu'un rideau de lampas embrasse encor ces lits
Où nos jeunes amours se sont ensevelis.

---

1   Cette épigraphe est empruntée au début du monologue de Myrtil, acte III, scène 1, du *Pastor fido* de Battista Guarini (1538-1612) : « Ô printemps, jeunesse de l'année, jolie mère des fleurs, des herbes nouvelles et des nouvelles amours; tu reviens bien, mais avec toi ne reviennent pas ces jours sereins et heureux de mes joies. Tu reviens bien, tu reviens, mais avec toi ne revient pas autre chose que le souvenir triste et douloureux de mon cher trésor perdu, de mes chères et heureuses joies ! » (Traduction de Jacques Bony, NPl III, p. 1083).

Appendons au beau jour le miroir de Venise :
Ne te semble-t-il pas y voir la Cydalise
Respirant une fleur qu'elle avait à la main,
Et pressentant déjà le triste lendemain[2] ?

---

2   Citation (avec une coquille au v. 3 : lire « ombrage » au lieu de « embrasse ») du poème
    d'Arsène Houssaye, « Vingt ans », où Houssaye évoquait la bohème du Doyenné, tout
    en faisant allusion aux amours de Gérard pour Jenny Colon. Ce poème s'est d'abord
    intitulé « Les Belles Amoureuses » dans le collectif *Les Belles Femmes de Paris et de la
    Province*, 2ᵉ série, 1840, p. 76-77 ; – puis « Le Beau Temps des poètes », dans *L'Artiste* en
    mars 1841 (2ᵉ série, t. VII, p. 168) ; – cette version est reprise la même année dans les
    Poésies d'Arsène Houssaye. Les Sentiers perdus, Masgana, 1841, p. 78-83 ; – le poème prend
    ensuite le titre « Vingt ans » dans les *Poésies complètes*, publiées en 1850, et rééditées en
    1852 au moment où Nerval compose *La Bohême galante*.

I
PREMIER CHÂTEAU

> Rebâtissons, ami, ce château périssable
> Que le souffle du monde a jeté sur le sable.
> Replaçons le sopha sous les tableaux flamands[3]...

C'était dans notre logement commun de la rue du Doyenné[4], que nous nous étions reconnus frères – *Arcades ambo*[5] –, bien près de l'endroit où exista l'ancien hôtel de Rambouillet[6].

Le vieux salon du doyen, restauré par les soins de tant de peintres, nos amis, qui sont depuis devenus célèbres, retentissait de nos rimes galantes, traversées souvent par les rires joyeux ou les folles chansons des Cydalises[7]. Le bon Rogier[8] souriait dans sa barbe, du haut d'une

---

3   Citation des vers 11-13 du même poème. L'« ami » en question est Gautier.

4   En 1834-1835, Gautier logeait rue du Doyenné, juste à côté de l'impasse du Doyenné où, au numéro 3, Rogier avait loué un appartement avec Gérard et Houssaye. Au moment où Nerval ressuscite cette petite communauté littéraire et artistique, celle-ci a déjà été évoquée non seulement par Houssaye, mais aussi par Gautier, à deux reprises en 1848, – d'abord dans la notice nécrologique qu'il consacre au peintre Marilhat (*Revue des Deux Mondes*, 1er juillet 1848, article recueilli dans Théophile Gautier, *Histoire du Romantisme* suivi de *Quarante portraits romantiques*, édition d'Adrien Goetz, Paris, Gallimard, Folio classique, 2011, p. 185-215), – puis dans le compte rendu qu'il fait de la pièce de Murger et Barrière, *La Vie de bohème* (*La Presse*, 26 novembre 1849, recueilli dans Théophile Gautier, *Œuvres complètes. Critique théâtrale*, tome VIII, 1849 – juin 1850, édition Patrick Berthier, Paris, Champion, 2016, p. 505-506). – Le quartier du Doyenné, évoqué aussi par Balzac dans *La Cousine Bette* (1846), était situé à l'emplacement actuel de la place du Carrousel et de la pyramide du Louvre.

5   Citation de Virgile, *Bucoliques*, VII, 4 : « Arcadiens tous les deux ». Chez Virgile, il s'agit de Thyrsis et Corydon, qui s'apprêtent pour leurs chants amébées : «... *ambo florentes aetatibus, Arcades ambo, / et cantare pares* » (« tous les deux dans la fleur de l'âge, Arcadiens tous les deux, égaux par le chant »).

6   L'hôtel de Rambouillet, situé rue Saint-Thomas-du-Louvre, abrita, entre 1608 et 1665, le salon littéraire de la marquise de Rambouillet, Catherine de Vivonne. Nerval y fait allusion dans *Octavie* (OC XI, p. 265, et note 1). La topographie relie ainsi implicitement la bohème romantique de 1830 à ce salon aristocratique où se forma et se perpétua l'esprit de la Fronde. La même association court dans *Sylvie* où l'évocation de « l'époque étrange » de 1830 appelle celle de la Fronde et sa « galanterie héroïque » (OC XI, p. 169).

7   Emprunté au nom de jeunes premières de théâtre dans des pièces du XVIIIe siècle, le nom de « Cydalise » est ici employé comme le nom générique de toutes les jeunes femmes – actrices, grisettes ou modèles – qui fréquentaient le Doyenné.

8   Camille Rogier (1810-1896), peintre et vignettiste, collabora au *Monde dramatique* créé par Gérard en 1835. Il illustra aussi les *Contes fantastiques* d'Hoffmann dans la traduction

échelle, où il peignait sur un des quatre dessus de glace un Neptune, – qui lui ressemblait ! Puis, les deux battants d'une porte s'ouvraient avec fracas : c'était Théophile. Il cassait, en s'asseyant, un vieux fauteuil Louis XIII. On s'empressait de lui offrir un escabeau gothique, et il lisait, à son tour, ses premiers vers, – pendant que Cydalise I^{re9}, ou Lorry, ou Victorine[10], se balançaient nonchalamment dans le hamac de Sarah la blonde[11], tendu à travers l'immense salon.

Quelqu'un de nous se levait parfois, et rêvait à des vers nouveaux en contemplant, des fenêtres, les façades sculptées de la galerie du Musée, égayée de ce côté par les arbres du manège.

Vous l'avez bien dit :

> Théo, te souviens-tu de ces vertes saisons
> Qui s'effeuillaient si vite en ces vieilles maisons,
> Dont le front s'abritait sous une aile du Louvre[12] ?

Ou bien, par les fenêtres opposées, qui donnaient sur l'impasse, on adressait de vagues provocations aux yeux espagnols de la femme du commissaire, qui apparaissaient assez souvent au-dessus de la lanterne municipale.

---

d'Egmont. Peintre orientaliste, il résida à Constantinople, où Nerval le retrouva en 1843. Il publia en 1846-1847 un album de lithographies, *La Turquie*, pour lequel Nerval esquissa un projet de préface, finalement réalisé par Gautier (NPl II, p. 867).

9   Cydalise Ire était l'amie de Camille Rogier (et de Gautier). Elle mourut prématurément en mars 1836 de tuberculose. Sa mort, suggérée déjà dans le poème « Vingt ans » de Houssaye (voir p. 36, n. 2), est racontée par celui-ci dans ses *Confessions. Souvenirs d'un demi-siècle* (1885). Camille Rogier a laissé un portrait d'elle (*Album Gérard de Nerval*, Paris, Gallimard, Bibliothèque de la Pléiade, 1993, p. 149) ; il existe aussi un *Album amicorum* d'offrandes poétiques à Cydalise (voir notre préface, p. 20), avec un dessin de Gautier (daté de 1833), des vers de Hugo, Gautier, et Lamartine, et un poème autographe de Nerval, qui est en réalité une traduction d'Uhland, titré « La Malade », dont la première publication remonte à 1830 et qui réapparaît, sous le titre « La Sérénade », à la fin des *Petits châteaux de Bohême* (p. 202, et n. 121).

10   Victorine était alors une maîtresse de Gautier. Selon Houssaye, dans ses *Confessions*, elle figurerait avec Gautier et Nerval sur le tableau de Louis Boulanger, *Le Triomphe de Pétrarque*, exposé au Salon de 1836 (mais ce tableau est aujourd'hui perdu). Voir Claudine Lacoste-Veysseyre, édition de la *Correspondance générale* de Gautier, Genève-Paris, Droz, t. II, 1986, p. 363.

11   Allusion à « Sara la Baigneuse », dans *Les Orientales* de Victor Hugo (1829) : « Sara, belle d'indolence, / Se balance / Dans un hamac, au-dessus / Du bassin d'une fontaine / Toute pleine / D'eau puisée à l'Ilyssus […] ».

12   Début du poème « Vingt ans » d'Arsène Houssaye.

Quels temps heureux ! On donnait des bals, des soupers, des fêtes costumées[13], – on jouait de vieilles comédies, où mademoiselle Plessy[14], étant encore débutante, ne dédaigna pas d'accepter un rôle : – c'était celui de Béatrice dans *Jodelet*[15]. – Et que notre pauvre Édouard était comique dans les rôles d'Arlequin[16] !

Nous étions jeunes, toujours gais, souvent riches… Mais je viens de faire vibrer la corde sombre : notre palais est rasé. J'en ai foulé les débris l'automne passée. Les ruines mêmes de la chapelle[17], qui se découpaient si gracieusement sur le vert des arbres, et dont le dôme s'était écroulé un jour, au dix-septième siècle, sur onze malheureux chanoines réunis pour dire un office, n'ont pas été respectées. Le jour où l'on coupera les arbres du manège, j'irai relire sur la place la *Forêt coupée* de Ronsard[18] :

> Écoute, bûcheron, arreste un peu le bras :
> Ce ne sont pas des bois que tu jettes à bas ;
> Ne vois-tu pas le sang, lequel dégoutte à force,
> Des nymphes, qui vivaient dessous la dure écorce.

13　Voir, dans l'*Album Nerval* de la Bibliothèque de la Pléiade (p. 75), une illustration de Camille Rogier, insérée dans *Les Confessions* d'Arsène Houssaye, représentant « Un déjeuner dans le salon de la rue du Doyenné ». – Nerval donna au Doyenné un bal costumé le 18 novembre 1835 : Gautier y était vêtu en costume Moyen Âge (voir le catalogue de l'exposition *Gérard de Nerval*, Bibliothèque historique de la ville de Paris, 1996, p. 27).

14　Mlle Plessy (1819-1897) était entrée à la Comédie-Française à l'âge de quinze ans et tenait les rôles d'ingénue. *Le Monde dramatique* de 1835 inclut un portrait d'elle (t. II, entre la p. 24 et la p. 25) et lui consacre un article signé par Henri Egmont (p. 25-28).

15　*Jodelet, ou le Maître valet* est une comédie de Scarron (1681), dont le personnage féminin se nomme Béatrix. Dans son « Projet d'*Œuvres complètes* », Nerval mentionne un «*Jodelet*, 3 a., à l'étude » (NPl III, p. 785).

16　[N.D.A.] : « Notamment dans le *Courrier de Naples*, du théâtre des grands boulevards. » – Nerval confond ici le *Courrier de Naples* avec le *Courrier de Milan* qui est une parade en un acte (avec pour personnages Arlequin, Léandre et Isabelle) recueillie dans le recueil de Thomas Simon Gueullette (1683-1766), *Théâtre des Boulevards*, publié en 1756 (voir T.-S. Gueullette, *Parades extraites du Théâtre des Boulevards*, Montpellier, Éditions Espaces, 2000). – Quant au « pauvre Édouard », mort poitrinaire en 1848, il s'agit d'Édouard Ourliac (1813-1848) : Arsène Houssaye lui consacrera une notice nécrologique dans *L'Artiste* du 1er janvier 1849, qui sera une nouvelle occasion d'évoquer le Doyenné (texte repris dans une postface à l'édition de 1850 des *Poésies complètes* de Houssaye, « L'Art et la poésie », p. 183-188).

17　Il s'agit des ruines de l'église Saint Thomas du Louvre dont le clocher s'était écroulé le 15 octobre 1739. Voir le tableau de Lina Jaunez, *Vues des ruines de Saint-Thomas-du-Louvre et de l'hôtel de Longueville* (1833), musée Carnavalet (reproduction dans l'*Album Nerval* de la Bibliothèque de la Pléiade, p. 146).

18　Il s'agit de la célèbre élégie « Contre les bûcherons de la forêt de Gastine » (que Nerval n'avait pas recueillie en 1830 dans son *Choix des Poésies de Ronsard […]*).

Cela finit ainsi, vous le savez :

La matière demeure et la forme se perd !

Vers cette époque, je me suis trouvé, un jour encore, assez riche pour
enlever aux démolisseurs et racheter en deux lots les boiseries du salon,
peintes par nos amis[19]. J'ai les deux dessus de porte de Nanteuil[20], le
Watteau de Vattier, signé[21] ; les deux panneaux longs de Corot, représentant deux *Paysages* de Provence[22], le *Moine rouge*, de Châtillon, lisant la
Bible sur la hanche cambrée d'une femme nue, qui dort[23] ; les *Bacchantes*,

19   Nerval conservera une partie de ces boiseries jusqu'à sa mort, puisqu'il les a transportées
      dans sa chambre à la clinique du docteur Blanche au moment de la rédaction d'*Aurélia* :
      parmi diverses reliques de ses années de bohème, le narrateur évoque en effet « des pan-
      neaux de boiseries provenant de la démolition d'une vieille maison que j'avais habitée
      sur l'emplacement du Louvre, et couverts de peintures mythologiques exécutées par des
      amis aujourd'hui célèbres » (OC XIII, p. 110). Le parcours d'une vie de poète se dessine
      ainsi, qui conduit, symboliquement, de la bohème à l'asile. – Sur les décorations peintes
      de l'appartement du Doyenné, que Nerval évoque aussi dans une lettre à Dumas du
      14 novembre 1853 (NPl III, p. 823), voir l'article très exhaustif « Doyenné (les peintures
      de) » dans le *Dictionnaire Nerval* (Claude Pichois et Michel Brix, 2006). – Certaines de ces
      peintures sont mentionnées également par Gautier dans l'évocation qu'il fait du Doyenné
      dans le portrait du peintre Marilhat, paru dans la *Revue des Deux Mondes*, 1er juillet 1848 :
      nous renvoyons à ce texte dans l'édition d'Adrien Goetz : Théophile Gautier, *Histoire du
      Romantisme* suivi de *Quarante portraits romantiques*, Paris, Gallimard, folio classique, 2011.
20   Célestin Nanteuil (1813-1873), peintre, graveur et illustrateur, – dont Gautier fait le
      type de « L'homme Moyen Âge » dans *Les Jeunes-France, romans goguenards* (1833). Pour la
      décoration du Doyenné, Gautier attribue à Nanteuil « une naïade romantique » (éd. citée,
      p. 187).
21   Charles Émile Wattier (1808-1868) est un représentant du « goût Watteau » au XIXe siècle.
      Nerval joue ici sur l'homophonie Watteau/Wattier. Wattier contribua en outre aux
      illustrations du *Monde dramatique*.
22   De Jean Baptiste Camille Corot (1796-1875), Gautier mentionne quant à lui « deux
      panneaux étroits », où « Corot logea en hauteur deux vues d'Italie d'une originalité et
      d'un style admirables » (éd. citée, p. 187).
23   [N.D.A.] : « Même sujet que le tableau qui se trouvait chez Victor Hugo. » – Auguste de
      Châtillon (1813-1881) avait débuté au Salon de 1831 et peint notamment des portraits de
      Gautier et de Hugo et sa famille. – Le tableau « qui se trouvait chez Victor Hugo » est
      mentionné dans un manuscrit d'Auguste de Châtillon lui-même : « *Le Moine rouge* avait
      d'abord été fait au-dessus d'une porte rue du Doyenné, chez un ami commun. Hugo
      l'avait trouvé bien. Il y a ajouté une femme nue, Paquita Mercier, la sœur de la danseuse.
      C'était comme le songe d'un homme qui, en lisant, a des visions charmantes. C'était cloué
      aux quatre coins. Ce tableau formait le plafond de la chambre à coucher de Victor Hugo,
      rue de la Tour d'Auvergne » (document cité en NPl III, p. 1150). Auguste de Châtillon
      est aussi l'auteur de la chanson *À la Grand'Pinte* que Nerval cite dans *Les Nuits d'octobre*
      (OC X bis, p. 60), et qui sera recueillie plus tard, en 1855, par Châtillon lui-même, dans
      Chant et poésie avec une préface de Théophile Gautier.

de Chassériau, qui tiennent des tigres en laisse comme des chiens[24] ; les
deux trumeaux de Rogier, où la Cydalise, en costume régence, – en robe
de taffetas feuille morte, – triste présage, – sourit, de ses yeux chinois,
en respirant une rose, en face du portrait en pied de Théophile, vêtu à
l'espagnole[25]. L'affreux propriétaire, qui demeurait au rez-de-chaussée,
mais sur la tête duquel nous dansions trop souvent, après deux ans de
souffrances, qui l'avaient conduit à nous donner congé, a fait couvrir depuis
toutes ces peintures d'une couche à la détrempe, parce qu'il prétendait
que les nudités l'empêchaient de louer à des bourgeois. – Je bénis le sentiment d'économie qui l'a porté à ne pas employer la peinture à l'huile.

De sorte que tout cela est à peu près sauvé. Je n'ai pas retrouvé le
Siège de Lérida, de Lorentz[26], où l'armée française monte à l'assaut, précédée par des violons ; ni les deux petits Paysages de Rousseau[27], qu'on
aura sans doute coupés d'avance ; mais j'ai, de Lorentz, une maréchale
poudrée, en uniforme Louis XV. – Quant à mon lit Renaissance, à ma
console Médicis, à mes buffets[28], à mon Ribeira[29], à mes tapisseries des
quatre éléments, il y a longtemps que tout cela s'était dispersé. – Où
avez-vous perdu tant de belles choses ? me dit un jour Balzac. – Dans
les malheurs ! lui répondis-je en citant un de ses mots favoris[30].

24 Théodore Chassériau (1819), qui n'a que 16 ans en 1835, a peint en effet des Bacchantes
    dompteuses de tigres, dont on peut voir une reproduction dans Aristide Marie, Gérard de
    Nerval. Le Poète. L'Homme, 1914, Genève, Slatkine Reprints, 1980, p. 278. Pour ce qui
    est de la contribution de Chassériau à la décoration du Doyenné, Gautier évoque quant
    à lui une Diane au bain : « Théodore de Chassériau, alors tout enfant, et l'un des plus
    fervents élèves d'Ingres, paya sa contribution pittoresque par une Diane au bain, où l'on
    remarquait déjà cette sauvagerie indienne mêlée au plus pur goût grec d'où résulte la
    beauté bizarre des œuvres qu'il a faites depuis. » (éd. citée, p. 187).

25 De ce portrait de Cydalise par Camille Rogier, il reste un dessin reproduit dans l'ouvrage de
    Philippe Burty, Camille Rogier vignettiste, Paris, Monnier, 1887 ; cette reproduction est elle-
    même reprise dans le catalogue de l'exposition Gérard de Nerval organisée en 1996 par Éric
    Buffetaud, avec, en regard, le portrait de Gautier en costume Moyen Âge, tel qu'il était vêtu
    au bal donné par Gérard le 18 novembre 1835 (p. 27). Cydalise meurt de phtisie en 1836.

26 Du dessinateur et lithographe Alcide Joseph Lorentz (1813-1891), Gautier évoque, non
    le Siège de Lérida, mais « quelques Turcs de Carnaval et des masques à la manière de
    Callot » (éd. citée, p. 188).

27 Théodore Rousseau (1812-1867), l'un des fondateurs de l'école de Barbizon.

28 [N.D.A.] : « Heureusement, Alphonse Karr possède le buffet aux trois femmes et aux
    trois Satyres, avec des ovales de peintures du temps sur les portes. »

29 [N.D.A.] : « La Mort de saint Joseph est à Londres, chez Gavarni. » – Il s'agit de José de
    Ribera (1591-1652), dont il existe en effet des Saint Joseph. L'orthographe « Ribeira » est
    aussi chez Gautier (Espana, dans Œuvres poétiques complètes, Paris, Bartillat, 2004, p. 391).

30 Michel Brix a retrouvé ce mot de Balzac que l'on peut lire au début du Père Goriot, à propos
    de Mme Vauquer : « Âgée d'environ cinquante ans, Mme Vauquer ressemble à toutes les

II
LE THÉOPHILE

Reparlons de la Cydalise, ou plutôt, n'en disons qu'un mot : – Elle est embaumée et conservée à jamais, dans le pur cristal d'un sonnet de Théophile[31], – du Théo, comme nous disions.

Le Théophile a toujours passé pour gras ; il n'a jamais cependant pris de ventre, et s'est conservé tel encore que nous le connaissions. Nos vêtements étriqués sont si absurdes, que l'Antinoüs, habillé d'un habit, semblerait énorme, comme la Vénus, habillée d'une robe moderne : l'un aurait l'air d'un fort de la halle endimanché, l'autre d'une marchande de poisson. L'armature solide du corps de notre ami (on peut le dire, puisqu'il voyage en Grèce aujourd'hui[32]), lui fait souvent du tort près des dames abonnées aux journaux de modes ; une connaissance plus parfaite lui a maintenu la faveur du sexe le plus faible et le plus intelligent ; il jouissait d'une grande réputation dans notre cercle, et ne se mourait pas toujours aux pieds chinois[33] de la Cydalise.

En remontant plus haut dans mes souvenirs, je retrouve un Théophile maigre… Vous ne l'avez pas connu. Je l'ai vu, un jour, étendu sur un lit,

---

femmes qui ont eu des malheurs. [...]. Qu'avait été M. Vauquer ? Elle ne s'expliquait jamais sur le défunt. Comment avait-il perdu sa fortune ? Dans les malheurs, répondait-elle. » (*La Comédie humaine*, III, Paris, Gallimard, Bibliothèque de la Pléiade, 1976, p. 55).

31 Plusieurs sonnets de Théophile Gautier, datant de 1835 ou 1836, peuvent évoquer Cydalise : « À deux beaux yeux », « Chinoiserie », ou encore « Sonnet » qui correspond plus précisément au poème mentionné ici ; tous sont repris en 1838 dans *La Comédie de la mort* (voir Théophile Gautier, *Œuvres poétiques complètes*, Paris, Bartillat, 2004, p. 317, p. 315, p. 316). Plus tard, en 1861, bien après la mort de Nerval, Gautier, évoquant dans « Le Château du souvenir » la bohème du Doyenné, fera une dernière fois revenir le fantôme de Cydalise : « Ma main tremblante enlève un crêpe / Et je vois mon défunt amour, / Jupons bouffants, taille de guêpe, / La Cidalise en Pompadour ! » ; et ce fantôme côtoiera alors celui de Nerval, reconnaissable sous le surnom de Fritz : « Tom, qu'un abandon scandalise, / Récite "Love's labours lost", / Et Fritz explique à Cidalise / Le "Walpurgisnachtstraum" de Faust » (*Émaux et Camées*, édition citée, p. 545, et p. 550).

32 Du 9 juin au 14 octobre 1852, Gautier voyagea en effet en Orient, et il est à Athènes en septembre.

33 Les « pieds chinois » de la Cydalise sont un emprunt au sonnet « Chinoiserie » de Gautier : « Elle a des yeux retroussés vers les tempes, / Un pied petit à tenir dans la main [...] » (édition citée, p. 315). Dans « Sonnet » (*Ibid.* p. 316), on lit : « Ses mouvements sont pleins d'une grâce chinoise ». Déjà au chapitre précédent, p. 41, Nerval évoquait les « yeux chinois » de Cydalise.

– long et vert, – la poitrine chargée de ventouses. Il s'en allait rejoindre, peu à peu, son pseudonyme, Théophile de Viau, dont vous avez décrit les amours panthéistes, – par le chemin ombragé de l'*Allée de Sylvie*[34]. Ces deux poètes, séparés par deux siècles, se seraient serré la main, aux Champs Élysées de Virgile, beaucoup trop tôt.

Voici ce qui s'est passé à ce sujet :

Nous étions plusieurs amis, d'une Bohême antérieure[35], qui menions gaiement l'existence que nous menons encore quoique plus rassis. Le Théophile, mourant, nous faisait peine, – et nous avions des idées nouvelles d'hygiène, que nous communiquâmes aux parents. Les parents comprirent, chose rare ; mais ils aimaient leur fils. On renvoya le médecin, et nous dîmes à Théo : « Lève-toi… et viens boire. » La faiblesse de son estomac nous inquiéta d'abord. Il s'était endormi et senti malade à la première représentation de *Robert le Diable*[36].

On rappela le médecin. Ce dernier se mit à réfléchir, et, le voyant plein de santé au réveil, dit aux parents : « Ses amis ont peut-être raison. »

Depuis ce temps-là, le Théophile refleurit. – On ne parla plus de ventouses, et on nous l'abandonna. La nature l'avait fait poète, nos soins le firent presque immortel. Ce qui réussissait le plus sur son tempérament, c'était une certaine préparation de cassis sans sucre, que ses sœurs lui servaient dans d'énormes amphores en grès de la fabrique de Beauvais ; Ziégler[37] a donné depuis des formes capricieuses à ce qui n'était alors que

---

34　Théophile de Viau (1590-1626) est l'auteur de *La Maison de Sylvie* (vers 1620). *L'Allée de Sylvie* est le nom d'une allée dans le parc du château de Chantilly, célébré par Théophile de Viau, mais c'est aussi le titre d'un poème pastoral de Rousseau, imitant Théophile de Viau. Arsène Houssaye a raconté les « amours panthéistes » de Théophile de Viau dans « Le Ciel et la Terre, histoire panthéiste » publié dans *L'Artiste* les 7, 14, 21 et 28 juin 1846 (puis repris sous le titre *Un roman sur les bords du Lignon* ou encore *La Pécheresse*). Théophile Gautier avait ressuscité son « homonyme », Théophile de Viau, dans une étude publiée en 1834 dans *La France littéraire* et reprise en 1844 dans *Les Grotesques* : il présente Théophile de Viau comme celui qui, à deux siècles de distance, « a commencé le mouvement romantique ». Quant à Nerval, il avait fait allusion à Théophile de Viau dans *Les Faux Saulnier* (NPl II, p. 83).

35　Il s'agit du Petit Cénacle (1830-1833), réuni autour du sculpteur Jehan Duseigneur, auquel on doit notamment une série de médaillons (dont celui de Gérard) représentant cette *camaraderie* romantique. Théophile Gautier évoque longuement « Le Petit Cénacle » dans son *Histoire du Romantisme*.

36　Opéra célèbre de Meyerbeer, sur un livret de Scribe et de Germain Delavigne (1831). Aux lignes précédentes, « Lève-toi… et viens boire » est une reprise parodique de la parole de Jésus au paralytique : « Lève-toi, […] et marche ».

37　Claude Jules Ziégler (1804-1856), élève d'Ingres, fut le décorateur de la Madeleine. Il avait exposé au Salon de 1834 un *Saint Luc peignant la sainte Vierge* que Nerval évoque en 1845 (NPl I, p. 927). Il fonda en effet une manufacture de céramique à Beauvais.

de simples cruches au ventre lourd. Lorsque nous nous communiquions nos inspirations poétiques, on faisait, par précaution, garnir la chambre de matelas, afin que le *paroxysme*, dû quelquefois au Bacchus du cassis, ne compromît pas nos têtes avec les angles des meubles.

Théophile, sauvé, n'a plus bu que de l'eau rougie, et un doigt de champagne dans les petits soupers.

III
LA REINE DE SABA

Revenons-y. – Nous avions désespéré d'attendrir la femme du commissaire. – Son mari, moins farouche qu'elle, avait répondu, par une lettre fort polie, à l'invitation collective que nous leur avions adressée. Comme il était impossible de dormir dans ces vieilles maisons, à cause des suites chorégraphiques de nos soupers, – munis du silence complaisant des autorités voisines, – nous invitions tous les locataires distingués de l'impasse, et nous avions une collection d'attachés d'ambassades, en habits bleus à boutons d'or, de jeunes conseillers d'État[38], de référendaires en herbe, dont la nichée d'hommes déjà sérieux, mais encore aimables, se développait dans ce pâté de maisons, en vue des Tuileries et des ministères voisins. Ils n'étaient reçus qu'à condition d'amener des femmes du monde, protégées, si elles y tenaient, par des dominos et des loups.

Les propriétaires et les concierges étaient seuls condamnés à un sommeil troublé – par les accords d'un orchestre de guinguette choisi à dessein, et par les bonds éperdus d'un galop monstre, qui, de la salle aux escaliers et des escaliers à l'impasse, allait aboutir nécessairement à une petite place entourée d'arbres, – où un cabaret s'était abrité sous les ruines imposantes de la chapelle du Doyenné. Au clair de lune, on admirait encore les restes de la vaste coupole italienne qui s'était écroulée, au dix-septième siècle, sur les onze malheureux chanoines, – accident duquel le cardinal Mazarin fut un instant soupçonné[39].

---

38 [N.D.A.] : « L'un d'eux s'appelait Van Daël, jeune homme charmant, mais dont le nom a porté malheur à notre château. » – Nerval joue sur l'homonymie Van Daël / Vandale.

39 Un tableau de Lina Jaunez représente les *Ruines de la chapelle du Doyenné et de l'hôtel de Longueville* (1833). Nerval semble se tromper dans les noms et les dates : au moment où

Mais vous me demanderez d'expliquer encore, en pâle prose, ces quatre vers de votre pièce intitulée : *Vingt ans*.

> D'où vous vient, ô Gérard, cet air académique ?
> Est-ce que les beaux yeux de l'Opéra-Comique
> S'allumeraient ailleurs ? La *reine du Sabbat*,
> Qui, depuis deux hivers, dans vos bras se débat,
> Vous échapperait-elle ainsi qu'une chimère ?
> Et Gérard répondait : « Que la femme est amère[40] ! »

Pourquoi *du Sabbat*... mon cher ami ? et pourquoi jeter maintenant de l'absinthe dans cette coupe d'or[41], moulée sur un beau sein ?

Ne vous souvenez-vous plus des vers de ce *Cantique des Cantiques*, où l'Ecclésiaste nouveau s'adresse à cette même reine du matin :

> La grenade qui s'ouvre au soleil d'Italie,
> N'est pas si gaie encore, à mes yeux enchantés,
> Que ta lèvre entr'ouverte, ô ma belle folie,
> Où je bois à longs flots le vin des voluptés[42].

Nous reprendrons plus tard ce discours littéraire et philosophique.

*

la coupole de l'église Saint-Thomas-du-Louvre s'écroula (soit en 1739), il ne peut s'agir ni du cardinal Mazarin (version de *La Bohême galante*), ni du cardinal Dubois (version des *Petits châteaux de Bohême*), – mais probablement du cardinal Fleury, qui fut d'ailleurs enterré dans cette église.

40 Nerval cite à nouveau le poème « Vingt ans » de Houssaye (v. 35-40). La leçon « la *reine du Sabbat* » se trouve seulement dans l'édition de 1852 des *Poésies complètes* d'Arsène Houssaye. Dans les lignes qui suivent, Nerval souligne le lapsus de Houssaye (« Sabbat » au lieu de « Saba »), – qui change la Reine du Matin en sorcière.

41 La mention d'une « coupe d'or » est un renvoi oblique au poème de Houssaye, « Vingt ans », où on peut lire, juste avant les vers évoquant Gérard : « L'amante ! coupe d'or où nous buvons la vie ! » (*Poésies complètes*, édition de 1852, p. 85). Chez Nerval, dans *Sylvie*, la « coupe d'or » sera celle des « légendes » (OC XI, p. 170).

42 Nerval cite cette fois le *Cantique des cantiques* d'Arsène Houssaye, que Houssaye a d'abord publié dans *L'Artiste*, 1ᵉʳ juillet 1852, puis repris dans le recueil de ses *Poésies complètes* (édition de 1852, p. 15). Le titre, le *Cantique des cantiques*, appelle l'assimilation ironique de Houssaye à un « Ecclésiaste nouveau ». Michel Brix a bien perçu l'enjeu de cette joute ici échangée entre Nerval et Houssaye : indélicat vis-à-vis de Nerval et incapable de louer dignement la reine de Saba, Houssaye est semblable à Soliman dans l'*Histoire de la reine du matin et de Soliman, prince des génies*, poète médiocre et vaniteux, – tandis que Nerval s'identifie à Adoniram, seul véritable artiste et amant véritable (voir Michel Brix, « Nerval, Houssaye et *La Bohême galante* », *Revue romane*, n° 26, 1, 1991, p. 69-77).

IV

UNE FEMME EN PLEURS[43]

La reine de Saba, c'était bien celle, en effet, qui me préoccupait alors, – et doublement. – Le fantôme éclatant de la fille des Hémiarites[44] tourmentait mes nuits sous les hautes colonnes de ce grand lit sculpté, acheté en Touraine, et qui n'était pas encore garni de sa brocatelle rouge à ramages. Les salamandres de François Ier me versaient leur flamme du haut des corniches, où se jouaient des amours imprudents[45]. ELLE m'apparaissait radieuse, comme au jour où Salomon l'admira s'avançant vers lui dans les splendeurs pourprées du matin[46]. Elle venait me proposer l'éternelle énigme que le Sage ne put résoudre, et ses yeux, que la malice animait plus que l'amour, tempéraient seuls la majesté de

---

43   Livraison du 15 juillet 1852.

44   Dans l'*Histoire de la Reine du matin et de Soliman, prince des génies*, Balkis rappelle en effet qu'elle est de la lignée des Hémiarites, descendants d'Hémiar, un des fils de Saba (NPl II, p. 688 et p. 733). Notons que la Reine de Saba est ici une figure aux noms multiples (comme Isis, la déesse myrionyme d'Apulée) : quand elle n'est pas changée en Reine *du Sabbat* par le lapsus de Houssaye, elle est, dans cette page, la Reine du Matin, Balkis, la fille des Hémiarites, ou dans tous les cas son « fantôme ».

45   Ce lit Renaissance fait partie de la légende de Nerval : il est évoqué par Janin (*Journal des Débats*, 1er mars 1841), par Balzac dans *Honorine* (1843), par Eugène de Mirecourt (*Les Contemporains*, 1854), par Houssaye lui-même après la mort de Nerval (*L'Artiste*, 4 février 1855), par Gautier dans la préface du tome I des *Œuvres complètes* de Nerval parues chez Lévy (1868), ou encore par Hippolyte Lucas (*Portraits littéraires et souvenirs*, 1890). Dans l'œuvre même de Nerval, on peut reconnaître ce lit dans *Pandora*, où il est le lieu d'une apparition féminine (NPl III, p. 662), ainsi que dans *Aurélia*, d'abord dans un rêve (OC XIII, p. 55), et finalement dans la chambre de l'asile comme un vestige des années de bohème : « un lit [...] dont le baldaquin, à ciel ovale, est revêtu de lampas rouge (mais on n'a pu dresser ce dernier) » (OC XIII, p. 110).

46   [N.D.A.] : « Vous connaissez le beau tableau de Glaize, qui représente la scène. » – Il s'agit, non pas de Glaize, mais de Charles Gleyre (1806-1874), qui a peint en effet une *Entrée de la reine de Saba à Jérusalem* (1838-1839). Ce tableau (dont on peut voir une reproduction dans le catalogue de l'exposition *Gérard de Nerval*, 1996, p. 27) porterait pour Nerval le souvenir de quelque « vie antérieure », si l'on en croit l'anecdote rapportée par Houssaye dans ses *Confessions* : « Si Gérard eût choisi sa patrie et son siècle, il serait né en Grèce au temps d'Hélène ou en Syrie, au temps où la reine de Saba venait, comme une épouse du soleil, rayonner à la cour de Salomon. Gleyre avait une belle et lumineuse esquisse de l'entrée à Jérusalem de la reine de Saba. Quand Gérard de Nerval a vu cette esquisse, il s'est écrié : "Ah ! je m'en souviens." » (Arsène Houssaye, *Confessions. Souvenirs d'un demi-siècle*, Dentu, 1885, t. I, p. 323).

son visage oriental. – Qu'elle était belle ! non pas plus belle cependant qu'une autre reine du matin, dont l'image tourmentait mes journées[47]. Cette dernière réalisait vivante mon rêve idéal et divin. Elle avait, comme l'immortelle Balkis, le don communiqué par la huppe miraculeuse[48]. Les oiseaux se taisaient en entendant ses chants, – et l'auraient certainement suivie à travers les airs.

La question était de la faire débuter à l'Opéra. Le triomphe de Meyerbeer devenait le garant d'un nouveau succès. J'osai en entreprendre le poème. J'aurais réuni ainsi dans un trait de flamme les deux moitiés de mon double amour[49]. – C'est pourquoi, mon ami, vous m'avez vu si préoccupé dans une de ces nuits splendides où notre Louvre était en fête. – Un mot de Dumas m'avait averti que Meyerbeer nous attendait à sept heures du matin[50].

Je ne songeais qu'à cela au milieu du bal. Une femme, que vous vous rappelez sans doute, pleurait à chaudes larmes dans un coin du salon, et ne voulait, pas plus que moi, se résoudre à danser. Cette belle éplorée ne pouvait parvenir à cacher ses peines. Tout à coup, elle me prit le bras et me dit : « Ramenez-moi, je ne puis rester ici. »

Je sortis en lui donnant le bras. Il n'y avait pas de voiture sur la place. Je lui conseillai de se calmer et de sécher ses yeux, puis de rentrer

---

47 Cette « autre reine du matin », désignée selon une figure qui voile son identité réelle, est Jenny Colon. C'est du moins ce qu'affirme Dumas dans ses *Nouveaux Mémoires* : « Cette autre reine du matin, dont l'image tourmentait ses journées, c'était une charmante amie à moi, qui ne fut jamais que mon amie, c'était la rieuse aux belles dents, la chanteuse à la voix de cristal, l'artiste aux cheveux d'or. / C'était Jenny Colon. » (*Nouveaux Mémoires*, texte publié dans *Le Soleil*, 4 avril 1866, – et réédité dans Alexandre Dumas, *Sur Gérard de Nerval – Nouveaux Mémoires*, préface de Claude Schopp, Éditions Complexe, 1990, p. 60). Houssaye revient également sur cet épisode de la vie de Nerval dans le chapitre « Gérard amoureux » de ses *Confessions. Souvenirs d'un demi-siècle*, Dentu, 1885, p. 311.

48 Cette huppe miraculeuse est Hud-Hud, « dont l'âme [...] a été tirée de l'élément du feu », et qui ne peut « reconnaîtr[e] pour maître que l'époux réservé à la princesse de Saba » (NPl II, p. 733).

49 *Cf. Sylvie*, OC XI, p. 211-212 : « c'étaient les deux moitiés d'un seul amour ».

50 Dans ses *Nouveaux Mémoires* (1866), Dumas évoque cette collaboration, avortée, entre lui, Nerval et Meyerbeer pour une *Reine de Saba* qu'aurait interprétée Jenny Colon (voir Alexandre Dumas, *Sur Gérard de Nerval – Nouveaux Mémoires*, éd. citée, p. 63 et suiv.). Gautier, dans son *Histoire du Romantisme*, évoque également cette « reine de Saba que Gérard était allé chercher au fond de l'Orient en compagnie de la Huppe, pour l'amener soi-disant à Salomon, l'érotique auteur du *Sir-Hasirimi*, mais réellement pour Meyerbeer, de Berlin, l'auteur de *Robert le Diable*, qui voulait en faire un rôle de soprano à faire tourner la tête à toutes les *prime donne* » (édition Adrien Goetz, Paris, Gallimard, Folio, 2011, p. 126). Nerval, dans la liste de ses *Œuvres complètes* rédigée à la fin de sa vie, mentionne, parmi les *Sujets*, une *Reine de Saba* en 5 actes avec Halévy (NPl III, p. 785).

ensuite dans le bal ; elle consentit seulement à se promener sur la petite place. Je savais ouvrir une certaine porte en planches qui donnait sur le manège, et nous causâmes longtemps au clair de lune, sous les tilleuls. Elle me raconta longuement tous ses désespoirs.

Celui qui l'avait amenée s'était épris d'une autre ; de là une querelle intime ; puis elle avait menacé de s'en retourner seule, ou accompagnée ; il lui avait répondu qu'elle pouvait bien agir à son gré. De là les soupirs, de là les larmes.

Le jour ne devait pas tarder à poindre. La grande sarabande commençait. Trois ou quatre peintres d'histoire, peu danseurs de leur nature, avaient fait ouvrir le petit cabaret et chantaient à gorge déployée : *Il était un raboureur*, ou bien : *C'était un calonnier qui revenait de Flandre*, souvenir des réunions joyeuses de la mère Saguet[51]. – Notre asile fut bientôt troublé par quelques masques qui avaient trouvé ouverte la petite porte. On parlait d'aller déjeuner à Madrid – au Madrid du bois de Boulogne – ce qui se faisait quelquefois[52]. Bientôt le signal fut donné, on nous entraîna, et nous partîmes à pied, escortés par trois gardes françaises, dont deux étaient simplement Messieurs d'Egmont et de Beauvoir ; – le troisième, c'était Giraud, le peintre ordinaire des gardes françaises[53].

Les sentinelles des Tuileries ne pouvaient comprendre cette apparition inattendue qui semblait le fantôme d'une scène d'il y a cent ans, où des gardes françaises auraient mené au violon une troupe de masques tapageurs. De plus, l'une des deux petites marchandes de tabac si jolies, qui faisaient l'ornement de nos bals, n'osa se laisser emmener à Madrid sans prévenir son mari, qui gardait la maison. Nous l'accompagnâmes

---

51   [N.D.A.] : « Les soirées chez la mère Saguet seront publiées sous ce titre : *La Vieille Bohême*. » – La Mère Saguet était un cabaret situé à la barrière du Maine, à la mode chez les jeunes écrivains et artistes de 1830. – *La Vieille Bohême* que mentionne ici Nerval ne vit pas le jour. Mais on a longtemps attribué à Nerval un article, « Le Cabaret de la mère Saguet », paru sans nom d'auteur dans *Le Gastronome, journal universel du goût* le 13 mai 1830, et repris après la mort de Nerval sous le nom de Nerval dans *L'Abeille impériale* du 15 février 1855. Cette attribution est aujourd'hui remise en question (voir Michel Brix, *Nerval journaliste*, Namur, Presses universitaires de Namur, 1986, p. 56-62).
52   Le Madrid était un restaurant au Bois de Boulogne.
53   À l'époque du Doyenné, Henry d'Egmont est un traducteur d'Hoffmann (avec, en 1836, une édition des *Contes fantastiques* illustrée par Camille Rogier) ; Édouard Roger de Bully, dit Roger de Beauvoir, était connu déjà pour *L'Écolier de Cluny* (1832), roman à la mode de Walter Scott ; il est un dandy et noctambule, collaborateur de *La Sylphide* ; quant au peintre Eugène Giraud, il est alors peintre d'histoire, avant de devenir un peintre orientaliste.

à travers les rues. Elle frappa à sa porte. Le mari parut à une fenêtre de l'entresol. Elle lui cria : – Je vais déjeuner avec ces messieurs. Il répondit : – Va-t'en au diable !… c'était bien la peine de me réveiller pour cela !

La belle désolée faisait une résistance assez faible pour se laisser entraîner à Madrid, et moi je faisais mes adieux à Rogier en lui expliquant que je voulais aller travailler à mon *scénario* : – Comment ! tu ne nous suis pas ; cette dame n'a plus d'autre cavalier que toi… et elle t'avait choisi pour la reconduire. – Mais j'ai rendez-vous à sept heures chez Meyerbeer, entends-tu bien !

Rogier fut pris d'un fou rire. Un de ses bras était pris par la Cydalise ; il offrit l'autre à la belle dame, qui me salua d'un petit air moqueur. J'avais servi du moins à faire succéder un sourire à ses larmes.

J'avais quitté la proie pour l'ombre… comme toujours !

V

INTERRUPTION[54]

Je vous conterai le reste de l'aventure. Mais vous m'avez rappelé, mon cher Houssaye, qu'il s'agissait de causer poésie, et j'y arrive incidemment. – Reprenons cet *air académique* que vous m'avez reproché.

Je crois bien que vous vouliez faire allusion au Mémoire que j'ai adressé autrefois à l'Institut, à l'époque où il s'agissait d'un concours sur l'histoire de la poésie au seizième siècle[55]. J'en ai retrouvé quelques fragments qui intéresseront peut-être les lecteurs de *L'Artiste*, comme le sermon que le bon Sterne mêla aux aventures macaroniques de Tristram Shandy[56].

---

54 « Interruption », comme plus loin « Explications » (p. 76), imite les chapitres en « -tion » qui jalonnent l'*Histoire du roi de Bohême et de ses sept châteaux* de Nodier, – lui-même imitant Sterne, qui imite d'autres auteurs « macaroniques » dont Nerval fait la liste dans *Les Faux Saulniers* et à la fin d'*Angélique* (OC XI, p. 162).

55 Nerval fait référence au concours de l'Institut de 1828, auquel cependant il n'a pas participé (les lauréats en furent Philarète Chasles et Saint-Marc Girardin). Son mémoire sur les poètes du XVIᵉ siècle date en réalité de 1830, et répond à un autre concours, lancé par l'*Académie des Jeux floraux*, qui portait sur les « avantages » que « peuvent retirer nos écrivains de la lecture des auteurs français antérieurs au XVIIᵉ siècle » (voir OC I, p. 69).

56 Au Livre II, chap. XV à XVII, de *Tristram Shandy*, le caporal Trim lit un sermon qu'il interrompt constamment de commentaires et digressions.

VI
LES POÈTES DU SEIZIÈME SIÈCLE[57]

Il faut l'avouer, avec tout le respect possible pour les auteurs du Grand Siècle, ils ont trop resserré le cercle des compositions poétiques ; sûrs pour eux-mêmes de ne jamais manquer d'espace et de matériaux, ils n'ont point songé à ceux qui leur succéderaient, ils ont *dérobé leurs neveux*, selon l'expression du Métromane[58] : au point qu'il ne nous reste que deux partis à prendre, ou de les surpasser, ainsi que je viens de dire, ou de poursuivre une littérature d'imitation servile qui ira jusqu'où elle pourra ; c'est-à-dire qui ressemblera à cette suite de dessins si connue, où, par des copies successives et dégradées, on parvient à faire du profil d'Apollon une tête hideuse de grenouille[59].

De pareilles observations sont bien vieilles, sans doute, mais il ne faut pas se lasser de les remettre devant les yeux du public, puisqu'il y a des gens qui ne se lassent pas de répéter les sophismes qu'elles ont réfutés depuis longtemps. En général, on paraît trop craindre, en littérature, de

---

57 Reprise, abrégée, de l'Introduction au *Choix des Poésies de Ronsard [...]* publié en 1830. Voir OC I, p. 69-106 : nous reprenons, en l'adaptant quand cela est nécessaire, l'annotation qui est de Jean-Nicolas Illouz et Emmanuel Buron.

58 Alexis Piron, *La Métromanie ou le Poète* (1738), acte III, sc. VII : « Ils [nos aïeux] ont dit, il est vrai, presque tout ce qu'on pense ; / Leurs écrits sont des vols qu'ils nous ont faits d'avance ; / Mais le remède est simple, il faut faire comme eux. / Ils nous ont dérobés, dérobons leurs neveux » (*Théâtre du XVIIIᵉ siècle*, édition Jacques Truchet, Paris, Gallimard, Bibliothèque de la Pléiade, t. I, p. 1079).

59 Dans le dernier volume de l'*Essai sur la physiognomonie* de Johann Gaspar Lavater, une planche illustre « les lignes d'animalité des visages humains » en montrant comment on peut changer une tête de grenouille en tête d'Apollon, en ouvrant de plus en plus son angle facial. Dans *Le Magasin pittoresque* de 1844 (p. 272), un dessin de Grandville illustre le trajet inverse, et, « au moyen d'une inclinaison de plus en plus sensible de la ligne qui relie les points les plus saillants de la charpente du visage », il change une tête d'homme harmonieuse en tête de grenouille. Les effets « littéraires » de la physiognomonie sont importants, chez Balzac notamment, et l'on trouve chez Baudelaire, dans son article sur les caricaturistes, cette allusion aux planches de Lavater changeant une tête de grenouille en tête d'Apollon : « On a fait des expériences sur la tête de Jésus et sur celle d'Apollon et je crois qu'on est parvenu à ramener l'un des deux à la ressemblance d'un crapaud » (*Quelques caricaturistes français*, in *Œuvres complètes*, t. II, Paris, Gallimard, Bibliothèque de la Pléiade, édition Claude Pichois, 1976, p. 550). Voir Jurgis Baltrusaitis, *Aberrations. Essai sur la légende des formes*, Flammarion, 1983 (p. 45, pour une reproduction des planches de Lavater, « de la grenouille à Apollon », éd. 1803).

redire sans cesse les bonnes raisons ; on écrit trop pour ceux qui savent ; et il arrive de là que les nouveaux auditeurs qui surviennent tous les jours à cette grande querelle, ou ne comprennent point une discussion déjà avancée, ou s'indignent de voir tout à coup, et sans savoir pourquoi, remettre en question des principes adoptés depuis des siècles.

Il ne s'agit donc pas (loin de nous une telle pensée !) de déprécier le mérite de tant de grands écrivains à qui la France doit sa gloire ; mais, n'espérant point faire mieux qu'eux, de chercher à faire autrement, et d'aborder tous les genres de littérature dont ils ne se sont point emparés.

Et ce n'est pas dire qu'il faille pour cela imiter les étrangers ; mais seulement suivre l'exemple qu'ils nous ont donné, en étudiant profondément nos poètes primitifs, comme ils ont fait des leurs[60].

Car toute littérature primitive est nationale, n'étant créée que pour répondre à un besoin, et conformément au caractère et aux mœurs du peuple qui l'adopte ; d'où il suit que, de même qu'une graine contient un arbre entier, les premiers essais d'une littérature renferment tous les germes de son développement futur, de son développement complet et définitif[61].

Il suffit, pour faire comprendre ceci, de rappeler ce qui s'est passé chez nos voisins : après des littératures d'imitation étrangère, comme était notre littérature dite classique, après le siècle de Pope et d'Addison, après celui de Wieland et de Lessing, quelques gens à courte vue ont pu croire que tout était dit pour l'Angleterre et pour l'Allemagne...

Tout ! Excepté les chefs-d'œuvre de Walter Scott et de Byron, excepté ceux de Schiller et de Goethe ; les uns, produits spontanés de leur époque et de leur sol ; les autres, nouveaux et forts rejetons de la souche antique :

---

60   La même idée – ressourcer la littérature française à ses traditions nationales anciennes comme l'ont fait les étrangers pour leur propre littérature – était déjà défendue par Nerval dans son *Introduction* aux *Poésies allemandes* (1830) ; elle le sera encore dans son étude sur « Les Vieilles Ballades françaises » (*La Sylphide*, 10 juillet 1842), que Nerval reprend ici même dans *La Bohême galante* (p. 107 et suiv.), avant de l'incorporer aux *Filles du feu* (OC XI, p. 215-231).

61   En recourant à la métaphore de la graine et de l'arbre pour inscrire tout le développement ultérieur d'une littérature dans son origine, Gérard reprend l'image qui sert de point de départ à la *Deffence et illustration de la langue françoyse* de Du Bellay, mais il en inverse la signification : pour Du Bellay en effet, le développement d'une langue est irréductible à son origine naturelle, et, à la différence des plantes (voir *infra*, p. 5-6), il relève non de la nature, mais de la culture et de l'histoire ; pour Nerval (et pour le Romantisme), la langue conserve idéalement un substrat naturel, qui l'ancre mythiquement dans une terre et dans la vie d'un Peuple.

tous abreuvés à la source des traditions, des inspirations primitives de leur patrie, plutôt qu'à celle de l'Hippocrène[62].

Ainsi, que personne ne dise à l'art : Tu n'iras pas plus loin ! au siècle : Tu ne peux dépasser les siècles qui t'ont précédé !... C'est là ce que prétendait l'Antiquité en posant les bornes d'Hercule : le Moyen Âge les a méprisées et il a découvert un monde[63].

Peut-être ne reste-t-il plus de mondes à découvrir ; peut-être le domaine de l'intelligence est-il au complet aujourd'hui et peut-on en faire le tour, comme du globe ; mais il ne suffit pas que tout soit découvert ; dans ce cas même, il faut cultiver, il faut perfectionner ce qui est resté inculte ou imparfait. Que de plaines existent que la culture aurait rendues fécondes ! que de riches matériaux, auxquels il n'a manqué que d'être mis en œuvre par des mains habiles ! que de ruines de monuments inachevés... Voilà ce qui s'offre à nous, et dans notre patrie même, à nous qui nous étions bornés si longtemps à dessiner magnifiquement quelques jardins royaux, à les encombrer de plantes et d'arbres étrangers conservés à grands frais, à les surcharger de dieux de pierre, à les décorer de jets d'eau et d'arbres taillés en portiques.

Mais arrêtons-nous ici, de peur qu'en combattant trop vivement le préjugé qui défend à la littérature française, comme mouvement

---

62   L'Hippocrène est la source que Pégase fit jaillir d'un coup de sabot. Elle figure ici la source classique de la littérature par opposition à la source populaire et nationale.

63   Les colonnes d'Hercule, qui séparaient la Méditerranée et l'Océan et marquaient la frontière entre le monde civilisé et le monde inconnu, portaient l'inscription « *non ultra* », – ici interprétée comme la formule de l'art classique. Dans ses premiers essais poétiques, Gérard, qui imitait alors les auteurs antiques et qui se réclamait des classiques, utilisait déjà la même image et la même formule à la fin du poème intitulé « La Gloire », – évoquant la gloire posthume des poètes qui seule peut donner des bornes au temps destructeur : « Je brave ton empire, / Respecte dans ton cours mes lauriers et ma lyre, / Je suis de tes fureurs l'impassible témoin, / Toute ma gloire est là : tu n'iras pas plus loin » (NPl I, p. 192). Dans le passage des *Poètes du XVIᵉ siècle*, il faut comprendre que les romantiques, en refusant d'assigner à l'art des « limites », ont élargi le champ de la littérature et conquis pour elle des terres inconnues (à l'image de Christophe Colomb, figure romantique et nervalienne du génie). Sur les limites de l'art, qu'il convient de repousser toujours au-delà, voir notamment Victor Hugo dans la préface des *Orientales* : « À quoi [*aux critiques qui lui sont faites*] il [*le poète*] a toujours fermement répondu : que ces caprices étaient ses caprices ; qu'il ne savait pas en quoi étaient faites les *limites de l'art*, que de géographie précise du monde intellectuel il n'en connaissait point, qu'il n'avait point encore vu de cartes routières de l'art, avec les frontières du possible et de l'impossible tracées en rouge et bleu ; qu'enfin il avait fait cela, parce qu'il avait fait cela » (*Œuvres poétiques*, Paris, Gallimard, Bibliothèque de la Pléiade, éd. Pierre Albouy, 1964, t. I, p. 578). Gérard, en 1830, se faisait donc clairement l'écho des débats esthétiques du Cénacle romantique.

rétrograde, un retour d'étude et d'investigation vers son origine, nous ne paraissons nous escrimer contre un fantôme, ou frapper dans l'air comme Entelle[64] : le principe était plus contesté au temps où un célèbre écrivain allemand envisageait ainsi l'avenir de la poésie française.

« Si la poésie (nous traduisons M. Schlegel[65]) pouvait plus tard refleurir en France, je crois que cela ne serait point par l'imitation des Anglais ni d'aucun autre peuple, mais par un retour à l'esprit poétique en général, et en particulier à la littérature française des temps anciens. L'imitation ne conduira jamais la poésie d'une nation à son but définitif, et surtout l'imitation d'une littérature étrangère parvenue au plus grand développement intellectuel et moral dont elle est susceptible ; mais il suffit à chaque peuple de remonter à la source de sa poésie et à ses traditions populaires, pour y distinguer et ce qui lui appartient en propre et ce qui lui appartient en commun avec les autres peuples. Ainsi, l'inspiration religieuse est ouverte à tous, et toujours il en sort une poésie nouvelle, convenable à tous les esprits et à tous les temps : c'est ce qu'a compris Lamartine, dont les ouvrages annoncent à la France une nouvelle ère poétique, etc. »

Mais avions-nous en effet une littérature avant Malherbe ? observent quelques irrésolus, qui n'ont suivi de cours de littérature que celui de La Harpe[66]. – Pour le vulgaire des lecteurs, non ! Pour ceux qui vou-

---

64 Guerrier sicilien qui prend part aux jeux funèbres en l'honneur d'Anchise (épisode du combat de ceste) : quand le troyen Darès esquive le coup, le poing d'Entelle retombe dans l'air, et déstabilise le guerrier qui s'affale (Virgile, *Énéide*, livre V, v. 443-448).

65 Gérard semble en effet traduire (ou adapter) lui-même Friedrich Schlegel, *Geschichte des alten und neuen Literatur*, chap. XIV, Vienne, 1822, t. II, p. 201-202. La traduction de William Duckett (1829, p. 247-248) est très différente : « […] si du moins la poésie pouvait plus tard refleurir à côté d'elle [*la prose*], je serais porté à penser que cela n'arriverait et ne pourrait pas arriver par l'imitation des Anglais, comme on a fait jusqu'à présent pour soutenir la poésie chancelante, ni par l'imitation d'aucune autre nation ; mais bien par un retour à l'esprit poétique en général, et en ramenant la poésie française aux temps anciens. L'imitation d'une autre nation ne conduit jamais au but ; car toutes les productions de cette nation, à l'époque où elle a atteint le développement moral et intellectuel dont elle était susceptible, et la perfection de l'art, doivent toujours demeurer étrangères à celui qui l'imite ; aussi bien il suffit à chaque nation de revenir à sa poésie et à ses traditions propres et originales. Plus on est près de la source, et plus on y puise profondément, plus on voit apparaître ce que toutes les nations ont de commun. La pure source de l'inspiration religieuse est ouverte à tous esprits ; c'est là de sa profondeur que sort toujours une poésie nouvelle et convenable à tous les temps. C'est là qu'a puisé Lamartine, dont les poésies sont le commencement d'une nouvelle ère poétique pour la France. »

66 *Le Lycée ou cours de littérature ancienne et moderne* de La Harpe n'accorde en effet qu'une place très réduite à la littérature qui précède le siècle de Louis XIV, et il est un bon indice de la minoration des poètes du XVIe siècle tout au long du Classicisme français.

draient voir Rabelais et Montaigne mis en français moderne ; pour ceux
à qui le style de La Fontaine et de Molière paraît tant soit peu négligé,
non ! Mais pour ces intrépides amateurs de poésie et de langue française,
que n'effraie pas un mot vieilli, que n'égaie pas une expression triviale
ou naïve, que ne démontent point les *oncques*, les *ainçois* et les *ores*, oui !
Pour les étrangers qui ont puisé tant de fois à cette source, oui !… Du
reste, ils ne craignent point de le reconnaître[67], et rient bien fort de voir
souvent nos écrivains s'accuser humblement d'avoir pris chez eux des
idées qu'eux-mêmes avaient dérobées à nos ancêtres.

Nous dirons donc maintenant : Existait-il une littérature nationale
avant Ronsard ? mais une littérature complète, capable par elle-même,
et à elle seule, d'inspirer des hommes de génie, et d'alimenter de vastes
conceptions ? Une simple énumération va nous prouver qu'elle existait : qu'elle existait, divisée en deux parties bien distinctes, comme la
nation elle-même, et dont par conséquent l'une que les critiques allemands appellent *littérature chevaleresque* semblait devoir son origine aux
Normands, aux Bretons, aux Provençaux et peut-être aux Francs ; dont
l'autre, native du cœur même de la France, et essentiellement populaire,
est assez bien caractérisée par l'épithète de *gauloise*.

La première comprend : les poèmes historiques, tels que les rou-
mans de *Rou* (Rollon)[68] et du *Brut* (Brutus), la *Philippide*, le *Combat
des 30 Bretons*, etc. ; les poèmes chevaleresques, tels que le *St-Graal*,
Tristan, *Partenopex*, *Lancelot*, etc. ; les poèmes allégoriques, tels que
le roman de la *Rose*, du *Renard*, etc., et enfin toute la poésie légère,
chansons, ballades, lais, chants royaux, plus la poésie provençale ou
romane tout entière.

---

67 [N.D.A.] : « Tous les critiques étrangers s'accordent sur ce point. Citons entre mille un
    passage d'une revue anglaise, rapporté tout récemment par le *Mercure*, et qui faisait
    partie d'un article où notre littérature était fort maltraitée : "Il serait injuste cependant
    de ne point reconnaître que ce fut aux Français que l'Europe dut sa première impulsion
    poétique, et que la littérature *romane, qui distingue le génie de l'Europe moderne du génie
    classique de l'Antiquité*, naquit avec les *trouveurs* et les *conteurs* du nord de la France, les
    jongleurs et les *ménestrels* de Provence." » – *Le Mercure de France* venait en effet de publier,
    sous le titre « La littérature française et la critique anglaise », un article d'abord paru en
    1822 dans *The Edinburgh Review*. Le passage cité par Nerval se trouve dans *Le Mercure de
    France au XIXᵉ siècle*, t. XXX, 1830, p. 79.
68 La graphie archaïsante « rouman » est de Nerval ; et on la retrouve dans *Les Faux Saulniers*
    et *Angélique*, à propos du *Perceforest* : « C'était une de ces *roumans* du cycle d'Artus, – ou
    du cycle de Charlemagne, – où sont contenues les épopées de nos plus anciennes guerres
    chevaleresques » (OC XI, p. 132).

La seconde comprend les mystères, moralités et farces (y compris *Patelin*) ; les fabliaux, contes, facéties, livres satyriques, noëls, etc., toutes œuvres où le plaisant dominait, mais qui ne laissent pas d'offrir souvent des morceaux profonds ou sublimes, et des enseignements d'une haute morale parmi des flots de gaieté frivole et licencieuse[69].

Eh bien ! qui n'eût promis l'avenir à une littérature aussi forte, aussi variée dans ses éléments, et qui ne s'étonnera de la voir tout à coup renversée, presque sans combat, par une poignée de novateurs qui prétendaient ressusciter la Rome morte depuis seize cents ans, la Rome romaine, et la ramener victorieuse, avec ses costumes, ses formes et ses dieux, chez un peuple du nord, à moitié composé de nations germaniques, et dans une société toute chrétienne ? ces novateurs, c'étaient Ronsard et les poètes de son école ; le mouvement imprimé par eux aux lettres s'est continué jusqu'à nos jours.

Il serait trop long de nous occuper à faire l'histoire de la haute poésie en France ; car elle était vraiment en décadence au siècle de Ronsard ; flétrie dans ses germes, morte sans avoir acquis le développement auquel elle semblait destinée ; tout cela, parce qu'elle n'avait trouvé pour l'employer que des poètes de cour qui n'en tiraient que des chants de fêtes, d'adulation et de fade galanterie ; tout cela faute d'hommes de génie qui sussent la comprendre, et en mettre en œuvre les riches matériaux. Ces hommes de génie se sont rencontrés cependant chez les étrangers, et l'Italie surtout nous doit ses plus grands poètes du Moyen Âge ; mais, chez nous, à quoi avaient abouti les hautes promesses des douzième et treizième siècles ? À je ne sais quelle poésie ridicule, où la contrainte métrique, où des tours de force en fait de rime, tenaient lieu de couleur et de poésie ; à de fades et obscurs poèmes allégoriques, à des légendes lourdes et diffuses, à d'arides récits historiques rimés, tout cela recouvert d'un langage poétique plus vieux de cent ans que la prose et le langage usuel, car les rimeurs d'alors imitaient si servilement les poètes qui les avaient précédés, qu'ils en conservaient même la langue

---

69 L'idée que l'histoire de la langue est elle-même un effet de l'histoire sociale des peuples est fréquente ; et l'on retrouve chez Sainte-Beuve ce partage entre une littérature chevaleresque et une littérature gauloise (*Tableau*, 1828, p. 358). Mais il faut souligner que ce partage des littératures ne recoupe pas le partage formel de la prose et des vers, et n'est en lui-même lié à aucune hiérarchie générique ; si bien que, pour les romantiques, la littérature médiévale figure une littérature en liberté qui rend possible et nécessaire la mise en question des conventions et codifications classiques.

surannée. Aussi, tout le monde s'était dégoûté de la poésie dans les genres sérieux, et l'on ne s'occupait plus qu'à traduire les poèmes et romans du douzième siècle dans cette prose qui croissait tous les jours en grâce et en vigueur. Enfin, il fut décidé que la langue française n'était pas propre à la haute poésie, et les savants se hâtèrent de profiter de cet arrêt pour prétendre qu'on ne devait plus la traiter qu'en vers latins et en vers grecs.

Quant à la poésie populaire, grâce à Villon et à Marot, elle avait marché de front avec la prose illustrée par les Joinville, les Froissart et les Rabelais : mais, Marot éteint, son école n'était pas de taille à le continuer : ce fut elle cependant qui opposa à Ronsard la plus sérieuse résistance, et certes, bien qu'elle ne comptât plus d'hommes supérieurs, elle était assez forte sur l'épigramme : la *tenaille de Mellin*[70], qui pinçait si fort Ronsard au milieu de sa gloire, a fait proverbe[71].

Je ne sais si le peu de phrases que je viens de hasarder suffit pour montrer la littérature d'alors dans cet état d'interrègne qui suit la mort d'un grand génie, ou la fin d'une brillante époque littéraire, comme cela s'est vu plusieurs fois depuis ; si l'on se représente bien le troupeau des écrivains du second ordre se tournant inquiet à droite et à gauche et cherchant un guide : les uns fidèles à la mémoire des grands hommes qui ne sont plus et laissant dans les rangs une place pour leur ombre ; les autres tourmentés d'un vague désir d'innovation qui se produit en essais ridicules ; les plus sages faisant des théories et des traductions[72]... Tout à coup un homme apparaît, à la voix forte, et dépassant la foule de

---

70   [N.D.A.] : « Mellin de Saint-Gelais ».
71   Allusion à la scène de médisance (juin 1550) où Saint-Gelais lut à Henri II les vers pin-
     dariques de Ronsard en lui faisant ressortir l'obscurité et l'emphase de certains passages
     perfidement choisis. Ronsard se montra « pincé », et, filant la métaphore, écrivit, dans
     l'« Hymne triumphal sur le trepas de Marguerite de Valois », les vers suivants : « Preserve
     moy d'infamie, / De toute langue ennemie / Et de tout acte malin : / Et fay que devant mon
     Prince / Desormais plus ne me pince / La tenaille de Melin » (*Le Tombeau de Marguerite de
     Valois*, édition de Paul Laumonier, SFTM, 1914-1974, t. III, p. 77-78). Sainte-Beuve
     fait allusion à cet épisode dans son *Tableau*, 1828, p. 45, et rappelle plus en détails la
     querelle dans sa « Vie de Ronsard » qui précède le recueil des *Œuvres choisies* de Ronsard.
72   Cette période d'interrègne évoque la situation littéraire de 1830, telle du moins que
     Gérard la décrira dans *Sylvie* – « époque étrange, comme celles qui d'ordinaire succèdent
     aux révolutions ou aux abaissements des grands règnes » (OC XI, p. 169). Et si, en 1830,
     Hugo semble l'homme de génie capable de tenir le rôle d'un « nouveau Ronsard »,
     Gérard, quant à lui, est de ceux qui préparent l'avenir en faisant « des théories et des
     traductions ».

la tête : celle-ci se sépare en deux partis, la lutte s'engage ; et le géant finit par triompher, jusqu'à ce qu'un plus adroit lui saute sur les épaules et soit seul proclamé très grand[73].

Mais n'anticipons pas : nous sommes en 1549, et à peu de mois de distance apparaissent la *Défense et illustration de la langue française*[74], et les premières *Odes pindariques* de Pierre de Ronsard[75].

La défense de la langue française, par J. Du Bellay, l'un des compagnons et des élèves de Ronsard, est un manifeste contre ceux qui prétendaient que la langue française était trop pauvre pour la poésie, qu'il fallait la laisser au peuple, et n'écrire qu'en vers grecs et latins ; Du Bellay leur répond[76] : « que les langues ne sont pas nées d'elles-mêmes en façon d'herbes, racines et arbres ; les unes infirmes et débiles en leurs espérances[77], les autres saines et robustes, et plus aptes à porter le faix des conceptions humaines, mais que toute leur vertu est née au monde, du vouloir et arbitre des mortels. C'est pourquoi on ne doit ainsi louer une langue et blâmer l'autre, vu qu'elles viennent toutes d'une même source et origine : c'est la fantaisie des hommes ; et ont été formées d'un même jugement à une même fin : c'est pour signifier entre nous les conceptions et intelligences de l'esprit. Il est vrai que par succession de temps, les unes pour avoir été plus curieusement réglées sont devenues plus riches que les autres ; mais cela ne se doit attribuer à la félicité desdites langues,

---

73 Le *topos* des « nains assis sur les épaules de géants » a été souvent utilisé dans la *Querelle des anciens et des modernes*. Il provient d'un mot de Bernard de Chartres rapporté au XIIᵉ siècle par Jean de Salisbury (*Metalogicon*, III, IV). Sur l'histoire des interprétations de cette métaphore, voir la postface de Jean-Robert Armogathe à *La Querelle des Anciens et des Modernes. XVIIᵉ-XVIIIᵉ siècles*, édition établie et annotée par Anne-Marie Lecoq, précédée de *Les abeilles et les araignées*, essai de Marc Fumaroli, Gallimard, « Folio classique », 2001, p. 828 et suiv.

74 [N.D.A.] : « Par I. D. B. A. (Joachim Du Bellay), Paris, Arnoul Angelier, 1549. Le privilège date de 1548. » – Dans la signature « I. D. B. A. », Gérard n'explicite pas le A : il correspond à « Angevin ».

75 Dans cette phrase, les italiques sont bien de Nerval, ce qui pourrait laisser penser qu'*Odes pindariques* est le titre d'un recueil de Ronsard. Or ce n'est pas le cas. Mais il s'agit pour Gérard de marginaliser, sous ce titre, un premier moment de la poétique ronsardienne en supposant un recueil « pindarique » qui serait contemporain de la *Deffence* dont Gérard conteste le parti pris d'imitation.

76 Pour citer le texte de Du Bellay, Gérard procède de la même façon que Sainte-Beuve qui citait également, en les résumant, de larges extraits de *La Défense* (*Tableau*, 1828, p. 58 et suiv.) ; mais Gérard est reparti de l'édition de 1549 qu'il a empruntée à la Bibliothèque royale le 12 juillet 1830. Il modernise toutefois les graphies et pratique de nombreuses coupes, en entremêlant les extraits retenus de résumés ou de commentaires.

77 Du Bellay : « en leurs espèces ».

mais au seul artifice et industrie des hommes. À ce propos, je ne puis assez blâmer la sotte arrogance et témérité d'aucuns de notre nation, qui n'étant rien moins que grecs ou latins déprisent ou rejettent d'un sourcil plus que stoïque toutes choses écrites en français[78]. »

Il continue en prouvant que la langue française ne doit pas être appelée *barbare*, et recherche cependant pourquoi elle n'est pas si riche que les langues grecque et latine : « On le doit attribuer à l'ignorance de nos ancêtres, qui, ayant en plus grande recommandation le bien faire que le bien dire, se sont privés de la gloire de leurs bienfaits, et nous du fruit de l'imitation d'iceux, et, par le même moyen, nous ont laissé notre langue si pauvre et nue, qu'elle a besoin des ornements, et, s'il faut parler ainsi, des plumes d'autrui. Mais qui voudrait dire que la grecque et romaine eussent toujours été en l'excellence qu'on les a vues au temps d'Horace[79] et de Démosthène, de Virgile et de Cicéron ? Et si ces auteurs eussent jugé que jamais pour quelque diligence et culture qu'on eût pu faire, elles n'eussent su produire plus grand fruit, se fussent-ils tant efforcés de les mettre au point où nous les voyons maintenant ? Ainsi puis-je dire de notre langue, qui commence encore à fleurir, sans fructifier : cela, certainement, non pour le défaut de sa nature, aussi apte à engendrer que les autres, mais par la faute de ceux qui l'ont eue en garde et ne l'ont cultivée à suffisance. Que si les anciens Romains eussent été aussi négligés[80] à la culture de leur langue, quand premièrement elle commença à pulluler, pour certain en si peu de temps elle ne fût devenue si grande ; mais eux, en guise de bons agriculteurs, l'ont premièrement transmuée d'un lieu sauvage dans un lieu domestique, puis, afin que plutôt et mieux elle pût fructifier, coupant à l'entour les inutiles rameaux, l'ont pour échange d'iceux restaurée de rameaux francs et domestiques, magistralement tirés de la langue grecque, lesquels soudainement se sont si bien entés et faits semblables à leurs troncs, que désormais ils n'apparaissent plus adoptifs, mais naturels[81]. »

Nous venons de voir ce qu'il pense des faiseurs de vers latins, et des traducteurs ; voici maintenant pour les imitateurs de la vieille littérature : « Et certes, comme ce n'est point chose vicieuse, mais grandement louable,

---

78 Gérard raboute deux extraits du Livre I, chap. I, « L'Origine des Langues ».

79 Du Bellay : « Homère ».

80 Du Bellay : « négligents ».

81 Extrait, deux fois tronqué, du Livre I, chap. III, « Pourquoy la Langue Francoyse n'est si riche que la Greque & Latine ».

d'emprunter d'une langue étrangère les sentences et les mots, et les approprier à la sienne : aussi, est-ce chose grandement à reprendre, voire odieuse à tout lecteur de libérale nature, de voir en une même langue une telle imitation, comme celle d'aucuns savants mêmes, qui s'estiment être des meilleurs plus ils ressemblent à Héroët ou à Marot. Je t'admoneste donc, ô toi qui désires l'accroissement de ta langue et veux y exceller, de n'imiter à pied levé, comme naguère a dit quelqu'un, les plus fameux auteurs d'icelle ; chose certainement aussi vicieuse comme de nul profit à notre vulgaire, vu que ce n'est autre chose, sinon lui donner ce qui était à lui[82]. »

Il jette un regard sur l'avenir et ne croit pas qu'il faille désespérer d'égaler les Grecs et les Romains : « Et comme Homère se plaignait que de son temps les corps étaient trop petits, il ne faut point dire que les esprits modernes ne sont à comparer aux anciens ; l'architecture, l'art du navigateur et autres inventions antiques, certainement sont admirables, et non si grandes toutefois qu'on doive estimer les cieux et la nature d'y avoir dépensé[83] toute leur vertu, vigueur et industrie. Je ne produirai pour témoins de ce que je dis l'imprimerie, sœur des muses et dixième d'elles, et cette non moins admirable que pernicieuse foudre d'artillerie ; avec tant d'autres non antiques inventions qui montrent véritablement que par le long cours des siècles, les esprits des hommes ne sont point si abâtardis qu'on voudrait bien dire. Mais j'entends encore quelque opiniâtre s'écrier : "Ta langue tarde trop à recevoir sa perfection ;" et je dis que ce retardement ne prouve point qu'elle ne puisse la recevoir ; je dis encore qu'elle se pourra tenir certain de la garder longuement, l'ayant acquise avec si longue peine : suivant la loi de nature qui a voulu que tout arbre qui naît fleurit et fructifie bientôt, bientôt aussi vieillisse et meure, et au contraire que celui-là dure par longues années qui a longuement travaillé à jeter ses racines[84]. »

Ici finit le premier livre[85], où il n'a été encore question que de la langue et du style poétique ; dans le second, la question est abordée plus franchement, et l'intention de renverser l'ancienne littérature et d'y substituer les formes antiques est exprimée avec plus d'audace :

---

82   Extrait, légèrement tronqué, du Livre I, chap. VIII, « D'amplifier la Langue Francoyse par l'imitation des anciens Aucteurs Grecz & Romains ».

83   Du Bellay : « [...] qu'on doyve estimer les Cieux & la Nature y avoir *dependu...* ». Gérard modernise le verbe.

84   Gérard raboute deux extraits du Livre I, chap. IX, « Response à quelques objections ».

85   En fait ce premier livre comporte encore trois chapitres.

« Je penserai avoir beaucoup mérité des miens si je leur montre seulement du doigt le chemin qu'ils doivent suivre pour atteindre à l'excellence des Anciens : mettons donc pour le commencement ce que nous avons, ce me semble, assez prouvé au premier livre. C'est que, sans l'imitation des Grecs et des Romains, nous ne pouvons donner à notre langue l'excellence et lumière des autres plus fameuses. Je sais que beaucoup me reprendront d'avoir osé, le premier des Français, introduire quasi une nouvelle poésie, ou ne se tiendraient pleinement satisfaits, tant pour la brièveté dont j'ai voulu user que pour la diversité des esprits dont les uns trouvent bon ce que les autres trouvent mauvais. Marot me plaît, dit quelqu'un, parce qu'il est facile et ne s'éloigne point de la commune manière de parler ; Héroët, dit quelque autre, parce que tous ses vers sont doctes, graves et élaborés ; les autres d'un autre se délectent. Quant à moi, telle superstition ne m'a point retiré de mon entreprise, parce que j'ai toujours estimé notre poésie française être capable de quelque plus haut et merveilleux style que celui dont nous nous sommes si longuement contentés. Disons donc brièvement ce que nous semble de nos poètes français[86].

« De tous les anciens poètes français, quasi un seul, Guillaume de Loris et Jean de Meun[87], sont dignes d'être lus, non tant pour ce qu'il y ait en eux beaucoup de choses qui se doivent imiter des modernes, que pour y voir quasi une première image de la langue française, vénérable pour son antiquité. Je ne doute point que tous les pères crieraient la honte être perdue si j'osais reprendre ou émender quelque chose en ceux que jeunes ils ont appris, ce que je ne veux faire aussi ; mais bien soutiens-je que celui-là est trop grand admirateur de l'ancienneté qui veut défrauder les jeunes de leur gloire méritée : n'estimant rien, sinon ce que la mort a sacré, comme si le temps ainsi que les vins rendait les poésies meilleures. Les plus récents, même ceux qui ont été nommés par Clément Marot en une certaine épigramme à Salel, sont assez connus par leurs œuvres ; j'y renvoie les lecteurs pour en faire jugement[88]. »

---

86 Extrait, légèrement tronqué, du Livre II, chap. I, « L'intention de l'Aucteur ».
87 [N.D.A.] : « Auteurs du *Roman de la Rose* ».
88 Début, presque fidèle, du Livre II, chap. II, « Des Poëtes Françoys ». Du Bellay fait allu-sion à l'épigramme de Marot intitulée « Des poëtes françoys. À Salel » (Marot, *Œuvres complètes*, t. II, éd. F. Rigolot, Flammarion, GF-Flammarion, 2009, p. 328). Marot énumère les plus grands poètes antérieurs à lui, en soulignant qu'ils sont la gloire de leur région ou, par métonymie, du fleuve qui la traverse, pour conclure sur le Quercy, dont Hugues

Il continue par quelques louanges et beaucoup de critiques des auteurs du temps, et revient à son premier dire, qu'il faut imiter les Anciens, « et non point les auteurs français, pour ce qu'en ceux-ci on ne saurait prendre que bien peu, comme la peau et la couleur, tandis qu'en ceux-là on peut prendre la chair, les os, les nerfs et le sang[89]. »

« Lis donc, et relis premièrement, ô poète futur, les exemplaires grecs et latins : puis, me laisse toutes ces vieilles poésies françaises aux jeux floraux de Toulouse et au Puy de Rouan : comme rondeaux, ballades, virelais, chants royaux, chansons et telles autres épiceries qui corrompent le goût de notre langue, et ne servent sinon à porter témoignage de notre ignorance. Jette-toi à ces plaisants épigrammes, non point comme font aujourd'hui un tas de faiseurs de contes nouveaux qui en un dixain sont contents n'avoir rien dit qui vaille aux neuf premiers vers, pourvu qu'au dixième il y ait le petit mot pour rire, mais à l'imitation d'un Martial, ou de quelque autre bien approuvé ; si la lasciveté ne te plaît, mêle le profitable avec le doux ; distille avec un style coulant et non scabreux de tendres élégies, à l'exemple d'un Ovide, d'un Tibulle et d'un Properce ; y entremêlant quelquefois de ces fables anciennes, non petit ornement de poésie. Chante-moi ces odes inconnues encore de la langue française[90], d'un luth bien accordé au son de la lyre grecque et romaine, et qu'il n'y ait rien où apparaissent quelques vestiges de rare et antique érudition[91]. Quant aux épîtres, ce n'est un poème qui puisse grandement enrichir notre vulgaire, parce qu'elles sont volontiers de choses familières et domestiques, si tu ne les voulais faire à l'imitation d'élégies comme Ovide, ou sentencieuses et graves comme Horace : autant te dis-je des satyres que les Français, je ne sais comment, ont nommé coqs-à-l'âne, auxquelles je te conseille aussi peu t'exercer, si ce n'est à l'exemple des Anciens en vers héroïques, et, sous ce nom de satyre, y taxer modestement les vices de ton temps et pardonner aux noms des personnes vicieuses. Tu as pour ceci Horace, qui, selon Quintilien,

---

Salel (son dédicataire) et lui-même sont originaires. Il nomme Jean de Meung, Alain Chartier, Jean Marot (son père), Octavien de Saint-Gelais, Jean Molinet, Jean Lemaire de Belges, Georges Chastelain, Villon, Guillaume Cretin, les frères Gréban, Jean Meschinot, Guillaume Coquillart, ainsi que Salel et lui-même.

89 Résumé, puis citation, de la suite et fin du Livre II, chap. II, « Des Poëtes Françoys ».

90 Du Bellay : « de la Muse française ».

91 Du Bellay : « et qu'il n'y ait vers, ou n'apparoisse quelque vestige de rare & antique erudition ».

tient le premier lieu entre les satyriques. *Sonne*-moi ces beaux *sonnets*[92] ; non moins docte que plaisante invention italienne, pour lequel tu as Pétrarque et quelques modernes Italiens. Chante-moi d'une musette bien résonnante les plaisantes églogues rustiques à l'exemple de Théocrite et de Virgile. Quant aux comédies et tragédies, si les rois et les républiques les voulaient restituer en leur ancienne dignité qu'ont usurpée les farces et moralités, je serais bien d'opinion que tu t'y employasses, et si tu le veux faire pour l'ornement de la langue, tu sais où tu en dois trouver les archétypes[93]. »

Je ne crois pas qu'on me reproche d'avoir cité tout entier ce chapitre où la révolution littéraire est si audacieusement proclamée ; il est curieux d'assister à cette démolition complète d'une littérature du Moyen Âge, au profit de tous les genres de composition de l'Antiquité, et la réaction analogue qui s'opère aujourd'hui doit lui donner un nouvel intérêt[94].

*

Du Bellay[95] conseille encore l'introduction dans la langue française de mots composés du latin et du grec, recommandant principalement de s'en servir dans les arts et sciences libérales[96]. Il recommande, avec

---

92 [N.D.A.] : « *Sonne-moi ces sonnets* : ceci est un trait de mauvais goût d'alors, auquel le jeune novateur n'a pu entièrement se soustraire. Nous trouvons plus haut : *Distille* avec un *style*. Ronsard lui-même a cédé quelquefois à ce plaisir de jouer sur les mots : *Dorat* qui *redore* le langage français ; *Mellin* aux paroles de *miel*, etc. »

93 Gérard prélève et raboute divers passages du Livre II, chap. IV, « Quelz genres de poëmes doit élire le poëte Françoys ».

94 Il s'agit de la « réaction » romantique contre l'institution « révolutionnaire » du classicisme, – qui rompt avec une plus ancienne tradition nationale. Sur cette idée, où les termes de « révolution » et de « réaction » échangent leur valeur, Gérard suit Sainte-Beuve, dans la conclusion de son *Tableau*, 1828, p. 366-367 : « Mais l'Europe était lasse, et une double réaction commença et contre nos lettres et contre nos armes. On en sait l'issue. Les jeunes écoles poétiques insurgées renièrent le dix-huitième siècle, et, remontant plus haut dans leurs fastes, tendirent la main aux vrais pères de l'art : Byron, Scott, se rallièrent à Spenser et à Shakespeare, les Italiens au Dante [...]. Mais nulle part plus vite ni plus vivement qu'en France la réaction poétique ne s'est fait sentir [...]. / En secouant le joug des deux derniers siècles, la nouvelle école française a dû s'inquiéter de ce qui s'était fait auparavant, et chercher dans nos origines quelque chose de national à quoi se rattacher. » On trouvera chez Quinet l'idée que le classicisme français, parce qu'il rompt avec les traditions féodales, est le premier acte « révolutionnaire » de la France, et prépare en ce sens 1789.

95 Livraison du 1ᵉʳ août 1852.

96 Gérard synthétise approximativement le chapitre II 6 de la *Deffence* où Du Bellay conseille au poète futur « qu'il ne craigne point d'inventer, adopter et composer à l'imitation des

plus de raison, l'étude du langage figuré, dont la poésie française avait jusqu'alors peu connaissance[97] ; il propose de plus quelques nouvelles alliances de mots accueillies depuis en partie : « d'user hardiment de l'infinitif pour le nom, comme l'*aller*, le *chanter*, le *vivre*, le *mourir* ; de l'adjectif substantivé, comme le *vide de l'air*, le *frais de l'ombre*, l'*épais des forêts* ; des verbes et des participes, qui de leur nature n'ont point d'infinitifs après eux, avec des infinitifs, comme *tremblant de mourir* pour *craignant de mourir*, etc. Garde-toi encore de tomber en un vice commun, même aux plus excellents de notre langue : c'est l'omission des articles[98]. »

« Je ne veux oublier l'émendation, partie certes la plus utile de nos études ; son office est d'ajouter, ôter, ou changer à loisir ce que la première impétuosité et ardeur d'écrire n'avait permis de faire ; il est nécessaire de remettre à part nos écrits nouveau-nés, les revoir souvent, et en la manière des ours, leur donner forme, à force de lécher[99]. Il ne faut pourtant y être trop superstitieux, ou, comme les éléphants leurs petits, être dix ans à enfanter ses vers. Surtout nous convient avoir quelques gens savants et fidèles compagnons qui puissent connaître nos fautes et ne craignent pas de blesser notre papier avec leurs ongles. Encore te veux-je avertir de hanter quelquefois non seulement les savants, mais aussi toutes sortes d'ouvriers et gens mécaniques, savoir leurs inventions, les noms des matières et termes usités en leurs arts et métiers pour tirer de là de belles comparaisons et descriptions de toutes choses. »

Les disputes littéraires de ce temps-là n'étaient pas moins animées qu'elles ne le sont aujourd'hui. Du Bellay s'écrie qu'il faudrait que tous

---

Grecz quelques Motz françoys » : c'est la seule allusion de Du Bellay à la pratique des mots composés. Quelques lignes plus bas, il recommande l'usage de néologismes (de « nouveaux motz », et pas spécialement de mots composés) « ès Ars, dont l'usage n'est point encores commun, et vulgaire », notant que l'usage des néologismes est d'ores et déjà commun chez « les Ouvriers (afin que je ne parle des Sciences liberales) ».

97 Cette défense du « langage figuré » n'est pas évidente dans la *Deffence*. Sans doute Gérard fait-il allusion au passage du chapitre II 9 où Du Bellay recommande l'usage de « l'Antonomasie », c'est-à-dire de la périphrase qui se substitue à un nom propre (ex. « le Pere foudroyant » pour Jupiter).

98 Gérard résume ou prélève divers passages du Livre II, chap. IX, « Observation de quelques manières de parler Françoyses ». Il est étonnant qu'il ne dise pas un mot du fait que Du Bellay recommande l'usage d'épithètes convenables et significatifs, anticipant sur l'exigence romantique d'adjectifs descriptifs ou pittoresques.

99 Selon une tradition qui remonte à Pline (*Histoire naturelle*, VIII, 54), les oursons, quand ils viennent au monde, sont des masses de chair blanche et informe, sans yeux et sans poils. C'est leur mère qui leur donne peu à peu leur forme animale en les léchant.

les rois amateurs de leur langue défendissent d'imprimer les œuvres des poètes surannés de l'époque.

« Oh ! combien je désire voir sécher ces *printemps*, châtier ces petites jeunesses, rabattre ces *coups d'essai*, tarir ces *fontaines*, bref abolir ces beaux titres suffisants pour dégoûter tout lecteur savant d'en lire davantage ! je ne souhaite pas moins que ces *dépourvus*, ces *humbles espérants*, ces *bannis de Liesse*, ces *esclaves*, ces *traverseurs*[100], soient renvoyés à la table ronde, et ces belles petites devises aux gentilshommes et damoiselles, d'où on les a empruntées[101]. Que dirai-je plus ? je supplie à Phébus Apollon que la France, après avoir été si longuement stérile, grosse de

---

100 [N.D.A.] : « Allusion aux ridicules surnoms que prenaient les poètes du temps : l'*humble Espérant* (Jehan le Blond) ; *le Banni de Liesse* (François Habert) ; *l'Esclave fortuné* (Michel d'Amboise) ; *le Traverseur des voies périlleuses* (Jehan Bouchet). Il y avait encore *le Solitaire* (Jehan Gohorry) ; *l'Esperonnier de discipline* (Antoine de Saix), etc., etc. »

101 Dans ce paragraphe, Du Bellay fait allusion, successivement à Jean le Blond, auteur du *Printemps de l'Humble Esperant* (1536), à François Habert, auteur de la *Jeunesse du Banny de Lyesse* (1541), à François Sagon, auteur du *Coup d'Essay* (1537), à Charles Fontaine qui avait fait paraître anonymement la *Fontaine d'Amour* ; ainsi qu'à Clément Marot, auteur d'une « Épître du dépourveu », à Michel d'Amboise, qui signait ses œuvres du pseudonyme « l'Esclave fortuné », enfin à Jean Bouchet, dit « le Traverseur des voyes périlleuses ». La note de Nerval identifie quelques-unes de ces allusions. Celles-ci étaient déjà explicitées par Sainte-Beuve, *Tableau*, p. 63, qui, en citant le même passage de Du Bellay, identifie Jean Leblond, Sagon, Fontaine, François Habert et Jean Bouchet. Pour les noms de Jacques (et non *Jehan*) Gohory, et d'Antoine du Saix, Nerval, selon Jean Céard et Jacques Bony (NPl I p. 1602, note 1 de la page 291), « a pu les glaner en feuilletant l'anthologie d'Auguis, *Les Poètes françois depuis le XIIᵉ siècle jusqu'à Malherbe*, 1824, t. III, p. 256 et p. 277 ». Il peut en être de même pour Michel d'Amboise, cité p. 357 et suiv. de l'anthologie d'Auguis (on peut lire à la fin de la notice d'Auguis : « Michel d'Amboise avait pris pour surnom ou devise l'épithète d'*Esclave fortuné* »). Quoi qu'il en soit, la note de Gérard est l'un des premiers témoignages de l'intérêt que le futur Nerval porte aux pseudonymes littéraires. Il est notamment remarquable de voir apparaître le surnom de « *Banni de Liesse* », que se donne le personnage de Brisacier – double de Nerval – dans *Le Roman tragique*, NPl I, p. 701 : « Ainsi, moi, le brillant comédien de naguère, le prince ignoré, l'amant mystérieux, le déshérité, le banni de liesse, le beau ténébreux […] ». Ce passage du *Roman tragique* sera repris dans la lettre à Dumas qui sert de préface aux *Filles du feu* (OC XI, p. 54) ; et, dans ce nouveau contexte, il se trouve relié au sonnet « El Desdichado », qui est une méditation sur l'identité lyrique. Nerval rattache ainsi sa propre poésie à celle-là même que moquait Du Bellay, doublant de la sorte la parole mythique des *Chimères* d'une dimension ironique démystificatrice. On remarquera également le nom de Jacques Gohory, lui aussi destiné à cheminer dans l'imagination de Nerval : on le trouve évoqué dans *Nicolas Flamel*, NPl I, p. 323, associé à un ouvrage intitulé *Le Trésor de la médecine paracelsique* (en réalité : *Theophrasti Paracelsi philosophiae et medicinae utriusque universae compendium*) ; et Gohory a en outre supervisé et préfacé certaines rééditions de la traduction par Jean Martin de l'*Hypnerotomachia Poliphilii* de Francesco Colonna, – autre livre destiné à accompagner longtemps, du *Voyage en Orient* à *Sylvie*, la pensée poétique de Nerval.

lui, enfante bientôt un poète dont le luth bien résonnant fasse tarir ces enrouées cornemuses, non autrement que les grenouilles quand on jette une pierre en leur marais[102]. »

Après une nouvelle exhortation aux Français d'écrire en leur langue, Du Bellay finit ainsi : « Or, nous voici, grâce à Dieu, après beaucoup de périls et de flots étrangers, rendus au port à sûreté. Nous avons échappé du milieu des Grecs et au travers des escadrons romains, pénétré jusqu'au sein de la France, France tant désirée. Là, donc, Français, marchez courageusement vers cette superbe cité romaine, et de ses serves dépouilles ornez vos temples et autels. Ne craignez plus ces oies criardes, ce fier Manlie et ce traître Camille, qui sous ombre de bonne foi vous surprennent tous nus comptant la rançon du Capitole. Donnez en cette Grèce menteresse et y semez encore un coup la fameuse nation des Gallo-Grecs. Pillez-moi sans conscience les sacrés trésors de ce temple Delphique, ainsi que vous avez fait autrefois, et ne craignez plus ce muet Apollon ni ses faux oracles. Vous souvienne de votre ancienne Marseille, seconde Athènes ; et de votre Hercule gallique tirant les peuples après lui par leurs oreilles avec une chaîne attachée à sa langue[103]. »

C'est un livre bien remarquable que ce livre de Du Bellay ; c'est un de ceux qui jettent le plus de jour sur l'histoire de la littérature française, et peut-être aussi le moins connu de tous les traités écrits sur ce sujet. Je n'aurais pas hasardé cette longue citation si je ne la regardais comme l'histoire la plus exacte que l'on puisse faire de l'école de Ronsard.

En effet, tout est là : à voir comme les réformes prêchées, les théories développées dans la *Défense et illustration de la langue française*, ont été fidèlement adoptées depuis et mises en pratique dans tous leurs points, il est même difficile de douter qu'elle ne soit l'œuvre de cette école tout entière : je veux dire de Ronsard, Ponthus de Tiard, Remi Belleau, Étienne Jodelle, J. Antoine de Baïf, qui, joints à Du Bellay, composaient ce qu'on appela depuis la *Pléiade*[104]. Du reste, la plupart de ces auteurs

---

102 [N.D.A.] : « Il s'agit là de Pierre de Ronsard, annoncé comme le Messie par ce nouveau saint Jean. Du Bellay a-t-il voulu équivoquer sur le prénom de Ronsard avec cette figure de la *pierre* ? Ce serait peut-être aller trop loin que de le supposer. »

103 Citation intégrale de la conclusion de *La Deffense et illustration*.

104 [N.D.A.] : « Il est à remarquer que l'*Illustration* ne parle nominativement d'aucun d'entre eux ; plusieurs cependant étaient déjà connus. Il me semble que Du Bellay n'aurait pas manqué de citer ses amis s'il eût porté seul la parole. »

avaient déjà écrit beaucoup d'ouvrages dans le système prêché par Du Bellay, bien qu'ils ne les eussent point fait encore imprimer : de plus, il est question des *odes* dans l'*Illustration*, et Ronsard dit plus tard dans une préface avoir le premier introduit le mot *ode* dans la langue française ; ce qu'on n'a jamais contesté[105].

Mais soit que ce livre ait été de plusieurs mains, soit qu'une seule plume ait exprimé les vœux et les doctrines de toute une association de poètes, il porte l'empreinte de la plus complète ignorance de l'ancienne littérature française ou de la plus criante injustice. Tout le mépris que Du Bellay professe, à juste titre, envers les poètes de son temps, imitateurs des vieux poètes, y est, à grand tort, reporté aussi sur ceux-là qui n'en pouvaient mais. C'est comme si, aujourd'hui, on en voulait aux auteurs du Grand Siècle de la platitude des rimeurs modernes qui marchent sous leur invocation.

Se peut-il que Du Bellay, qui recommande si fort d'enter sur le tronc national prêt à périr des branches étrangères, ne songe point même qu'une meilleure culture puisse lui rendre la vie et ne le croie pas capable de porter des fruits par lui-même ? Il conseille de faire des mots d'après le grec et le latin, comme si les sources eussent manqué pour en composer de nouveaux d'après le vieux français seul ; il appuie sur l'introduction des odes, élégies, satires, etc., comme si toutes ces formes poétiques n'avaient pas existé déjà sous d'autres noms ; du poème antique, comme si les chroniques normandes et les romans chevaleresques n'en remplissaient pas toutes les conditions, appropriées de plus au caractère et à l'histoire du Moyen Âge ; de la tragédie, comme s'il eût manqué aux mystères autre chose que d'être traités par des hommes de génie pour devenir la tragédie du Moyen Âge, plus libre et plus vraie que l'ancienne[106]. Supposons, en effet, un instant les plus grands poètes étrangers et les

---

105 Voir *Les Quatre Premiers Livres des Odes*, 1550, Préface (édition Paul Laumonier, SFTM, 1914-1974, t. I, p. 44) : « j'allai voir les étrangers, & me rendis familier d'Horace, contrefaisant sa naïve douceur [...] & osai le premier des nostres, enrichir ma langue de ce nom Ode [...] ». La priorité de Ronsard a été contestée et, de fait, le mot est attesté en français avant lui. Toutefois, la priorité que Ronsard revendique n'est pas celle du mot (signifiant) mais celle du « nom » (signifiant associé à un signifié déterminé). Sur les conséquences poétiques de cette distinction, voir E. Buron, « Éthique et poétique de la publication dans l'avis "Au Lecteur" des *Odes* (1550) », *in* J. Gœury éd., *Lectures des Odes de Ronsard*, Rennes, PUR, 2001, p. 37-48.

106 Les mystères médiévaux attirent la curiosité érudite de Nerval, qui y voit « l'origine de nos théâtres » dans un article de *La Presse*, 24 août 1840 (NPl I, p. 638). Ils s'associeront

plus opposés au système classique de l'Antiquité, nés en France au seizième siècle, et dans la même situation que Du Bellay et ses amis. Croyez-vous qu'ils n'eussent pas été là, et avec les seules ressources et les éléments existant alors dans la littérature française, ce qu'ils furent à différentes époques et dans différents pays ? Croyez-vous que l'Arioste n'eût pas aussi bien composé son *Roland furieux* avec nos fabliaux et nos poèmes chevaleresques ; Shakespeare, ses drames avec nos romans, nos chroniques, nos farces et même nos mystères ; Le Tasse, sa *Jérusalem*, avec nos livres de chevalerie et les éblouissantes couleurs poétiques de notre littérature romane, etc. ? Mais les poètes de la réforme classique n'étaient point de cette taille, et peut-être est-il injuste de vouloir qu'ils aient vu dans l'ancienne littérature française ce que ces grands hommes y ont vu avec le regard du génie, et ce que nous n'y voyons aujourd'hui sans doute que par eux. Au moins rien ne peut-il justifier ce superbe dédain qui fait prononcer aux poètes de la Pléiade qu'il n'y a absolument rien avant eux, non seulement dans les genres sérieux, mais dans tous ; ne tenant pas plus compte de Rutebeuf que de Charles d'Anjou, de Villon que de Charles d'Orléans, de Clément Marot que de Saint-Gelais, et de Rabelais que de Joinville et de Froissart dans la prose. Sans cette ardeur d'exclure, de ne rebâtir que sur des ruines, on ne peut nier que l'étude et même l'imitation momentanée de la littérature antique n'eussent pu être, dans les circonstances d'alors, très favorables aux progrès de la nôtre et de notre langue aussi ; mais l'excès a tout gâté : de la forme on a passé au fond ; on ne s'est pas contenté d'introduire le poème antique, on a voulu qu'il dît l'histoire des Anciens et non la nôtre ; la tragédie, on a voulu qu'elle ne célébrât que les infortunes des illustres familles d'Œdipe et d'Agamemnon : on a amené la poésie à ne reconnaître et n'invoquer d'autres dieux que ceux de la mythologie : en un mot, cette expédition, présentée si adroitement par Du Bellay comme une conquête sur les étrangers, n'a fait, au contraire, que les amener vainqueurs dans nos murs ; elle a tendu à effacer petit à petit notre caractère de nation, à nous faire rougir de nos usages et même de notre langue au profit de l'Antiquité ; à nous amener, en un mot, à ce comble de ridicule, que nous ayons représenté longtemps nos rois et nos héros en costumes romains, et que nous ayons employé le latin pour les inscriptions de nos

---

aussi aux souvenirs et à la création personnels, en s'incorporant au récit de *Sylvie*, chap. VII : « Ce que je vis jouer était comme un mystère des temps anciens » (OC XI, p. 190).

monuments. C'est certainement à ce défaut d'accord et de sympathie de la littérature classique avec nos mœurs et notre caractère national qu'il faut attribuer, outre les ridicules anomalies que je viens de citer en partie, le peu de popularité qu'elle a obtenu.

Voici une digression qui m'entraîne bien loin : j'y ai jeté au hasard quelques raisons déjà rebattues ; il y en a des volumes de beaucoup meilleures, et cependant que de gens refusent encore de s'y rendre ! Une tendance plus raisonnable se fait, il est vrai, remarquer depuis quelques années : on se met à lire un peu d'histoire de France ; et, quand dans les collèges on sera parvenu à la savoir presque aussi bien que l'histoire ancienne, et quand aussi on consacrera à l'étude de la langue française quelques heures arrachées au grec et au latin, un grand progrès sera sans doute accompli pour l'esprit national, et peut-être s'ensuivra-t-il moins de dédain pour la vieille littérature française, car tout cela se tient.

*

J'ai[107] accusé l'école de Ronsard de nous avoir imposé une littérature classique, quand nous pouvions fort bien nous en passer, et surtout de nous l'avoir imposée si exclusive, si dédaigneuse de tout le passé qui était à nous ; mais, à considérer ses travaux et ses innovations sous un autre point de vue, celui des progrès du style et de la couleur poétique, il faut avouer que nous lui devons beaucoup de reconnaissance ; il faut avouer que dans tous les genres qui ne demandent pas une grande force de création, dans tous les genres de poésie gracieuse et légère, elle a surpassé les poètes qui l'avaient précédée, et beaucoup de ceux qui l'ont suivie[108]. Dans ces sortes de compositions aussi l'imitation classique est moins sensible : les petites odes de Ronsard[109], par exemple, semblent la plupart inspirées, plutôt par les chansons du douzième siècle, qu'elles

---

107 Livraison du 15 août 1852.

108 Sainte-Beuve, *Tableau*, 1828, p. 94 : « À ne le prendre que dans les genres de moyenne hauteur, dans l'élégie, dans l'ode épicurienne, dans la chanson, il y excelle » ; et, *ibid.* : « On dirait vraiment qu'il y eut deux poètes en Ronsard : l'un asservi à une méthode, préoccupé de combinaisons et d'efforts, qui se guinda jusqu'à l'ode pindarique, et *trébucha* fréquemment ; l'autre encore naïf et déjà brillant, qui continua, perfectionna Marot, devança et surpassa de bien loin Malherbe dans l'ode légère. »

109 Cette catégorie des « petites odes », poèmes qui se caractérisent par la « naïveté » et la « fraîcheur », n'est pas de Ronsard, mais bien de Nerval : elle est exactement équivalente à celle d'« odelette ».

surpassent souvent encore en naïveté et en fraîcheur; ses sonnets aussi, et quelques-unes de ses élégies sont empreintes du véritable sentiment poétique, si rare quoi qu'on dise, que tout le dix-huitième siècle, si riche qu'il soit en poésies diverses, semble en être absolument dénué.

Il n'est pas en littérature de plus étrange destinée que celle de Ronsard : idole d'un siècle éclairé ; illustré de l'admiration d'hommes tels que les de Thou, les L'Hospital, les Pasquier, les Scaliger ; proclamé plus tard par Montaigne l'égal des plus grands poètes anciens, traduit dans toutes les langues, entouré d'une considération telle, que le Tasse, dans un voyage à Paris, ambitionna l'avantage de lui être présenté ; honoré à sa mort de funérailles presque royales et des regrets de la France entière, il semblait devoir entrer en triomphateur dans la postérité[110]. Non ! la postérité est venue, et elle a convaincu le seizième siècle de mensonge et de mauvais goût, elle a livré au rire et à l'injure les morceaux de l'idole brisée, et des dieux nouveaux se sont substitués à la trop célèbre Pléiade en se parant de ses dépouilles[111].

La Pléiade, soit : qu'importent tous ces poètes à la suite, qui sont Baïf, Belleau, Ponthus, sous Ronsard ; qui sont Racan, Segrais, Sarrazin, sous Malherbe ; qui sont Desmahis, Bernis, Villette, sous Voltaire, etc. ?... Mais pour Ronsard il y a encore une postérité : et aujourd'hui surtout qu'on remet tout en question, et que les hautes renommées sont pesées, comme les âmes aux enfers, nues, dépouillées de toutes les préventions, favorables ou non, avec lesquelles elles s'étaient présentées à nous, qui sait si Malherbe se trouvera encore de poids à représenter le père de la poésie classique ? ce ne serait point là le seul arrêt de Boileau qu'aurait cassé l'avenir.

Nous n'exprimons ici qu'un vœu de justice et d'ordre, selon nous, et nous n'avons pas jugé l'école de Ronsard assez favorablement pour qu'on

---

110 Gérard résume ici deux pages de Sainte-Beuve (*Tableau*, p. 84-85), qui lui-même trouve sans doute une partie de son information dans la Biographie Michaud. Le jugement de Montaigne sur Ronsard se trouve dans *Essais*, II, chap. XVII : « Quant aux François, je pense qu'ils l'ont montée [la poésie] au plus haut degré où elle sera jamais ; et aux parties en quoy Ronsart et du Bellay excellent, je ne les treuve gueres esloignez de la perfection ancienne. »

111 La destinée posthume de Ronsard est souvent donnée comme un exemple de l'instabilité des fortunes littéraires. Sainte-Beuve y insiste tout en se présentant lui-même comme le premier qui a voulu sortir le poète vendômois de l'oubli où l'avaient relégué les siècles classiques : « À toi, Ronsard, qu'un sort injurieux / Depuis deux siècles livre aux mépris de l'histoire, / J'élève de mes mains l'autel expiatoire / Qui te purifiera d'un arrêt odieux » (« vie de Ronsard », *Œuvres choisies de Ronsard*, p. XXVI).

nous soupçonne de partialité. Si notre conviction est erronée, ce ne sera pas faute d'avoir examiné les pièces du procès, faute d'avoir feuilleté des livres oubliés depuis près de trois cents ans. Si tous les auteurs d'histoires littéraires avaient eu cette conscience, on n'aurait pas vu des erreurs grossières se perpétuer dans mille volumes différents, composés les uns sur les autres ; on n'aurait pas vu des jugements définitifs se fonder sur d'aigres et partiales critiques échappées à l'acharnement momentané d'une lutte littéraire, ni de hautes réputations s'échafauder avec des œuvres admirées sur parole.

Non, sans doute, nous ne sommes pas indulgents envers l'école de Ronsard : et, en effet, on ne peut que s'indigner, au premier abord, de l'espèce de despotisme qu'elle a introduit en littérature, de cet orgueil avec lequel elle prononçait le *odi profanum vulgus*, d'Horace[112], repoussant toute popularité comme une injure, et n'estimant rien que le noble, et sacrifiant toujours à l'art le naturel et le vrai. Ainsi aucun poète n'a célébré davantage et la nature et le printemps que ne l'ont fait ceux du seizième siècle, et croyez-vous qu'ils aient jamais songé à demander des impressions à la nature et au printemps ? Jamais : ils se contentaient de rassembler ce que l'Antiquité avait dit de plus gracieux sur ce sujet, et d'en composer un tout, digne d'être apprécié par les connaisseurs ; il arrivait de là qu'ils se gardaient de leur mieux d'avoir une pensée à eux, et cela est tellement vrai, que les savants commentaires dont on honorait leurs œuvres ne s'attachaient qu'à y découvrir le plus possible d'imitations de l'Antiquité. Ces poètes ressemblaient en cela beaucoup à certains peintres qui ne composent leurs tableaux que d'après ceux des maîtres, imitant un bras chez celui-ci, une tête chez cet autre, une draperie chez un troisième, le tout pour la plus grande gloire de l'art[113], et qui traitent d'ignorants ceux qui se hasardent à leur demander s'il ne vaudrait pas mieux imiter tout bonnement la nature[114].

---

112 Sainte-Beuve, *Tableau*, 1828, p. 69 : « *Odi profanum vulgus* était leur devise, et elle contrastait d'une manière presque ridicule avec la prétention qu'ils affichaient de fonder une littérature nationale ». La formule est d'Horace, *Odes*, III 1, v. 1.

113 Allusion à Zeuxis, peintre grec qui peignit une femme d'une beauté parfaite en imitant, chez plusieurs jeunes filles réelles, la partie du corps qu'elles avaient la plus belle (voir Pline, *Histoire Naturelle*, XXX, 36). On retrouvera cette image dans *Aurélia*, OC XIII, p. 63 : « [...] et chacune était ainsi un composé de toutes, pareille à ces types que les peintres imitent de plusieurs modèles pour réaliser une beauté complète ».

114 Gérard reprend, en abrégé, l'argumentation de Victor Hugo dans la préface de *Cromwell* : « Le poète, insistons sur ce point, ne doit donc prendre conseil que de la nature, de la vérité, et de l'inspiration qui est aussi une vérité et une nature » (Victor Hugo, *Théâtre*

Puis, après ces réflexions qui vous affectent désagréablement à la première lecture des œuvres de la Pléiade, une lecture plus particulière vous réconcilie avec elle : les principes ne valent rien ; l'ensemble est défectueux, d'accord, et faux et ridicule ; mais on se laisse aller à admirer certaines parties des détails ; ce style primitif et verdissant assaisonne si bien les vieilles pensées déjà banales chez les Grecs et les Romains, qu'elles ont pour nous tout le charme de la nouveauté : quoi de plus rebattu, par exemple, que cette espèce de syllogisme sur lequel est fondée l'odelette de Ronsard : *Mignonne, allons voir si la rose, etc.* Eh bien ! la mise en œuvre en a fait l'un des morceaux les plus frais et les plus gracieux de notre poésie légère[115]. Celle de Belleau, intitulée : *Avril*, toute composée au reste d'idées connues, n'en ravit pas moins quiconque a de la poésie dans le cœur[116]. Qui pourrait dire en combien de façons est retournée dans beaucoup d'autres pièces l'éternelle comparaison des fleurs et des amours qui ne durent qu'un printemps ; et tant d'autres lieux communs que toutes les poésies fugitives nous offrent encore aujourd'hui ? Eh bien ! nous autres Français, qui attachons toujours moins de prix aux choses qu'à la manière dont elles sont dites, nous nous en laissons charmer, ainsi que d'un accord mille fois entendu, si l'instrument qui le répète est mélodieux.

Voici pour la plus grande partie de l'école de Ronsard ; la part du maître doit être plus vaste : toutes ses pensées à lui ne viennent pas de l'Antiquité ; tout ne se borne pas dans ses écrits à la grâce et à la naïveté de l'expression : on taillerait aisément chez lui plusieurs poètes fort remarquables et fort distincts, et peut-être suffirait-il pour cela d'attribuer à chacun d'eux quelques années successives de sa vie. Le poète pindarique se présente d'abord : c'est au style de celui-là qu'ont pu s'adresser avec le plus de justice les reproches d'obscurité, d'hellénisme, de latinisme et d'enflure qui se sont perpétués sans examen jusqu'à nous de notice en notice ; l'étude des autres poètes du temps aurait cependant prouvé que ce

complet, Paris, Gallimard, « Bibliothèque de la Pléiade », édition J.-J. Thierry et Josette Mélèze, 1963, p. 434).

115 Le même exemple est donné par Sainte-Beuve, *Tableau*, 1828, p. 94, où « *Mignonne, allons voir si la rose* » caractérise également ce style « naturel » de Ronsard qui ravive des beautés de la langue « qui, plus tard, n'appartiendront qu'à La Fontaine ».

116 Sainte-Beuve, dans son *Tableau*, p. 114-117, cite également « Avril » de Belleau comme un modèle de ce style « vieilli et non pas antique » que la « réforme de Ronsard » a rendu à la poésie. Nerval a recueilli « Avril » dans son *Choix des Poésies de Ronsard [...]*, OC I, p. 294-298 ; et « Avril » est ici même le titre d'une odelette, p. 78.

style existait avant lui : cette fureur de faire des mots d'après les Anciens a été attaquée par Rabelais, bien avant l'apparition de Ronsard et de ses amis[117] ; au total, il s'en trouve peu chez eux qui ne fussent en usage déjà. Leur principale affaire était l'introduction des formes classiques, et, bien qu'ils aient aussi recommandé celle des mots, il ne paraît pas qu'ils s'en soient occupés beaucoup, et qu'ils aient même employé les premiers ces doubles mots qu'on a représentés comme si fréquents dans leur style.

Voici venir maintenant le poète amoureux et anacréontique : à lui s'adressent les observations faites plus haut, et c'est celui-là qui a le plus fait école. Vers les derniers temps, il tourne à l'élégie, et là seulement peu de ses imitateurs ont pu l'atteindre, à cause de la supériorité avec laquelle il y manie l'alexandrin, employé fort peu avant lui, et qu'il a immensément perfectionné[118].

Ceci nous conduit à la dernière époque du talent de Ronsard, et ce me semble à la plus brillante, bien que la moins célébrée. Ses *Discours* contiennent en germe l'épître et la satire régulière, et, mieux que tout cela, une perfection de style qui étonne plus qu'on ne peut dire. Mais aussi combien peu de poètes l'ont immédiatement suivi dans cette région supérieure ! Régnier seulement s'y présente longtemps après, et on ne se doute guère de tout ce qu'il doit à celui qu'il avouait hautement pour son maître.

Dans les discours surtout se déploie cet alexandrin fort et bien rempli dont Corneille eut depuis le secret, et qui fait contraster son style avec celui de Racine d'une manière si remarquable : il est singulier qu'un étranger, M. Schlegel, ait fait le premier cette observation : « Je regarde comme incontestable, dit-il, que le grand Corneille appartienne encore à certains égards, pour la langue surtout, à cette ancienne école de Ronsard, ou du moins la rappelle souvent[119]. » On se convaincra bien aisément de cette vérité en lisant les discours de Ronsard, et surtout celui des Misères du temps.

---

117 Rabelais moque le langage contourné des étudiants parisiens dans l'épisode de l'écolier limou-sin (*Pantagruel*, chap. 6 : *Comment Pantagruel rencontra un Limousin qui contrefaisait le langaige Françoys*). Cet épisode est aussi signalé en note par Sainte-Beuve (*Tableau*, p. 91-92) par le détour d'une citation de la « Préface » des *Tragiques* d'Agrippa d'Aubigné qui y fait allusion.

118 *Cf.* Sainte-Beuve, *Tableau*, 1828, p. 96 : « Celui-ci [*Ronsard*], de concert avec le même Du Bellay, réhabilita le vers alexandrin, tombé dans l'oubli en naissant ». Mais Sainte-Beuve mentionne aussi le jugement négatif que Ronsard porte concurremment sur l'alexandrin, considéré aussi par lui comme un vers prosaïque parce que long et moins accentué que le décasyllabe.

119 Gérard adapte la traduction par William Duckett de Schlegel, *Histoire de la littérature ancienne et moderne*, t. II, 1829, p. 180 : « car il est incontestable que le grand Corneille

Depuis peu d'années, quelques poètes, et Victor Hugo surtout[120], paraissent avoir étudié cette versification énergique et brillante de Ronsard, dégoûtés qu'ils étaient de l'autre : j'entends la versification *racinienne*, si belle à son commencement, et que depuis on a tant usée et aplatie à force de la limer et de la polir. Elle n'était point usée, au contraire, celle de Ronsard et de Corneille, mais rouillée, seulement, faute d'avoir servi.

Ronsard mort, après toute une vie de triomphes incontestés, ses disciples, tels que les généraux d'Alexandre, se partagèrent tout son empire, et achevèrent paisiblement d'asservir ce monde littéraire, dont certainement sans lui ils n'eussent pas fait la conquête. Mais, pour en conserver longtemps la possession, il eût fallu, ou qu'eux-mêmes ne fussent pas aussi secondaires qu'ils étaient, ou qu'un maître nouveau étendît sur tous ces petits souverains une main révérée et protectrice. Cela ne fut pas ; et dès lors on dut prévoir, aux divisions qui éclatèrent, aux prétentions qui surgirent, à la froideur et à l'hésitation du public envers les œuvres nouvelles, l'imminence d'une révolution analogue à celle de 1549, dont le grand souvenir de Ronsard, qui survivait encore craint des uns et vénéré du plus grand nombre, pouvait seul retarder l'explosion de quelques années.

Enfin Malherbe vint[121] ! et la lutte commença. Certes ! il était alors beaucoup plus aisé que du temps de Ronsard et de Du Bellay de fonder en France une littérature originale : la langue poétique était toute faite grâce à eux, et, bien que nous nous soyons élevé contre la poésie antique substituée par eux à une poésie du Moyen Âge, nous ne pensons pas que cela eût nui à un homme de génie, à un véritable réformateur venu immédiatement après eux ; cet homme de génie ne se présenta pas[122] : de

---

[…] appartient encore à certains égards, pour la langue surtout, à cette ancienne école de Ronsard, ou du moins la rappelle quelquefois ». Rappelons que la préface de *Cromwell* est pour partie une défense et illustration du génie de Corneille.

120 Gérard suit Sainte-Beuve qui, dans la conclusion de son *Tableau*, saluait déjà en Victor Hugo celui qui, en renouant avec les poètes du XVIᵉ siècle en amont du Classicisme, a fait porter la révolution romantique d'abord sur le vers (*Tableau*, 1828, p. 367). Le modèle de la versification renaissante est présent chez Hugo dès ses *Odes et Ballades*, qui, en 1826, et plus encore dans l'édition de 1828 (après la parution du *Tableau* de Sainte-Beuve), empruntent nombrent de leurs épigraphes à des auteurs de la Renaissance.

121 C'est le mot de Boileau, dans son *Art poétique*, qui relègue pour longtemps les poètes de la Pléiade dans l'oubli.

122 Gérard suit Sainte-Beuve, dans la conclusion de son *Tableau*, 1828, p. 363 : « En vérité, plus j'y réfléchis, et moins je puis croire qu'un homme de génie apparaissant du temps de Ronsard n'eût pas tout changé. Mais puisqu'il n'est pas venu, sans doute il ne devait

là tout le mal ; le mouvement imprimé dans le sens classique, qui eût pu même être de quelque utilité comme secondaire, fut pernicieux, parce qu'il domina tout : la réforme prétendue de Malherbe ne consista absolument qu'à le régulariser, et c'est de cette opération qu'il a tiré toute sa gloire.

On sentait bien dès ce temps-là combien cette réforme annoncée si pompeusement était mesquine, et conçue d'après des vues étroites. Régnier surtout, Régnier, poète d'une tout autre force que Malherbe, et qui n'eut que le tort d'être trop modeste, et de se contenter d'exceller dans un genre à lui, sans se mettre à la tête d'aucune école, tance celle de Malherbe avec une sorte de mépris :

> Cependant leur savoir ne s'étend seulement
> Qu'à regratter un mot douteux au jugement ;
> Prendre garde qu'un « qui » ne heurte une diphtongue,
> Épier si des vers la rime est brève ou longue,
> Ou bien si la voyelle, à l'autre s'unissant,
> Ne rend point à l'oreille un vers trop languissant,
> Et laissent sur le verd le noble de l'ouvrage[123].

Le Critique outré.

Tout cela est très vrai. Malherbe réformait en grammairien, en éplucheur de mots, et non pas en poète ; et, malgré toutes ses invectives contre Ronsard, il ne songeait pas même qu'il y eût à sortir du chemin qu'avaient frayé les poètes de la Pléiade, ni par un retour à la vieille littérature nationale, ni par la création d'une littérature nouvelle, fondée sur les mœurs et les besoins du temps, ce qui, dans ces deux cas, eût probablement amené à un même résultat. Toute sa prétention, à lui, fut de purifier le fleuve qui coulait du limon que roulaient ses ondes, ce qu'il ne put faire sans lui enlever aussi en partie l'or et les germes précieux qui s'y trouvaient mêlés : aussi voyez ce qu'a été la poésie après lui : je dis la poésie[124].

---

pas venir. » À la fin de son étude sur Restif de la Bretone, dans *Les Illuminés*, Nerval exprime également son attente – qui est celle aussi du romantisme – d'un « homme de génie », qui parachèverait ce qui est naît d'abord dans les révolutions : « Notre siècle n'a pas encore rencontré l'homme supérieur par l'esprit comme par le cœur, qui, saisissant les vrais rapports des choses, rendrait le calme aux forces en lutte et ramènerait l'harmonie dans les imaginations troublées » (OC IX, p. 265).

123 Il s'agit de la Satire IX, dédiée « À Monsieur Rapin » dont Gérard cite les vers 55-61. La satire « Le Critique outré » est aussi recueillie par Sainte-Beuve, *Tableau*, p. 173.

124 La comparaison de Ronsard avec un fleuve charriant des pépites d'or poétiques et du limon d'imperfections est un souvenir du jugement d'Horace sur Lucilius. Après avoir

L'art, toujours l'art, froid, calculé, jamais de douce rêverie, jamais de véritable sentiment religieux, rien que la nature ait immédiatement inspiré : le correct, le beau exclusivement ; une noblesse uniforme de pensées et d'expression ; c'est Midas qui a le don de changer en or tout ce qu'il touche. Décidément le branle est donné à la poésie classique : La Fontaine seul y résistera, aussi Boileau l'oubliera-t-il dans son *Art poétique*[125].

*

loué son talent d'improvisateur qui lui permettait d'écrire deux cents vers par heure, Horace ajoute : « *Cum flueret lutulentulus, erat quod tollere velles* » (« il allait comme un fleuve bourbeux, où il y avait des choses qu'on eût voulu recueillir ») (*Satires*, I 4, v. 11). Ainsi, Gérard superpose l'histoire de la poésie française et celle de la poésie latine, et il assimile Ronsard à Lucilius, ce qui est d'un triple intérêt : Lucilius est présenté par Horace comme le premier véritable poète romain et le père de la poésie latine, comme Ronsard est pour Nerval le père par qui renaît une tradition de la poésie française ; puis Lucilius est un poète en qui le naturel est bien supérieur à l'art, en sorte que la comparaison implicite de Lucilius et de Ronsard permet à Nerval de minorer la part technique du travail de Ronsard, et partant de l'imitation des Anciens, au profit des qualités poétiques inhérentes à son naturel ; enfin, Lucilius est l'inventeur de la satire, genre que les romains estime caractéristique de leur génie poétique propre.

125 Comme Sainte-Beuve, Gérard conclut en soulignant la cassure que l'instauration du Classicisme a instaurée dans la mémoire littéraire en rejetant dans l'oubli la littérature populaire et nationale. Mais comme Sainte-Beuve aussi (*Tableau*, 1828, p. 215 : « Aurions-nous, comme Boileau, l'injustice d'oublier La Fontaine, le plus naïf, le plus fin, et, avec Molière, le plus gaulois de nos poètes ? »), Nerval suggère, en pointillés, des continuités souterraines : celle notamment qu'assure, au cœur du Classicisme, un La Fontaine en réaccordant l'imitation de l'Antiquité à une tradition française, ancienne mais non antique, à l'œuvre déjà, malgré qu'ils en aient, chez les poètes du XVIᵉ siècle.

VII
EXPLICATIONS[126]

Vous le voyez, mon ami – *en ce temps, je ronsardisais* – pour me servir d'un mot de Malherbe[127]. Considérez, toutefois, le paradoxe ingénieux qui fait le fond de ce travail : il s'agissait alors pour nous, jeunes gens, de rehausser la vieille versification française, affaiblie par les langueurs du dix-huitième siècle, troublée par les brutalités des novateurs trop ardents ; mais il fallait aussi maintenir le droit antérieur de la littérature nationale dans ce qui se rapporte à l'invention et aux formes générales[128]. Cette distinction, que je devais à l'étude de Schlegel, parut obscure alors même à beaucoup de nos amis, qui voyaient dans Ronsard le précurseur du *romantisme*[129]. – Que de peine on a en France pour se débattre contre les mots !

Je ne sais trop qui obtint le prix proposé alors par l'Académie[130] ; mais je crois bien que ce ne fut pas Sainte-Beuve, qui a fait couronner

---

126 Livraison du 1er septembre 1852. – Après l'« Interruption » qu'a été la longue citation de l'Introduction au *Choix des poésies de Ronsard [...]*, Nerval, dans cette « Explication », renoue le fil de son récit principal, tout en parodiant discrètement la manière des chapitres en « -tion » qui jalonnent l'*Histoire du Roi de Bohême* de Nodier.

127 Le mot de Malherbe est rapporté par Sainte-Beuve dans son *Tableau historique de la Poésie française et du théâtre français au XVIe siècle*, [1828], édition de 1843, p. 151 : « [...] après avoir ronsardisé quelque temps comme il en est convenu plus tard, Malherbe [...] ». Sainte-Beuve l'emprunte probablement aux *Malherbiana, ou Recueil d'anecdotes, bons mots, plaisanteries, originalités, épigrammes de Malherbe [...]* par Cousin d'Avalon, Delaunay et Martinet, 1811, p. 83 : « Gombaud rapporte que quand Malherbe lisait ses vers à ses amis, et qu'il rencontrait quelque mot dur ou impropre, il s'arrêtait tout court, et leur disait ensuite : *Ici je ronsardisais* ».

128 C'est en effet l'une des thèses défendues par Nerval dans l'Introduction de son *Choix des Poésies de Ronsard [...]*, qu'il vient de reproduire : contre les langueurs de la poésie néoclassique, mais aussi contre les excès du premier romantisme, il s'agit de revaloriser la poésie du XVIe siècle en tant que celle-ci emprunte à des formes anciennes, mais non antiques, appartenant à la tradition nationale.

129 Sur « l'invention » de Ronsard par le romantisme, voir Claude Faisant, *Mort et résurrection de la Pléiade (1585-1828)*, Paris, Champion, 1998 ; Jean Céard, « La redécouverte de la Pléiade par les Romantiques français », *in* Pierre Brunel (dir.), *Romantismes européens et Romantisme français*, Montpellier, Éditions Espaces, 2000, p. 133-148 ; ainsi que notre édition (et sa bibliographie) de Nerval, *Choix des poésies de Ronsard [...]*, OC I.

130 Rappelons qu'il s'agit du concours de l'année 1828 dont le sujet consistait en « un discours sur la marche et le progrès de la littérature française depuis le commencement du XVIe siècle jusqu'en 1610 » ; les lauréats furent Philarète Chasles et Saint-Marc Girardin (voir p. 49, n. 55).

depuis, par le public, son *Histoire de la poésie au seizième siècle*[131]. Quant à moi-même, il est évident qu'alors je n'avais droit d'aspirer qu'aux prix du collège, dont ce morceau ambitieux me détournait sans profit.

> Qui n'a pas l'esprit de son âge
> De son âge a tout le malheur[132] !

Je fus cependant si furieux de ma déconvenue, que j'écrivis une satire dialoguée contre l'Académie, qui parut chez Touquet[133]. Ce n'était pas bon, et cependant Touquet m'avait dit, avec ses yeux fins sous ses besicles ombragées par sa casquette à large visière : « Jeune homme, vous irez loin. » Le destin lui a donné raison en me donnant la passion des longs voyages[134].

Mais, me direz-vous, il faut enfin montrer ces premiers vers, ces *juvenilia*. « Sonnez-moi ces sonnets », comme disait Du Bellay[135].

Eh bien ! étant admis à l'étude assidue de ces vieux poètes, croyez bien que je n'ai nullement cherché à en faire le pastiche, mais que leurs formes de style m'impressionnaient malgré moi, comme il est arrivé à beaucoup de poètes de notre temps[136].

Les *odelettes*, ou petites odes de Ronsard, m'avaient servi de modèle. C'était encore une forme classique, imitée par lui d'Anacréon, de Bion, et, jusqu'à un certain point, d'Horace. La forme concentrée de l'odelette ne me paraissait pas moins précieuse à conserver que celle du sonnet, où Ronsard s'est inspiré si heureusement de Pétrarque, de même que, dans ses élégies, il a suivi les traces d'Ovide ; toutefois, Ronsard a été généralement plutôt grec que latin : c'est là ce qui distingue son école de celle de Malherbe.

---

131 Le titre exact de l'ouvrage de Sainte-Beuve est *Tableau historique et critique de la poésie française et du théâtre français au XVIᵉ siècle* (1828).

132 Voltaire, « Stances à Mme du Châtelet » (transcrites dans une lettre à Pierre-Robert Le Cornier de Cideville, 11 juillet 1741, dans Voltaire, *Correspondance*, Paris, Gallimard, Bibliothèque de la Pléiade, édition Théodore Besterman, 1977, p. 569 et n. 1).

133 Nerval fait référence à sa comédie satirique, *L'Académie*, qui parut en effet chez Touquet, mais à la date de 1826, avant donc le concours de l'Académie de 1828.

134 Dans *La Main enchantée*, maître Gonin prédit à Eustache qu'« il ira haut », c'est-à-dire, dans le langage de l'argot, qu'il finira au gibet, de la même façon qu'« aller loin » signifie, dit-il, « finir aux galères » (OC X bis, p. 111). Nerval semble ici appliquer à lui-même le double sens de telles expressions.

135 La formule a été citée dans « Les Poètes du XVIᵉ siècle », p. 62 (elle est prise à la *Deffence et illustration de la langue françoyse*, Livre II, chap. IV).

136 Sur l'influence du XVIᵉ siècle sur Nerval et sur les romantiques de 1830, voir Jean-Nicolas Illouz, « Nerval, poète renaissant », OC I, p. 7-24.

ODELETTES
RYTHMIQUES ET LYRIQUES

I
AVRIL[137]

Déjà les beaux jours, la poussière,
Un ciel d'azur et de lumière,
Les murs enflammés, les longs soirs ;
Et rien de vert : à peine encore
Un reflet rougeâtre décore
Les grands arbres aux rameaux noirs !

Ce beau temps me pèse et m'ennuie,
Ce n'est qu'après des jours de pluie
Que doit surgir, en un tableau,
Le printemps verdissant et rose ;
Comme une nymphe fraîche éclose,
Qui, souriante, sort de l'eau.

---

137 Ms Lovenjoul, D 741, fᵒ 3 (« Avril ») ; *Almanach dédié aux demoiselles*, 1831 (« Odelette. /
Le Vingt-cinq mars ») ; *Annales romantiques*, 1835 (« Le Vingt-cinq-mars »). – Le titre
« Avril », qui apparaît seulement dans *La Bohême galante* et dans les *Petits châteaux de
Bohême*, renvoie à un poème de Belleau recueilli par Nerval dans son *Choix des Poésies de
Ronsard [...]* : Nerval lui emprunte le thème (celui de la *reverdie* printanière), mais non la
forme métrique qu'il imitera dans « Les Papillons » (voir OC I, p. 294-298, et ici même
p. 88).

II
FANTAISIE[138]

Il est un air pour qui je donnerais
Tout Rossini, tout Mozart et tout Weber[139] ;
Un air très vieux, languissant et funèbre,
Qui pour moi seul a des charmes secrets.

Or, chaque fois que je viens à l'entendre,
De deux cents ans mon âme rajeunit :
C'est sous Louis treize... Et je crois voir s'étendre
Un coteau vert que le couchant jaunit,

Puis un château de brique à coins de pierre,
Aux vitraux teints de rougeâtres couleurs,
Ceint de grands parcs, avec une rivière
Baignant ses pieds, qui coule entre des fleurs.

Puis une dame, à sa haute fenêtre,
Blonde aux yeux noirs, en ses habits anciens...

138 Ms, sans titre (le poème est daté de 1833), reproduit dans le catalogue de la Librairie Lardanchet, Lyon, 1937, p. 207, pièce 565 ; Ms inconnu, décrit dans le catalogue de la *Vente de la Bibliothèque de M. Louis Barthou*, 1935, t. I, p. 168 ; Ms, sans titre, appartenant à l'Album du sculpteur Auguste Préault (reproduit en *facsimile* dans l'*Album Nerval* de la Pléiade, n° 52) ; Ms, coll. part. (reproduit en *facsimile* dans le *Cahier de L'Herne* consacré à Nerval, 1980, figure 5). Publication dans les *Annales romantiques*, 1832, p. 73 (sous-titre : « Odelette ») ; *Le Diamant. Souvenirs de littérature contemporaine*, keepsake paraissant chez Louis Janet, 1834, p. 135 (« Odelette ») ; *Journal des gens du monde*, 1834, p. 150 ; *Annales romantiques*, 1835, p. 153-154 (NPl I, p. 339) ; *L'Esprit, miroir de la presse périodique*, 1840, p. 214, (titré « Stances » dans la table des matières) ; *La Sylphide*, 31 décembre 1842, p. 83 (« Vision », dédié à Théophile Gautier) ; *Nouvelles parisiennes par MM Briffault, Berlioz, Cormenin [...]*, Paris, Abel Ledoux, 1843, p. 214 ; *L'Artiste*, 1ᵉʳ août 1849 (« Odelette »). – Le titre « Fantaisie » englobe tout un champ notionnel, qui court de la *Phantasie* selon le romantisme allemand et selon Hoffmann (*Phantasiestücke*), à l'école fantaisiste à laquelle Nerval est lié dans les années 1840 et dont participe encore la forme capricieuse des deux *Bohême*. L'« air très vieux... » *tient* le thème de la musique, quand celle-ci, délivrée de ses formes savantes, permet à la poésie de renouer avec l'inspiration naïve des chansons. Le motif du « château » donne aux « châteaux » de bohême un arrière-plan légendaire qui les inscrit dans la fantasmatique personnelle. Quant à « la Dame à sa haute fenêtre », revenue d'outre-mémoire, elle annonce Adrienne au chapitre II de *Sylvie*.
139 [N.D.A.] : « On prononce "Webre" ».

Que, dans une autre existence peut-être,
J'ai déjà vue – et dont je me souviens !

III
LA GRAND' MÈRE[140]

Voici trois ans qu'est morte ma grand'mère,
– La bonne femme, – et, quand on l'enterra,
Parents, amis, tout le monde pleura
D'une douleur bien vraie et bien amère.

Moi seul j'errais dans la maison, surpris
Plus que chagrin ; et, comme j'étais proche
De son cercueil, – quelqu'un me fit reproche
De voir cela sans larmes et sans cris.

Douleur bruyante est bien vite passée :
Depuis trois ans, d'autres émotions,
Des biens, des maux, – des révolutions, –
Ont dans les cœurs sa mémoire effacée.

Moi seul j'y songe, et la pleure souvent ;
Depuis trois ans, par le temps prenant force,
Ainsi qu'un nom gravé dans une écorce,
Son souvenir se creuse plus avant !

---

140 Ms Matarasso (« Ma Grand-mère ») (reproduction dans *Cahier de L'Herne*, 1980, n° 6) ;
Ms Lovenjoul, D 741, f° 4 (vers 1-2). Publication dans *Journal des gens du monde*, 1834,
p. 141 ; *Annales romantiques*, 1835, p. 155-156. – La grand-mère maternelle de Nerval,
Marguerite-Victoire Boucher, étant morte le 8 août 1828, on peut dater le poème de
1831 (« Voici trois ans… »). La chute de ce poème voué à l'évocation d'un deuil dans un
registre intimiste n'est pas sans rappeler celle d'un sonnet de Ronsard, « À Catherine de
Médicis », évoquant le deuil de Henri II, poème que Nerval a recueilli dans son *Choix
des Poésies de Ronsard […]*, OC I, p. 237 : « Ses serviteurs portent noire couleur / Pour son
trépas, et je la porte au cœur, / Non pour un an, mais pour toute la vie. »

IV

LA COUSINE[141]

L'hiver a ses plaisirs : et souvent, le dimanche,
Quand un peu de soleil jaunit la terre blanche,
Avec une cousine on sort se promener...
— Et ne vous faites pas attendre pour dîner,

Dit la mère.
                        Et quand on a bien, aux Tuileries
Vu sous les arbres noirs les toilettes fleuries,
La jeune fille a froid... et vous fait observer
Que le brouillard du soir commence à se lever.

Et l'on revient, parlant du beau jour qu'on regrette,
Qui s'est passé si vite... et de flamme discrète :
Et l'on sent en rentrant, avec grand appétit,
Du bas de l'escalier, — le dindon qui rôtit.

V

PENSÉE DE BYRON[142]

Par mon amour et ma constance
J'avais cru fléchir ta rigueur,
Et le souffle de l'espérance

---

141 De ce poème, nous ne connaissons pas de version antérieure à sa publication dans
La Bohême galante. – Il puise à une veine intimiste et réaliste, proche de Coppée ou de
Sainte-Beuve, et son lyrisme « humble », renouvelé de certaines odes de Ronsard, annonce
par endroits (« – et ne vous faites pas attendre pour dîner, / Dit la mère ») le genre du
poème-conversation cher à Apollinaire.

142 Dans cette section consacrée aux « Odelettes », Nerval n'hésite pas à reprendre un texte qu'il
a d'abord publié dans les *Élégies nationales et satires politiques* (1827) sous le titre « Élégie » (NPl
I, p. 194-195), signe de la variabilité des « tons » que le genre de l'odelette peut recouvrir.
Dans les *Élégies nationales*, le poème comportait alors cinq strophes, que Nerval réduit à deux
pour retrouver la « forme condensée » de l'odelette : il garde en entier la première strophe,
et il compose la seconde avec des morceaux de la deuxième et de la cinquième strophes. En
outre, juste avant le poème « Élégie », les *Élégies nationales* donnaient à lire une « Ode à l'étoile
de la Légion d'Honneur » « imitée de L. Byron » (NPl I, p. 192). – Le titre que Nerval donne
ici à son élégie devenue odelette, « Pensée de Byron », signale que le lyrisme « personnel » est
aussi bien chez Nerval un lyrisme distancié, comme l'écho de la voix d'un autre.

Avait pénétré dans mon cœur ;
Mais le temps qu'en vain je prolonge
M'a découvert la vérité,
L'espérance a fui comme un songe…
Et mon amour seul m'est resté !

Il est resté comme un abîme
Entre ma vie et le bonheur,
Comme un mal dont je suis victime,
Comme un poids jeté sur mon cœur !
Dans le chagrin qui me dévore,
Je vois mes beaux jours s'envoler…
Si mon œil étincelle encore
C'est qu'une larme en va couler !

VI

GAIETÉ[143]

Petit *piqueton* de Mareuil,
Plus clairet qu'un vin d'Argenteuil,
Que ta saveur est souveraine !
Les Romains ne t'ont pas compris
Lorsqu'habitant l'ancien Paris
Ils te préféraient le Surêne.

Ta liqueur rose, ô joli vin !
Semble faite du sang divin
De quelque nymphe bocagère ;
Tu perles au bord désiré
D'un verre à côtes, coloré
Par les teintes de la fougère.

---

143 Poème publié pour la première fois dans *La Bohême galante*, dont on connaît deux
manuscrits (Ms Clayeux ; Ms Loliée). – L'inspiration de ce petit hymne à un vin de France
(« piqueton » est le masculin de « piquette ») est reprise à l'inspiration épicurienne des
poèmes bachiques et autres chansons à boire du XVIᵉ siècle, dont Nerval a donné quelques
exemples dans son *Choix des Poésies de Ronsard [...]* : voir par exemple l'ode « Sur la rose »
de Ronsard, OC I, p. 138.

Tu me guéris pendant l'été
De la soif qu'un vin plus vanté
M'avait laissé depuis la veille[144] ;
Ton goût suret, mais doux aussi,
Happant mon palais épaissi,
Me rafraîchit quand je m'éveille.

Eh, quoi ! si gai dès le matin,
Je foule d'un pied incertain
Le sentier où verdit ton pampre !...
– Et je n'ai pas de Richelet
Pour finir ce docte couplet...
Et trouver une rime en *ampre*[145].

VII

POLITIQUE

1832[146]

Dans Sainte-Pélagie,
Sous ce règne élargie,
Où, rêveur et pensif,
Je vis captif,

---

144 [N.D.A.] : « Il y a une faute, mais dans le goût *du temps*. »

145 [N.D.A.] : « Lisez le *Dictionnaire des Rimes*, à l'article AMPRE, vous n'y trouverez que pampre ; pourquoi ce mot si sonore n'a-t-il pas de rime? » – César Pierre Richelet (1631-1698), lexicographe, est l'auteur de traités de versification, et il est l'éditeur d'un *Nouveau dictionnaire de rimes* qu'on lui a attribué mais qui est de François d'Ablancourt (1667).

146 Ms Marsan (« Prison ») (reproduction dans *Cahier de L'Herne*, 1980, n° 7) ; Ms Matarasso (« Cour de prison ») (reproduction dans *Cahier de L'Herne*, 1980, n° 6). Publication dans *Le Cabinet de lecture*, 4 décembre 1831 (« Cour de prison », NPl I, p. 334-335). Le titre devient « Politique. 1832 » dans *La Bohème galante* et *Petits châteaux de Bohême*. – L'année 1832 indiquée dans le titre (alors que le poème est d'abord publié à la fin de l'année 1831) permet à Nerval de rassembler deux séjours qu'il a faits à Sainte-Pélagie : à l'automne 1831 d'abord, puis en février 1832 au moment de l'attentat de la rue des Prouvaires, où des bousingots, dont Gérard, coupables de tapage nocturne, avaient été « mis au violon » en même temps que des conspirateurs politiques (voir « Mémoires d'un parisien. Sainte-Pélagie, en 1832 », *L'Artiste*, 11 avril 1841, NPl I, p. 744 et suiv.). – Le rythme strophique (6/6/6/6 4 à rimes plates) emprunte à des modèles renaissants, comme l'ode célèbre de Ronsard intitulée « De l'élection de son sépulchre » que Nerval a recueillie en 1830 (OC I, p. 122-127) : dans les deux cas, la légèreté du rythme contraste avec la mélancolie du propos. Nerval réactualise ainsi, de manière remarquable, le motif du poète-prisonnier, qui court de Villon à Verlaine et au-delà.

Pas une herbe ne pousse
Et pas un brin de mousse
Le long des murs grillés
    Et frais taillés.

Oiseau qui fends l'espace...
Et toi, brise, qui passe
Sur l'étroit horizon
    De la prison,

Dans votre vol superbe,
Apportez-moi quelque herbe,
Quelque gramen, mouvant
    Sa tête au vent !

Qu'à mes pieds tourbillonne
Une feuille d'automne
Peinte de cent couleurs,
    Comme les fleurs !

Pour que mon âme triste
Sache encor qu'il existe
Une nature, un Dieu
    Dehors ce lieu.

Faites-moi cette joie,
Qu'un instant je revoie
Quelque chose de vert
    Avant l'hiver !

VIII
LE POINT NOIR[147]

Quiconque a regardé le soleil fixement
Croit voir devant ses yeux voler obstinément
Autour de lui, dans l'air, une tache livide.

Ainsi tout jeune encore et plus audacieux,
Sur la gloire un instant j'osai fixer les yeux :
Un point noir est resté dans mon regard avide.

Depuis, mêlée à tout comme un signe de deuil,
Partout, sur quelque endroit que s'arrête mon œil,
Je la vois se poser aussi, la tache noire !

Quoi, toujours ? Entre moi sans cesse et le bonheur !
Oh ! c'est que l'aigle seul — malheur à nous, malheur ! —
Contemple impunément le Soleil et la Gloire.

---

147 *Le Cabinet de lecture*, 4 décembre 1831 (« Le Soleil et la gloire ») ; *Almanach des Muses*, 1832
(« Le Soleil et la gloire »). Le poème prend pour titre « Le Point noir » dans *La Bohême
galante* et dans les *Petits châteaux de Bohême*. Il s'agit d'une adaptation en vers d'un texte
que Nerval avait d'abord publié en prose, sous le titre « Sonnet », dans son choix des
Poésies allemandes de 1830 en le faisant passer pour une traduction d'un poème de Bürger
(voir Nerval, *Lénore et autres poésies allemandes*, édition de Jean-Nicolas Illouz, préfacée
par Gérard Macé avec une postface de Dolf Oehler, Paris, Gallimard, coll. « Poésie »,
2005, p. 194). Or, il n'a pas été possible de retrouver dans le corpus des œuvres de Bürger
l'original d'un tel texte. La supposée traduction serait donc une supercherie ; si bien que
Nerval se réapproprierait ici son texte en le republiant, sous son nom, en vers.

IX
LES CYDALISES[148]

Où sont nos amoureuses ?
Elles sont au tombeau :
Elles sont plus heureuses
Dans un séjour plus beau !

Elles sont près des anges,
Dans le fond du ciel bleu,
Et chantent les louanges
De la mère de Dieu !

Ô blanche fiancée !
Ô jeune vierge en fleur !
Amante délaissée,
Que flétrit la douleur !

L'éternité profonde
Souriait dans vos yeux…
Flambeaux éteints du monde
Rallumez-vous aux cieux !

---

148 Ms Mirecourt (reproduction en fac-similé, hors texte, dans la biographie de Nerval par
Eugène de Mirecourt, Paris, J-P. Roret et Cie, ou dans G. de Nerval, *Choix de poésies*
par Alphonse Séché, Louis Michaud, s.d.). Ce poème est publié pour la première fois
dans *La Bohême galante* puis dans les *Petits châteaux de Bohême*. Sa composition est donc
postérieure aux années du Doyenné que Nerval évoque ici de manière rétrospective, en
réactivant une topique élégiaque – « où sont ? » – renouvelée de Villon (« Où sont les
neiges d'antan ! »).

X
NI BONJOUR, NI BONSOIR
Sur un air grec[149]

Νὴ καλιμερα, νὴ ωρα καλὶ.

Le matin n'est plus ! le soir pas encore :
Pourtant de nos yeux l'éclair a pâli.

Νὴ καλιμερα, νὴ ωρα καλὶ.

Mais le soir vermeil ressemble à l'aurore,
Et la nuit, plus tard, amène l'oubli !

*

---

149 Ms Lovenjoul D 741, fº 9, titré « Air grec », avec quelques variantes. Le poème est publié
pour la première fois dans l'album de lithographies de Camille Rogier, préfacé par
Gautier, *La Turquie*, au texte duquel Nerval a sans doute collaboré (1846-1847) (p. 14).
Il est repris dans l'article « Druses et Maronites. II. Le Prisonnier, I. Le Matin et le soir »
paru dans *La Revue des deux mondes*, le 15 août 1847, lui-même repris dans *Le Voyage en
Orient* en 1851. Le poème, que le narrateur place dans « la bouche avinée d'un matelot
levantin », est alors inclus dans la relation de voyage : « *Nè kaliméra ! nè ora kali !* //
Tel était le refrain que cet homme jetait avec insouciance au vent des mers, aux flots
retentissants qui battaient la grève : "Ce n'est pas bonjour, ce n'est pas bonsoir !" Voilà
le sens que je trouvais à ces paroles, et, dans ce que je pus saisir des autres vers de ce
chant populaire, il y avait, je crois, cette pensée : // *Le matin n'est plus, le soir pas encore ! /
Pourtant de nos yeux l'éclair a pâli* ; // et le refrain revenait toujours : // *Nè kaliméra ! nè ora
kali !* // mais, ajoutait la chanson : // *Mais le soir vermeil ressemble à l'aurore, / Et la nuit plus
tard amène l'oubli !* // Triste consolation, que de songer à ces soirs vermeils de la vie, et à
la nuit qui suivra ! » (NPl II, p. 504). La traduction que donne Nerval est fautive, car,
malgré l'homonymie trompeuse de « Νὴ » et de « ni », il faut traduire « *Nè kaliméra ! nè
ora kali !* » par : « Bonjour ! belle heure ! »

VIII
MUSIQUE[150]

Voyez, mon ami, si ces poésies déjà vieilles ont encore conservé quelque parfum. – J'en ai écrit de tous les rythmes, imitant plus ou moins, comme l'on fait quand on commence. Il y en a encore bien d'autres que je ne puis plus retrouver : une notamment, sur les papillons, dont je ne me rappelle que cette strophe :

> Le papillon, fleur sans tige
> > Qui voltige,
> Que l'on cueille en un réseau ;
> Dans la nature infinie,
> > Harmonie
> Entre la plante et l'oiseau[151].

C'est encore une coupe à la Ronsard, et cela peut se chanter sur l'air du cantique de Joseph[152]. Remarquez une chose, c'est que les odelettes se chantaient et devenaient même populaires, témoin cette phrase du *Roman comique* : « Nous entendîmes la servante, qui, d'une bouche imprégnée d'ail, chantait l'ode du vieux Ronsard :

> Allons de nos voix
> Et de nos luths d'ivoire
> > Ravir les esprits[153] ! »

Ce n'était, du reste, que renouvelé des odes antiques, lesquelles se chantaient aussi. J'avais écrit les premières sans songer à cela, de sorte qu'elles ne sont nullement lyriques. L'avant-dernière : « Où sont nos amoureuses ? » est venue malgré moi, sous forme de chant ; j'en avais trouvé en même temps les vers et la mélodie, que j'ai été obligé de faire

---

150 Livraison du 15 septembre 1852.
151 Nerval citera « Les Papillons » intégralement dans les *Petits châteaux de Bohême*, p. 167 (et note).
152 Il s'agit de la romance de Joseph dans l'opéra de Méhul, *Joseph en Égypte* (1807).
153 Scarron, *Le Roman comique*, Première Partie, chap. xv (édition de Claudine Nédelec, Paris, Classiques Garnier, 2011, p. 138). Ces vers ne sont cependant pas de Ronsard, mais de Charles Beys dans la *Comédie des chansons* (1640).

noter, et qui a été trouvée très concordante aux paroles. – La dernière est calquée sur un air grec.

Je suis persuadé que tout poète ferait facilement la musique de ses vers s'il avait quelque connaissance de la notation. Rousseau est cependant presque le seul qui, avant Pierre Dupont, ait réussi[154].

Je discutais dernièrement là-dessus avec S***, à propos des tentatives de Richard Wagner[155]. Sans approuver le système musical actuel, qui fait du poète un *parolier*, S*** paraissait craindre que l'innovation de l'auteur de *Lohengrin*, qui soumet entièrement la musique au rythme poétique, ne la fît remonter à l'enfance de l'art. Mais n'arrive-t-il pas tous les jours qu'un art quelconque se rajeunit en se retrempant à ses sources ? S'il y a décadence, pourquoi le craindre ? s'il y a progrès, où est le danger ?

Il est très vrai que les Grecs avaient quatorze modes lyriques fondés sur les rythmes poétiques de quatorze chants ou chansons. Les Arabes en ont le même nombre, à leur imitation. De ces timbres primitifs résultent des combinaisons infinies, soit pour l'orchestre, soit pour l'opéra. Les tragédies antiques étaient des opéras moins avancés sans doute que les nôtres ; les mystères aussi du Moyen Âge étaient des opéras complets avec récitatifs, airs et chœurs ; on y voit poindre même le duo, le trio, etc.[156] On me dira que les chœurs n'étaient chantés qu'à l'unisson, – soit. Mais

---

154 Pierre Dupont (1821-1870) a composé des poésies populaires et champêtres. De convictions républicaines et socialistes, il sera exilé au début du Second Empire. Baudelaire souligne la valeur de son œuvre et «son goût infini de la République» dans la préface qu'il donne au recueil de *Chants et chansons*, en 1851, soit un an avant *La Bohême galante*. – Quant à Rousseau et la musique, Nerval, dans *Les Faux Saulniers*, évoque «un recueil de chansons mises en musique par Rousseau et écrites de sa main» (NPl II, p. 42, et *Angélique*, OC XI, p. 89).

155 L'initiale «S***» désigne Paul Scudo (1806-1864), critique musical de la *Revue des Deux Mondes*, hostile à la musique de Wagner. Nerval, qui a rendu compte des «Fêtes de Weimar» en 1850 (textes repris dans *Lorely*), est l'un des premiers en France à défendre Wagner, et il comparera sa propre pensée esthétique à celle du musicien : «Mes théories, que je n'expose pas souvent, se rapportent assez à celles de Richard Wagner», écrira-t-il au docteur Blanche (NPl III, p. 877). Voir Sabine Le Hir, «Nerval, premier wagnérien français», *Revue Nerval*, n° 2, 2018, p. 187-206, ; et Cécile Leblanc, «Un cénacle wagnérien : Nerval et les "jeunes disciples" de Wagner (Weimar, 1850)», p. 207-228.

156 Nerval s'est intéressé aux origines de l'opéra dans un article publié dans *La Presse*, 24 août 1840, où il remonte également aux *Mystères* : «les *mystères*, qu'on jouait à Paris sous Charles VI, étaient de véritables opéras avec récitatifs, airs, chœurs, mise en scène, ballets, etc. Nous nous souvenons d'avoir entendu plusieurs morceaux du *Mystère de la conception*, traduits du vieux plain-chant en notation moderne, et qui, ornés d'accompagnements plus vigoureux, ne dépareraient point les plus fières partitions de ce temps-ci.» (NPl I, p. 638). Déjà dans l'Introduction au *Choix des poésies de Ronsard [...]*, Nerval faisait des *Mystères* «la tragédie du Moyen Âge, plus libre et plus vraie que l'ancienne» (p. 66 et

n'aurions-nous réalisé qu'un de ces progrès matériels qui perfectionnent la forme aux dépens de la grandeur et du sentiment ? Qu'un faiseur italien vole un air populaire qui court les rues de Naples ou de Venise, et qu'il en fasse le motif principal d'un duo, d'un trio ou d'un chœur, qu'il le dessine dans l'orchestre, le complète et le fasse suivre d'un autre motif également pillé, sera-t-il pour cela inventeur ? Pas plus que poète. Il aura seulement le mérite de la composition, c'est-à-dire de l'arrangement selon les règles et selon son style ou son goût particuliers[157].

Mais cette esthétique nous entraînerait trop loin, et je suis incapable de la soutenir avec les termes acceptés, n'ayant jamais pu mordre au solfège. – Voici des pièces choisies parmi celles que j'ai écrites pour plusieurs compositeurs.

I

LE ROI DE THULÉ[158]

Il était un roi de Thulé,
À qui son amante fidèle
Légua, comme souvenir d'elle,

OC I, p. 88) ; et c'est dans « un mystère des ancien temps » qu'il fait apparaître Adrienne au chap. VII de *Sylvie* (OC XI, p. 190).

157 Nerval semble indiquer ici la règle de son propre art poétique : une composition par agencement d'éléments disparates préexistants.

158 Cette « romance » (*Der König in Thule*) est chantée par Marguerite dans la scène intitulée « Le Soir » du *Faust* de Goethe (1774) ; Goethe l'insère dans ses ballades en 1799. Nerval a traduit et publié sept fois ce poème sous des versions différentes : – en 1827, dans sa traduction du *Faust* ; – En 1830, dans les *Poésies allemandes*, où la romance est traduite en prose ; – en 1835, dans la deuxième édition de la traduction de *Faust*, qui reprend, avec quelques variantes, la version de 1827 ; – en 1840 dans le *Faust de Goethe suivi du Second Faust*, qui reprend la version de 1835 ; – et, la même année, dans le *Choix de ballades et poésies*, dans la section intitulée « Choix de poésies traduites en vers » ; – en 1850, dans la quatrième édition de *Faust*, qui reprend la version du *Choix de ballades et poésies* de 1840 ; et, ici même, en 1852 dans *La Bohême galante*, dans une version qui reprend également, avec une seule variante, la version du *Choix de ballades et poésie*s. Il existe également une version manuscrite de ce poème, proche de celle de *La Bohême galante*, qui a été étudiée par Jacques Bony (voir NPl III, p. 1087). – Berlioz, quant à lui, prend en effet appui sur la traduction de Nerval, – non pas cependant celle reproduite dans *La Bohême galante*, mais celle de 1827, qu'il utilise librement dans *Huit scènes de Faust* (1829), où le poème est sous-titré « Chanson gothique », ainsi que dans *La Damnation de Faust* (1846). Voir Nerval, *Lénore et autres poésies allemandes*, édition de Jean-Nicolas Illouz avec préface de Gérard Macé et postface de Dolf Oehler, Paris, Gallimard, « Poésie », 2005, p. 195-199).

Une coupe d'or ciselé.

C'était un trésor plein de charmes
Où son amour se conservait :
À chaque fois qu'il y buvait
Ses yeux se remplissaient de larmes.

Voyant ses derniers jours venir,
Il divisa son héritage,
Mais il excepta du partage
La coupe, son cher souvenir.

Il fit à la table royale
Asseoir les barons, dans sa tour ;
Debout et rangée à l'entour
Brillait sa noblesse loyale.

Sous le balcon grondait la mer.
Le vieux roi se lève en silence,
Il boit, – frissonne, et sa main lance
La coupe d'or au flot amer !

Il la vit tourner dans l'eau noire,
La vague en s'ouvrant fit un pli,
Le roi pencha son front pâli...
Jamais on ne le vit plus boire.

                    FAUST. Musique de Berlioz.

II
LA SÉRÉNADE[159]
(D'UHLAND)

— Oh! quel doux chant m'éveille?
— Près de ton lit je veille,
Ma fille! et n'entends rien…
Rendors-toi, c'est chimère!
— J'entends dehors, ma mère,
Un chœur aérien!…

— Ta fièvre va renaître.
— Ces chants de la fenêtre
Semblent s'être approchés.
— Dors, pauvre enfant malade,
Qui rêves sérénade…
Les galants sont couchés!

— Les hommes! que m'importe?
Un nuage m'emporte…
Adieu le monde, adieu!
Mère, ces sons étranges

---

159 Le poème d'Uhland, *Das Ständchen* (c'est-à-dire *La Sérénade*), date de 1810. Il a d'abord
été adapté par Gérard, sous le titre *La Malade*, sans la mention d'Uhland, dans *Le Cabinet
de lecture*, 29 décembre 1830 ; puis dans les *Annales romantiques*, 1831 ; et dans la série
des odelettes publiées dans l'*Almanach des Muses* de 1832 (c'était alors la première pièce
de cet ensemble) ; il est repris ici, avec la mention du nom de Uhland, dans *La Bohême
galante* ; et c'est sur lui que se referment, signe de son importance, les *Petits châteaux
de Bohême* (p. 202). Il existe quatre versions manuscrites : – le manuscrit Lolié, sous
le titre « La Sérénade des Anges / im^on d'Uhland » (reproduction photographique
dans l'*Exposition Gérard de Nerval*, Bibliothèque Historique de la Ville de Paris, 1996,
n° 96) ; – le manuscrit Lovenjoul, D 741, f° 3-4, sous le titre « La Mère et la f. » ; – le
Manuscrit Marsan, sous le titre « La Sérénade. / (d'Uhland) » (*facsimile* dans le *Cahier
de l'Herne* consacré à Nerval) ; – l'*Album amicorum* d'offrandes poétiques à Cydalise,
passé en vente chez *Sotheby's* le 16 décembre 2008 : ce dernier manuscrit contient à côté
d'un dessin de Gautier daté de 1833 représentant Cydalise malade, et parmi des vers
de Hugo, Gautier, et Lamartine, le poème autographe de Nerval titré « La Malade » :
« Adieu le monde, adieu! / Maman, ces sons étranges / C'est le concert des anges / qui
m'appellent à Dieu! ».

C'est le concert des anges
Qui m'appellent à Dieu !

Musique du prince Poniatowski[160].

III

VERS D'OPÉRA
ESPAGNE[161]

Mon doux pays des Espagnes
Qui voudrait fuir ton beau ciel,
Tes cités et tes montagnes,
Et ton printemps éternel ?

Ton air pur qui nous enivre,
Tes jours, moins beaux que tes nuits,
Tes champs, où Dieu voudrait vivre
S'il quittait son paradis.

Autrefois ta souveraine,
L'Arabie, en te fuyant,
Laissa sur ton front de reine
Sa couronne d'Orient !

---

160 Il s'agit du prince Joseph Poniatowski (1816-1873), compositeur d'opéras ; mais la par-
tition de cette « Sérénade » n'a pas été retrouvée.

161 Poème extrait de *Piquillo* (acte III, sc. II), opéra-comique écrit en collaboration avec
Dumas, musique d'Hippolyte Monpou, dont la première représentation eut lieu à
l'Opéra-Comique le 31 octobre 1837. Le principal rôle féminin, celui de Silvia, était
tenu par Jenny Colon. La pièce fut reprise en décembre 1840 à Bruxelles au théâtre
de la Monnaie, où eut lieu la rencontre de Jenny Colon et Marie Pleyel (voir p. 194, et
n. 113). Il existe deux manuscrits autographes de ce poème : l'un dans la « copie dramatique » de *Piquillo* conservée aux *Archives nationales*, cote F[18].690 (voir Jean Richer,
Œuvres complémentaires de Gérard de Nerval, t. III, Paris, Minard, 1965) ; l'autre sur un
feuillet de l'album Mathilde Bonnet (*facsimile* dans l'*Album Nerval* de la Bibliothèque
de la Pléiade, p. 88). – Théophile Gautier a consacré une notice à Hippolyte Monpou
(1804-1841), qui a mis en musique des poèmes de Hugo (*Gastibelza, l'homme à la
carabine*) ou de Musset (*L'Andalouse*), et dont il fait « le Berlioz de la ballade » (*Histoire
du Romantisme*, suivi de *Notices romantiques*, édition d'Olivier Schefer, Paris, éditions
du Félin, 2011, p. 188-191).

Un écho redit encore
À ton rivage enchanté
L'antique refrain du Maure :
Gloire, amour et liberté !

PIQUILLO

IV
CHŒUR D'AMOUR[162]

Ici l'on passe
Des jours enchantés
L'ennui s'efface
Aux cœurs attristés
Comme la trace
Des flots agités.

Heure frivole
Et qu'il faut saisir,
Passion folle
Qui n'est qu'un désir,
Et qui s'envole
Après le plaisir !

PIQUILLIO (avec Dumas) –
Musique de Monpou.

---

162 Autre extrait de *Piquillo* (acte II, sc. i). Ce chœur est chanté par Sylvia, dont le rôle était tenu par Jenny Colon (voir note précédente).

V
CHANSON GOTHIQUE[163]

Belle épousée,
J'aime tes pleurs !
C'est la rosée
Qui sied aux fleurs.

Les belles choses
N'ont qu'un printemps,
Semons de roses
Les pas du Temps !

Soit brune ou blonde,
Faut-il choisir ?
Le Dieu du monde,
C'est le Plaisir.

LES MONTÉNÉGRINS.

VI
CHANT DES FEMMES EN ILLYRIE[164]

Pays enchanté,
C'est la beauté
Qui doit te soumettre à ses chaînes !
Là-haut sur ces monts
Nous triomphons :
L'infidèle est maître des plaines.

---

163 Chanson extraite des *Monténégrins* (acte II, sc. IV), opéra-comique en trois actes, par Édouard Alboize et Gérard, musique de Limnander, créé à l'Opéra-Comique le 31 mars 1849. Cette « chanson gothique », où le terme « gothique » signale la veine du romantisme « troubadour » et « frénétique », est chantée par Ziska, barde monténégrin, à l'invitation de Sergis, capitaine de l'armée française, désireux de convier à sa table le fantôme d'une princesse défunte, Hélène. L'idée d'une telle scène, qui se passe dans la salle gothique du château de la Maladetta, avait été inspirée à Nerval par l'*Inès de Las Sierras* de Nodier (1837).
164 Chant extrait des *Monténégrins* (acte III, sc. I).

Chez nous
Son amour jaloux
Trouverait des inhumaines…
Mais pour nous conquérir
Que faut-il nous offrir ?
Un regard, un mot tendre, un soupir !…

Ô soleil riant
De l'Orient,
Tu fais supporter l'esclavage ;
Et tes feux vainqueurs
Domptent les cœurs,
Mais l'amour peut bien davantage.

Ses accents
Sont tout-puissants
Pour enflammer le courage…
À qui sait tout oser
Qui pourrait refuser
Une fleur, un sourire, un baiser ?

LES MONTÉNÉGRINS.

VII

CHANT MONTÉNÉGRIN[165]

C'est l'empereur Napoléon,
Un nouveau César, nous dit-on,
Qui rassembla ses capitaines :
– Allez là-bas
Jusqu'à ces montagnes hautaines ;
N'hésitez pas !

---

165 *Les Monténégrins*, acte III, sc. VIII. Ce chant figure dans la copie manuscrite déposée à la censure (A.N., F^{18} 734) ; mais il n'est pas repris dans la version imprimée de la pièce : la raison en est que ce poème « anti-napoléonien » a pu paraître subversif alors que Louis-Napoléon est prince-président. Nerval le publie donc ici pour la première fois, – réitérant (plus discrètement) son opposition au régime impérial qui se met en place en même temps que la publication de *La Bohême galante*.

Là sont des hommes indomptables
    Au cœur de fer,
Des rochers noirs et redoutables
Comme les abords de l'enfer.

Ils ont amené des canons
Et des houzards et des dragons.
— Vous marchez tous, ô capitaines !
    Vers le trépas ;
Contemplez ces roches hautaines,
    N'avancez pas !

Car la montagne a des abîmes
    Pour vos canons ;
Les rocs détachés de leurs cimes
Iront broyer vos escadrons.

Monténégro, Dieu te protège,
Et tu seras libre à jamais
    Comme la neige
    De tes sommets !

Les Monténégrins.

VIII

CHŒUR SOUTERRAIN[166]

Au fond des ténèbres,
Dans ces lieux funèbres,
Combattons le sort :
Et pour la vengeance
Tous d'intelligence,
Préparons la mort.

---

166 *Les Monténégrins*, acte II, sc. VI. – Armand Limnander de Nieuwenhove (1814-1892),
compositeur belge, est l'auteur notamment de *Scènes druidiques* ; il introduit en France
la pratique des chœurs à « bouche fermée » : c'est le cas ici du « Chœur souterrain » des
Monténégrins. Georges Bell rapporte que Nerval a été mis en relation avec Limnander
par l'intermédiaire influent de Mme de Girardin (*L'Artiste*, 8 avril 1855).

Marchons dans l'ombre,
Un voile sombre
Couvre les airs :
Quand tout sommeille
Celui qui veille
Brise ses fers.

Les Monténégrins.
– Musique de Limnander.

Ces dernières strophes, comme vous voyez, ont une couleur ancienne qui aurait réjoui le vieux Gluck[167]…

*

Il[168] est difficile de devenir un bon prosateur si l'on n'a pas été poète – ce qui ne signifie pas que tout poète puisse devenir un prosateur. Mais comment s'expliquer la séparation qui s'établit presque toujours entre ces deux talents ? Il est rare qu'on les accorde tous les deux au même écrivain : du moins l'un prédomine l'autre. Pourquoi aussi notre poésie n'est-elle pas populaire comme celle des Allemands[169] ? C'est, je crois, qu'il faut distinguer toujours ces deux styles et ces deux genres – chevaleresque – et gaulois, dans l'origine, qui, en perdant leurs noms, ont conservé leur division générale. On parle en ce moment d'une collection de chants nationaux recueillis et publiés à grands frais[170]. Là, sans doute,

---

167 Du chevalier de Gluck (1714-1797), Nerval, au début de la Seconde Partie d'*Aurélia*, citera en épigraphe la double exclamation « Eurydice ! Eurydice ! » tirée d'*Orphée et Eurydice* ; il semble que ce soit cet opéra qui motive l'association qui fait passer, ici, du « Chœur souterrain » des *Monténégrins* au « vieux Gluck », Nerval rattachant ainsi musicalement le monde souterrain des *Monténégrins* aux enfers d'*Orphée et Eurydice*.

168 Livraison du 1ᵉʳ octobre 1852.

169 Cette recherche d'une tradition poétique populaire et nationale, constitutive du projet romantique, est au cœur des préfaces de 1830 au choix des *Poésies allemandes* et au *Choix des poésies de Ronsard [...]*. Elle anime aussi l'idée du recueil des « Vieilles Ballades françaises » que Nerval constitue dès 1842 et qu'il reprend ici dans *La Bohême galante* (p. 107 et suiv.).

170 Il s'agit de l'enquête Fortoul, lancée par un décret de Louis-Napoléon Bonaparte daté du 13 septembre 1852 (soit deux semaines avant cette livraison de *L'Artiste*, Nerval s'emparant donc d'un sujet d'actualité). Le décret, rendu sur le rapport du ministre de l'Instruction publique, Hippolyte Fortoul, prescrivait la formation d'un *Recueil des*

nous pourrons étudier les rythmes anciens conformes au génie primitif de la langue, et peut-être en sortira-t-il quelque moyen d'assouplir et de varier ces coupes belles mais monotones que nous devons à la réforme classique. La rime riche est une grâce, sans doute, mais elle ramène trop souvent les mêmes formules. Elle rend le récit poétique ennuyeux et lourd le plus souvent, et est un grand obstacle à la popularité des poèmes.

Je voudrais citer quelques chants d'une province où j'ai été élevé et qu'on appelle spécialement « la France ». C'était en effet l'ancien domaine des empereurs et des rois, aujourd'hui découpé en mille possessions diverses. Permettez-moi d'abord de fixer le lieu de la scène, en citant un fragment d'une lettre que j'écrivais l'an dernier[171].

IX
UN JOUR À SENLIS

Ceux qui ne sont pas chasseurs ne comprennent point assez la beauté des paysages d'automne. — En ce moment, malgré la brume du matin, j'aperçois des tableaux dignes des grands maîtres flamands. Dans les châteaux et dans les musées, on retrouve encore l'esprit des peintres du Nord. Toujours des points de vue aux teintes roses ou bleuâtres dans le ciel, aux arbres à demi effeuillés, — avec des champs dans le lointain, ou, sur le premier plan, des scènes champêtres.

Le *Voyage à Cythère*, de Watteau[172], a été conçu dans les brumes transparentes et colorées de ce pays. C'est une Cythère calquée sur quelque

---

poésies populaires de la France, et en confiait la publication à une commission où figuraient J.-J. Ampère, Sainte-Beuve, Nisard, Mérimée. Il est considéré par Paul Bénichou comme un acte fondateur des études folkloriques en France (Paul Bénichou, *Nerval et la chanson folklorique*, Paris, José Corti, 1970, p. 170-173).

171 Nerval va citer de longs passages des *Faux Saulniers*, en commençant par le feuilleton publié dans *Le National* le 8 novembre 1850 (NPl II, p. 55 et suiv.). Les feuilletons des *Faux Saulniers* se présentent en effet sous forme de « lettres », adressées au directeur du *National*.

172 Nerval évoque également le *Pèlerinage à l'île de Cythère* de Watteau (1717) au chap. IV de *Sylvie*, titré « Un voyage à Cythère », et dans l'Introduction du *Voyage en Orient*, où il relie le tableau de Watteau à l'une de ses sources fondamentales : *Le Songe de Poliphile* de Francesco Colonna, — si bien que l'œuvre de Watteau, comme les paysages du Valois,

îlot de ces étangs créés par les débordements de l'Oise et de l'Aisne, – ces rivières si calmes et si paisibles en été.

Le lyrisme de ces observations ne doit pas vous étonner ; – fatigué des querelles vaines et des stériles agitations de Paris, je me repose en revoyant ces campagnes si vertes et si fécondes ; – je reprends des forces sur cette terre maternelle[173].

Quoi qu'on puisse dire philosophiquement, nous tenons au sol par bien des liens. On n'emporte pas les cendres de ses pères à la semelle de ses souliers[174], – et le plus pauvre garde quelque part un souvenir sacré qui lui rappelle ceux qui l'ont aimé[175]. Religion ou philosophie, tout indique à l'homme ce culte éternel des souvenirs.

C'est le jour des Morts que je vous écris ; – pardon de ces idées mélancoliques. Arrivé à Senlis la veille, j'ai passé par les paysages les plus beaux et les plus tristes qu'on puisse voir dans cette saison. La teinte rougeâtre des chênes et des trembles sur le vert foncé des gazons, les troncs blancs des bouleaux se détachant du milieu des bruyères et des broussailles, – et surtout la majestueuse longueur de cette route de Flandre, qui s'élève parfois de façon à vous faire admirer un vaste horizon de forêts brumeuses, – tout cela m'avait porté à la rêverie[176]. En arrivant à Senlis, j'ai vu la ville en fête. Les cloches, – dont Rousseau aimait

condense l'Italie et l'Île de France, et que le XVIIIᵉ siècle des fêtes galantes se voit rattaché à la Renaissance, qui, dans l'écho indéfiniment reconduit des siècles jusque dans l'époque actuelle, est aussi la renaissance des dieux antiques.

173 En se détournant « des querelles vaines et des stériles agitations de Paris », pour trouver refuge dans les paysages bucoliques du Valois, Nerval reprend le topos idyllique du poète aux champs ; mais ce faisant, il ne quitte l'histoire immédiate que pour se plonger dans le mythe : car, en reprenant « des forces sur cette terre maternelle », il est lui-même, – comme Antéros dans le sonnet des *Chimères* –, « issu de la race d'Antée », soit le fils de Gaïa, la Terre, qui ranimait les forces d'Antée chaque fois que celui-ci tombait au sol.

174 Allusion à une réplique de Danton, alors que ses partisans le pressaient de fuir avant son arrestation. Ce mot de Danton trouve encore un écho plus loin, p. 134 : « Au sortir de la forêt, nous nous sommes trouvés dans les terres labourées. Nous emportions beaucoup de notre patrie à la semelle de nos souliers ; – mais nous finissions par le rendre plus loin dans les prairies… ».

175 *Cf. Promenades et souvenirs*, NPl III, p. 687 : « […] je me dis qu'il y a dans l'attachement à la terre beaucoup de l'amour de la famille. Cette piété qui s'attache aux lieux est aussi une portion du noble sentiment qui nous unit à la patrie. »

176 Ce passage est cité par Champfleury dans *Le Réalisme* (1857) comme un exemple de ces descriptions de paysages faites par « ces esprits si rares qui peuvent rendre la *sensation* de la nature et non pas de puérils détails ! » (Champfleury, *Le Réalisme*, Genève, Slatkine Reprints, 1993, p. 106).

tant le son lointain[177], – résonnaient de tous côtés ; – les jeunes filles
se promenaient par compagnies dans la ville, ou se tenaient devant les
portes des maisons en souriant et caquetant. Je ne sais si je suis victime
d'une illusion : je n'ai pu rencontrer encore une fille laide à Senlis…
celles-là peut-être ne se montrent pas !

Non ; – le sang est beau généralement, ce qui tient sans doute à l'air
pur, à la nourriture abondante, à la qualité des eaux. Senlis est une ville
isolée de ce grand mouvement du chemin de fer du Nord qui entraîne
les populations vers l'Allemagne.

Il est naturel, un jour de fête à Senlis, d'aller voir la cathédrale. Elle
est fort belle, et nouvellement restaurée, avec l'écusson semé de fleurs
de lis qui représente les armes de la ville, et qu'on a eu soin de replacer
sur la porte latérale. L'évêque officiait en personne, – et la nef était
remplie des notabilités châtelaines et bourgeoises qui se rencontrent
encore dans cette localité.

En sortant, j'ai pu admirer, sous un rayon de soleil couchant, les
vieilles tours des fortifications romaines, à demi démolies et revêtues de
lierre. – En passant près du prieuré, j'ai remarqué un groupe de petites
filles qui s'étaient assises sur les marches de la porte.

Elles chantaient sous la direction de la plus grande, qui, debout
devant elles, frappait des mains en réglant la mesure[178].

– Voyons, mesdemoiselles, recommençons ; les petites ne vont pas !…
Je veux entendre cette petite-là qui est à gauche, la première sur la
seconde marche : – Allons, chante toute seule.

Et la petite se met à chanter avec une voix faible, mais bien timbrée :

Les canards dans la rivière… etc.[179]

---

177 Au Livre III des *Confessions*, Rousseau évoque, parmi les éléments de son bonheur
     auprès de Mme de Warens, « Le son des cloches, qui m'a toujours singulièrement
     affecté […] » (*Œuvres complètes*, t. I, Paris, Gallimard, « Bibliothèque de la Pléiade »,
     1959, p. 107).

178 Il existe, dans le fonds Lovenjoul (D 741, f°s 49-51), trois feuillets manuscrits, *[Sur Senlis]
     ou [Émérance]*, qui semblent un premier crayon de cette scène : « Émerance s'asseyait
     d'ordinaire sur une pierre basse et se mettait à chanter, ou bien elle organisait les chœurs
     des petites filles et se mêlait à leurs danses ». Voir la reproduction et la transcription de
     ces feuillets dans OC XI, p. 484-491.

179 Il pourrait s'agir de la chanson intitulée *Dialogue d'un prince à un berger*, – où un prince
     demande à un berger : « Passe-t-on la rivière à gué ? », – à quoi le berger répond mali-
     cieusement : « Les canards l'ont bien passé [*sic*] » (Paul Bénichou, *Nerval et la chanson
     folklorique*, Paris, José Corti, 1970, p. 300).

Encore un air avec lequel j'ai été bercé[180]. Les souvenirs d'enfance se ravivent quand on a atteint la moitié de la vie. – C'est comme un manuscrit palympseste dont on fait reparaître les lignes par des procédés chimiques[181].

Les petites filles reprirent ensemble une autre chanson, – encore un souvenir :

> Trois filles dedans un pré...
>   Mon cœur vole ! (bis)
> Mon cœur vole à votre gré[182] !

– Scélérats d'enfants ! dit un brave paysan qui s'était arrêté près de moi à les écouter... Mais vous êtes trop gentilles !... Il faut danser à présent.

Les petites filles se levèrent de l'escalier et dansèrent une danse singulière qui m'a rappelé celle des filles grecques dans les îles[183].

---

180 Sur cette formule, qui semble faire de la chanson le fil rouge qui guide le poète dans le monde du souvenir et, au-delà, dans celui du sommeil, voir *Les Faux Saulniers*, repris dans *Angélique*, OC XI, p. 97 (« J'ai été bercé avec cette chanson »), et *Chansons et légendes du Valois*, OC XI, p. 97 (« [...] les chants et les récits qui ont bercé mon enfance »).

181 L'image du « palympseste » (graphie de Nerval), pour figurer la mémoire et le travail du souvenir, apparaît encore dans *Promenades et souvenirs* : « C'est qu'il y a un âge, – âge *critique*, comme on le dit pour les femmes, où les souvenirs renaissent si vivement, où certains dessins oubliés reparaissent sous la trame froissée de la vie ! » (NPl III, p. 676). Ici, la mention des « procédés chimiques » fait allusion à la méthode du cardinal Angelo Mai (1782-1854) qui fit réapparaître chimiquement, à travers des manuscrits médiévaux, les traces de textes antiques effacés. En dehors de l'œuvre de Nerval, la figure du palympseste trouve un emploi remarquable chez Baudelaire, citant et commentant, dans *Les Paradis artificiels*, *Les Confessions d'un mangeur d'opium* de Thomas de Quincey : la mémoire y est dite semblable à un palympseste, où rien ne s'efface des impressions qui se sont déposées au fil du temps dans le cerveau humain (Baudelaire, *Les Paradis artificiels*, *Un mangeur d'opium*, « Visions d'Oxford », in *Œuvres complètes*, édition Claude Pichois, Paris, Gallimard, « Bibliothèque de la Pléiade », t. I, 1975, p. 505-507).

182 Le refrain de cette chanson – « *Mon cœur vole !* » – bien qu'il soit fréquent dans les chansons populaires, permet de rapprocher les paroles citées par Nerval de la chanson des *Trois princesses* : « Derrièr' chez mon père / Vole, mon cœur, vole ! / Derrièr' chez mon père / Y a t'un pommier doux. *(bis)* / Larila don da, / Tout doux. / Y a t'un pommier doux. // Trois jeunes princesses / Vole, mon cœur, vole ! / Trois jeunes princesses / Sont couchées dessous. *(bis)* / Larila don da, / Tout doux. / Sont couchées dessous. » (Paul Bénichou, *Nerval et la chanson folklorique*, ouvr. cité, p. 301-302).

183 Sur l'île de Syra, le narrateur du *Voyage en Orient*, voyant de jeunes enfants grecs, se demande : « N'ont-ils pas dans leur langue aussi quelque chanson naïve correspondant à cette ronde de nos jeunes filles, qui pleure les bois déserts et les lauriers coupés ? » (NPl II, p. 254).

Elles se mettent toutes, — comme on dit chez nous, — *à la queue leleu* ; puis un jeune garçon prend les mains de la première et la conduit en reculant, pendant que les autres se tiennent les bras, que chacune saisit derrière sa compagne. Cela forme un serpent qui se meut d'abord en spirale et ensuite en cercle, et qui se resserre de plus en plus autour de l'auditeur, obligé d'écouter le chant, et, quand la ronde se finit, d'embrasser les pauvres enfants, qui font cette gracieuseté à l'étranger qui passe.

Je n'étais pas un étranger, mais j'étais ému jusqu'aux larmes en reconnaissant, dans ces petites voix, des intonations, des roulades, des finesses d'accent, autrefois entendues, — et qui, des mères aux filles[184], se conservent les mêmes...

La musique, dans cette contrée, n'a pas été gâtée par l'imitation des opéras parisiens, des romances de salon ou des mélodies exécutées par les orgues. On en est encore, à Senlis, à la musique du seizième siècle, conservée traditionnellement depuis les Médicis. L'époque de Louis XIV a aussi laissé des traces. Il y a, dans les souvenirs des filles de la campagne, des complaintes — d'un mauvais goût ravissant. On trouve là des restes de morceaux d'opéras, du seizième siècle, peut-être, — ou d'oratorios du dix-septième[185].

J'ai assisté autrefois à une représentation donnée à Senlis dans une pension de demoiselles.

On jouait un mystère, — comme aux temps passés. — La vie du Christ avait été représentée dans tous ses détails, et la scène dont je me souviens était celle où l'on attendait la descente du Christ dans les enfers.

---

184 Sur cette transmission des chansons, orale et matrilinéaire, voir, dans *Les Filles du feu*, « Sylvie », OC XI, p. 174, et « Chansons et légendes du Valois », OC XI, p. 215.

185 Cette rêverie *ethnomusicologique* rassemble plusieurs thèmes nervaliens : l'admiration pour la pureté des chansons de province non encore « gâtées » par l'influence de Paris ; la valorisation de la poésie « naïve » contre la culture savante ; l'attention à la persistance, dans le Valois, de formes musicales antérieures à l'invention de l'opéra ; l'attention aux apports successifs et superposés de chaque époque dans la continuation d'une tradition immémoriale. Sur ces thèmes, voir *Sylvie*, chap. II, VII, et XI ; mais aussi *Les Nuits d'octobre*, OC X bis, p. 59 : « Ô jeune fille à la voix perlée ! – tu ne sais pas *phraser* comme au Conservatoire ; – tu ne *sais pas chanter*, ainsi que dirait un critique musical... » ; et *Promenades et souvenirs*, NPl III, p. 676 : « Le Conservatoire n'a pas terni l'éclat de ces intonations pures et naturelles, de ces trilles empruntés au chant du rossignol ou du merle, ou n'a pas faussé avec les leçons du solfège ces gosiers si frais et si riches en mélodie. »

Une très belle fille blonde parut avec une robe blanche, une coiffure de perles, une auréole et une épée dorée, sur un demi-globe, qui figurait un astre éteint.

Elle chantait :

> Anges ! descendez promptement,
>   Au fond du purgatoire !...

Et elle parlait de la gloire du Messie, qui allait visiter ces sombres lieux. – Elle ajoutait :

> Vous le verrez distinctement
>   Avec une couronne...
>   Assis *dessus* un trône[186] !

X
VIEILLES LÉGENDES[187]

On voit que ces rimes riches n'appartiennent pas à la poésie populaire. Écoutez un chant sublime de ce pays, – tout en assonances dans le goût espagnol.

> Le duc Loys est sur *son pont*[188], – Tenant sa fille en son giron. – Elle lui demande un cavalier, – Qui n'a pas vaillant six deniers ! – « Oh ! oui, mon père, je l'aurai – Malgré ma mère qui m'a porté [*sic*]. – Aussi malgré tous mes parents, – Et vous, mon père... que j'aime tant ! »

C'est le caractère des filles dans cette contrée ; – le père répond :

> « – Ma fille, il faut changer d'amour, – Ou vous entrerez dans la tour... »

---

186 Cette jeune fille était nommée Delphine dans *Les Faux Saulniers* ; et cette scène reviendra (comme en « palimpseste ») dans *Sylvie* au chap. VII : Adrienne y remplacera Delphine, comme « l'original éblouissant » se recrée à partir de son « crayon estompé » (OC XI, p. 177). Au chap. XI de *Sylvie*, l'air chanté par Adrienne est attribué au compositeur italien Nicola Porpora.

187 Suite du réemploi des *Faux Saulniers* (NPl II, p. 61-63).

188 [N.D.A.] : « Les anciens seigneurs se tenaient le soir devant la porte de leur château, c'est-à-dire *sur le pont*, et recevaient là les hommages de leurs vassaux. Leur famille les entourait. »

Réplique de la demoiselle :

> « – J'aime mieux rester dans la tour, – Mon père ! que de changer d'amour ! »

Le père reprend :

> « – Vite… où sont mes estafiers, – Aussi bien que mes gens de pied ? – Qu'on mène ma fille à la tour, – Elle n'y verra jamais le jour ! »

L'auteur de la romance ajoute :

> Elle y resta sept ans passés – Sans que personne pût la trouver : – Au bout de la septième année – Son père vint la visiter.
> « – Bonjour, ma fille !… comme vous en va ? – Ma foi, mon père… ça va bien mal ; – J'ai les pieds pourris dans la terre, – Et les côtés mangés des vers. »
> « – Ma fille, il faut changer d'amour… – Ou vous resterez dans la tour. – J'aime mieux rester dans la tour, – Mon père, que de changer d'amour[189] ! »

Il est malheureux de ne pouvoir vous faire entendre les airs, – qui sont aussi poétiques que ces vers sont musicalement rythmés.

En voici une autre :

---

189 La chanson *La Fille du roi Loys* (voir Paul Bénichou, ouvr. cité, p. 258-266) retentit profondément dans l'imagination de Nerval, et donne lieu à de nombreuses évocations, transcriptions et réécritures. Nerval la cite dans l'étude sur « Les Vieilles Ballades françaises » publiée dans *La Sylphide*, 10 juillet 1842 (NPl I, p. 758-759), et il la réemploie dans les *Faux Saulniers*, d'où il la fait passer dans *La Bohême galante*. Il la mentionnera à nouveau dans *Les Filles du feu* : commentée dans *Chansons et légendes du Valois* (OC XI, p. 221-222), elle est mise en scène au chap. II de *Sylvie* à travers la chanson que chante Adrienne, p. 174 : « – La belle devait chanter pour avoir le droit de rentrer dans la danse. On s'assit autour d'elle, et aussitôt, d'une voix fraîche et pénétrante, légèrement voilée, comme celle des filles de ce pays brumeux, elle chanta une de ces anciennes romances pleines de mélancolie et d'amour, qui racontent toujours les malheurs d'une princesse enfermée dans sa tour par la volonté d'un père qui la punit d'avoir aimé. La mélodie se terminait à chaque stance par ces trilles chevrotants que font valoir si bien les voix jeunes, quand elles imitent par un frisson modulé la voix tremblante des aïeules. » *La Fille du roi Loys* réapparaît dans *Promenades et souvenirs* ; mais elle est alors implicitement associée à une autre chanson, *Le Tueur de femmes*, de telle façon que « la fille du sire de Pontarmé, éprise du beau Lautrec, et enfermée sept ans par son père » ressuscite sous les traits d'une « goule affamée de sang » (NPl III, p. 689). On trouvera une version sonore enregistrée de *La Fille du roi Loys* dans *Aux marches du Palais : romances et complaintes de la France d'autrefois*, Paris, Alpha productions, 2002 (interprétation par l'ensemble *Le Poème harmonique* sous la direction de Vincent Dumestre).

> Dessous le rosier blanc – La belle se promène... – Blanche comme la neige, – Belle comme le jour.

On a gâté depuis cette légende en y refaisant des vers, et en prétendant qu'elle était du Bourbonnais. On l'a même dédiée, avec de jolies illustrations, à l'ex-reine des Français... Je ne puis vous la donner entière ; voici encore les détails dont je me souviens :

Les trois capitaines passent à cheval près du rosier blanc :

> Le plus jeune des trois – La prit par sa main blanche : « – Montez, montez, la belle, – Dessus mon cheval blanc... »

On voit encore, par ces quatre vers, qu'il est possible de ne pas rimer en poésie ; – c'est ce que savent les Allemands, qui, dans certaines pièces, emploient seulement les longues et les brèves, à la manière antique[190].

Les trois cavaliers et la jeune fille, montée en croupe derrière le plus jeune, arrivent à Senlis. « Aussitôt arrivés, l'hôtesse la regarde » :

> « – Entrez, entrez, la belle ; – Entrez sans plus de bruit, – Avec trois capitaines – Vous passerez la nuit ! »

Quand la belle comprend qu'elle a fait une démarche un peu légère, – après avoir présidé au souper, – elle *fait la morte*, et les trois cavaliers sont assez naïfs pour se prendre à cette feinte. – Ils se disent : « Quoi ! notre mie est morte ! » et se demandent où il faut la reporter :

> « Au jardin de son père ! »

dit le plus jeune ; – et c'est sous le rosier blanc qu'ils s'en vont déposer le corps.

Le narrateur continue :

> Et au bout de trois jours – La belle ressuscite !... « – Ouvrez, ouvrez, mon père, – Ouvrez, sans plus tarder ; – Trois jours j'ai fait la morte – Pour mon honneur garder ! »

---

190 Nerval précisait l'idée dans *Les Faux Saulniers*, en évoquant les tentatives de Klopstock pour plier le rythme de la poésie allemande à une forme prosodique imitée des mètres antiques : « C'est ainsi que les Allemands, à l'époque de Klopstock, et par imitation depuis, faisaient des vers rythmés dans le système des brèves et des longues, – comme les Latins » (NPl II, p. 108).

Le père est en train de souper avec toute la famille. On accueille avec joie la jeune fille dont l'absence avait beaucoup inquiété ses parents depuis trois jours, – et il est probable qu'elle se maria plus tard fort honorablement[191].

*

XI
VIEILLES LÉGENDES FRANÇAISES – SUITE[192]

Je crains encore que le travail qui se prépare ne soit fait purement au point de vue historique et scientifique[193]. Nous aurons des ballades franques, normandes, des chants de guerre, des lais, des virelais, des guerz bretons, des noëls bourguignons et picards… Mais songera-t-on à recueillir ces chants de la vieille *France* dont je cite ici des fragments épars et qui n'ont jamais été complétés ni réunis[194] ?

---

191 Cette chanson, *La Belle qui fait la morte pour son honneur garder* (voir Paul Bénichou, ouvr. cité, p. 273-281), a donné lieu à une autre version, *La Jolie Fille de la Garde*, qui fut éditée comme un *chant populaire bourbonnais* par Achille Allier en 1836 sur une eau-forte de Célestin Nanteuil (les « jolies illustrations » dont parle ici Nerval). Cette œuvre, où le texte de la chanson se déroule en ruban dans une châsse de style néogothique, fut acquise par « l'ex-reine des Français », la reine Marie-Amélie, épouse de Louis-Philippe, qui en acheta le dessin original au Salon de 1835 (voir une reproduction dans A. Marie, *Un imagier romantique : Célestin Nanteuil*, 1910, entre les pages 38 et 39). La chanson est citée dès « Les Vieilles Ballades françaises » (NPl I, p. 760) ; dans *Les Filles du feu*, elle est encore évoquée dans *Chansons et légendes du Valois* (OC XI, p. 222), et un écho de *La Jeune Fille de la Garde* se retrouve sur les lèvres de Sylvie, au chap. XI de la nouvelle : « À Dammartin l'y a trois belle filles : / L'y en a z'une plus belle que le jour… » (p. 203). L'enlèvement de la jeune fille sur « un cheval gris » fait en outre songer à la « Lénore » de Bürger, plusieurs fois traduite par Nerval.

192 Livraison du 15 octobre 1852. – Nerval (après quelques lignes de raccord) reprend maintenant deux morceaux de son article « Les Vieilles Ballades françaises » paru dans *La Sylphide* du 10 juillet 1842 (NPl I, p. 754-761).

193 Nouvelle référence à l'actualité de l'enquête Fortoul (voir p. 98, n. 170), dont Nerval tient à se démarquer, car son propre souci des chansons populaires relève, non pas seulement de l'histoire et de la science, mais, à travers celles-ci, de la poésie, qui ressource à la vie les chansons perdues.

194 En réalité, depuis la parution des « Vieilles Ballades françaises » dans *La Sylphide* en 1842, plusieurs recueils de chansons populaires ont préparé le terrain à l'enquête Fortoul : les

Les savants ne veulent pas admettre dans les livres des vers composés sans souci de la rime, de la prosodie et de la syntaxe.

La langue du berger, du marinier, du charretier qui passe, est bien la nôtre, à quelques élisions près, avec des tournures douteuses, des mots hasardés, des terminaisons et des liaisons de fantaisie ; mais elle porte un cachet d'ignorance qui révolte l'homme du monde, bien plus que ne le fait le patois. Pourtant ce langage a ses règles, ou du moins ses habitudes régulières, et il est fâcheux que des couplets tels que ceux de la célèbre romance : *Si j'étais hirondelle*, soient abandonnés, pour deux ou trois consonnes singulièrement placées, au répertoire chantant des concierges et des cuisinières.

Quoi de plus gracieux et de plus poétique pourtant :

> Si j'étais hirondelle ! – Que je puisse voler, – Sur votre sein, la belle, – J'irais me reposer[195] !

Il faut continuer, il est vrai, par : *J'ai z'un coquin de frère…*, ou risquer un hiatus terrible ; mais pourquoi aussi la langue a-t-elle repoussé ce *z* si commode, si liant, si séduisant qui faisait tout le charme du langage de l'ancien Arlequin, et que la jeunesse dorée du Directoire a tenté en vain de faire passer dans le langage des salons[196] ?

Ce ne serait rien encore, et de légères corrections rendraient à notre poésie légère, si pauvre, si peu inspirée, ces charmantes et naïves productions

---

Chants et chansons populaires de la France, publiés en 1843 chez Delloye ; ou les recueils de Dumersan, *Chansons et rondes enfantines* (1846) et *Chansons nationales et populaires de la France* reprises jusqu'en 1851.

195 Paul Bénichou (ouvr. cité, p. 214-219) suggère que *Si j'étais hirondelle* est moins une chanson proprement dite qu'un couplet indépendant qui peut passer d'une chanson à l'autre, selon un mode de composition par associations caractéristique des traditions orales.

196 L'« ancien Arlequin » désigne l'Arlequin de la Comédie italienne en France aux XVIIe et XVIIIe siècles : le zézaiement devait être un défaut de prononciation habituel chez les Italiens parlant français. Quant à « la jeunesse dorée du Directoire », avec ses *Me'veilleuses* et ses *Inc'oyables*, elle aimait, pour exorciser les souvenirs de la Terreur, à se distinguer par une mode vestimentaire extravagante ainsi que par un parler particulier, – où notamment le « r » était banni parce qu'il était la première lettre du mot « Révolution » (on disait ainsi : « *Ma pa'ole d'honneu' ! c'est inc'oyable !* »). Dans *Les Nuits d'octobre*, Nerval fait parler « une des *merveilleuses* de ce temps-là », qui supprime le « r » et s'exprime en zézayant : « Toi t'es bien zentil aussi, mon p'tit fy […] ; tu me *happelles* le p'tit *Ba'as* (Barras) qu'était si *zentil*, si zentil, avec ses cadenettes et son *zabot* d'Angueleterre… Ah ! c'était z'un homme *aux oizeaux*, mon p'tit fy, aux oizeaux !… vrai ! z'un bel homme comme toi ! » (OC X bis, p. 70).

des poètes modestes ; mais la rime, cette sévère rime française, comment s'arrangerait-elle encore du couplet suivant :

> La fleur de l'olivier – Que vous avez aimé, – Charmante beauté, – Et vos beaux yeux charmants, – Que mon cœur aime tant, – Les faudra-t-il quitter[197] !

Observez que la musique se prête admirablement à ces hardiesses ingénues, et trouve dans les assonances, ménagées suffisamment d'ailleurs, toutes les ressources que la poésie doit lui offrir. Voilà deux charmantes chansons, qui ont comme un parfum de la Bible[198], et dont la plupart des couplets sont perdus, parce que personne n'a jamais osé les écrire ou les imprimer[199]. J'en dirai autant de celle où se trouve la strophe suivante :

> Enfin vous voilà donc, – Ma belle mariée, – Enfin vous voilà donc – À votre époux liée, – Avec un long fil d'or – Qui ne rompt qu'à la mort[200].

---

197 Paul Bénichou (ouvr. cité, p. 219-223) indique la mélodie sur laquelle on chante cette chanson, dont il a retrouvé une version imprimée dans un cahier de colportage de la seconde moitié du XVIIIe siècle. La chanson est en tout cas ici l'occasion d'une critique de la rime, trop artificielle pour être véritablement musicale et pour s'accorder au phrasé « naturel » de la langue. Cette critique de la rime, au profit de la musicalité plus subtile de l'assonance, annonce Verlaine et son « Art poétique » (1874) : « Ô qui dira les torts de la Rime ? / Quel enfant sourd ou quel nègre fou / Nous a forgé ce bijou d'un sou / Qui sonne creux et faux sous la lime ? » (*Jadis et Naguère*, dans Verlaine, *Œuvres poétiques complètes*, édition Y.-G. Le Dantec et Jacques Borel, Paris, Gallimard, « Bibliothèque de la Pléiade », 1962, p. 327).

198 La référence à la Bible, comme ailleurs des références aux poésies allemandes ou aux poésies orientales, suggère que les chansons du Valois, par-delà leur ancrage dans un pays particulier, appartiennent à un fonds poétique universel, antérieur à la distinction des traditions nationales.

199 La valeur des chansons du Valois tient, pour Nerval, à la *précarité* selon laquelle, au bord de l'oubli, elles se perpétuent dans la mémoire vive des peuples, oralement, « des mères aux filles », en deçà de la fixité que leur conféreraient l'écriture et l'imprimerie.

200 Cette *Chanson de la mariée* n'est peut-être pas sans rapport avec le « naïf épithalame », lui aussi comparé à un cantique de la Bible (« le cantique de l'Ecclésiaste »), que chante la tante de Sylvie à Othys, en se souvenant de ses noces d'antan (OC XI, p. 188-189). Une autre version de la *Chanson de la mariée*, présentée comme une romance bretonne, est citée par Balzac au début de *Pierrette* (1840) : « On vient de vous lier, madam' la mariée, / Avec un lien d'or / Qui n'délie qu'à la mort [...] » ; Balzac ajoute le commentaire suivant : « Ce pouvoir de réveiller un monde de choses graves, douces et tristes par un rythme familier et souvent gai n'est-il pas le caractère de ces chants populaires qui sont les superstitions de la musique, si l'on veut accepter le mot superstition comme signifiant tout ce qui reste après la ruine des peuples et surnage à leurs révolutions » (*La Comédie humaine*, t. IV, Paris, Gallimard, « Bibliothèque de la Pléiade », 1976, p. 31).

Quoi de plus pur, d'ailleurs, comme langue et comme pensée ? mais l'auteur ne savait pas écrire, et l'imprimerie nous conserve les gravelures de Collé, de Piis et de Panard[201] !

Les étrangers reprochent à notre peuple de n'avoir aucun sentiment de la poésie et de la couleur ; mais où trouver une composition et une imagination plus orientales que dans cette chanson de nos mariniers :

> Ce sont les filles de La Rochelle – Qui ont armé un bâtiment – Pour aller faire la course – Dedans les mers du Levant.
>
> La coque en est en bois rouge, – Travaillé fort proprement ; – La mâture est en ivoire, – Les poulies en diamant.
>
> La grand'voile est en dentelle – la misaine en satin blanc ; – Les cordages du navire – Sont de fils d'or et d'argent.
>
> L'équipage du navire, – C'est tout filles de quinze ans ; – Les gabiers de la grande hune – N'ont pas plus de dix-huit ans ! etc.[202]

Les richesses poétiques n'ont jamais manqué au marin, ni au soldat français, qui ne rêvent dans leurs chants que filles de roi, sultanes, et même présidentes, comme dans la ballade trop connue :

> C'est dans la ville de Bordeaux
> Qu'il est arrivé trois vaisseaux, etc.[203]

Mais le tambour des gardes françaises, où s'arrêtera-t-il, celui-là ?

---

201 Les chansonniers et vaudevillistes Charles François Panard (1694-1765) et Charles Collé (1709-1783) furent membres du « Caveau », créé en 1729, où une société d'amis se réunissait pour chanter et boire ; Pierre Antoine Augustin de Piis (1755-1832) fut l'un des fondateurs du « Caveau moderne ». Leurs chansons sont abondamment représentées dans les recueils de chansons populaires ; mais ces chansons de goguette ou refrains de vaudeville à succès sont d'une tout autre nature que les chansons folkloriques. Nerval, dans *Les Nuits d'octobre*, dramatise d'ailleurs l'opposition de ces deux registres de l'inspiration populaire, avec d'un côté les chansons naïves des campagnes, de l'autre les chansons à la mode des cafés chantants.

202 La chanson *Les Filles de la Rochelle* inspire peut-être le poème de Théophile Gautier, *Barcarolle* (1835, repris en 1838 dans *La Comédie de la Mort*).

203 Il s'agit de *La Dame de Bordeaux* (Paul Bénichou, ouvr. cité, p. 233-236), qui raconte l'aventure galante d'un matelot qu'une dame de Bordeaux enferme chez elle trois jours et trois nuits, puis auquel elle donne cent écus pour qu'une fois parti il ne médise point d'elle. Dans le *Voyage en Orient*, Nerval rapproche le thème de cette chanson de la mésaventure d'un artiste français qui s'était laissé enfermer chez une femme turque pour faire son portrait daguerréotypé : « il se trouvait dans la position du matelot qu'une chanson populaire suppose avoir été longtemps retenu chez une certaine présidente du temps de Louis XIV » (« Les Nuits du Ramazan », NPl II, p. 779).

Un joli tambour s'en allait à la guerre, etc.

La fille du roi est à sa fenêtre, le tambour la demande en mariage : — Joli tambour, dit le roi, tu n'es pas assez riche ! — Moi ? dit le tambour sans se déconcerter,

> J'ai trois vaisseaux sur la mer gentille,
> L'un chargé d'or, l'autre de perles fines,
> Et le troisième pour promener ma mie.

— Touche là, tambour, lui dit le roi, tu n'auras pas ma fille ! — Tant pis, dit le tambour, j'en trouverai de plus gentilles[204] !... Étonnez-vous, après ce tambour-là, de nos soldats devenus rois ! Voyons maintenant ce que va faire un capitaine :

> À Tours en Touraine — Cherchant ses amours ; — Il les a cherchées, — Il les a trouvées — En haut d'une tour.

Le père n'est pas un roi, mais un simple châtelain qui répond à la demande en mariage :

> Mon beau capitaine, — Ne te mets en peine, — Tu ne l'auras pas.

La réplique du capitaine est superbe :

> Je l'aurai par terre, — Je l'aurai par mer — Ou par trahison.

Il fait si bien, en effet, qu'il enlève la jeune fille sur son cheval ; et l'on va voir comme elle est bien traitée une fois en sa possession :

> À la première ville, — son amant l'habille — Tout en satin blanc ! — À la seconde ville, — Son amant l'habille — Tout d'or et d'argent.
> À la troisième ville — son amant l'habille — Tout en diamants ! — Elle était si belle, — Qu'elle passait pour reine — Dans le régiment[205] !

---

204 La chanson *Joli Tambour* (Paul Bénichou, ouvr. cité, p. 236-239) est l'une des plus connue, même si, au gré des interprétations locales, l'intrigue change ainsi que l'identité même du tambour, qui peut être indifféremment un lancier, un dragon, un grenadier, un marin, ou encore un tailleur ou un bûcheron.
205 Cette chanson, *Le Brave Capitaine*, avait déjà été citée par Balzac dans *Les Chouans* (1829).

Après tant de richesses dévolues à la verve un peu gasconne du militaire ou du marin, envierons-nous le sort du simple berger ? Le voilà qui chante et qui rêve :

> Au jardin de mon père, – Vole, mon cœur, vole ! – Il y a z'un pommier doux, – Tout doux !
> Trois belles princesses, – Vole, mon cœur, vole ! – Trois belles princesses – Sont couchées dessous, etc.[206]

Est-ce donc la vraie poésie, est-ce la soif mélancolique de l'idéal qui manque à ce peuple pour comprendre et produire des chants dignes d'être comparés à ceux de l'Allemagne et de l'Angleterre ? Non, certes ; mais il est arrivé qu'en France la littérature n'est jamais descendue au niveau de la grande foule ; les poètes académiques du dix-septième et du dix-huitième siècle n'auraient pas plus compris de telles inspirations que les paysans n'eussent admiré leurs odes, leurs épîtres et leurs poésies fugitives, si incolores, si gourmées[207]. Pourtant comparons encore la chanson que je vais citer à tous ces bouquets à Chloris qui faisaient vers ce temps l'admiration des belles compagnies.

> Quand Jean Renaud de la guerre revint, – Il en revint triste et chagrin : – « Bonjour, ma mère. – Bonjour mon fils ! – Ta femme est accouchée d'un petit. »
> « Allez, ma mère, allez devant ; – Faites-moi dresser un beau lit blanc ; – Mais faites-le dresser si bas, – Que ma femme ne l'entende pas ! »
> Et quand ce fut vers le minuit, – Jean Renaud a rendu l'esprit.

Ici la scène de la ballade change et se transporte dans la chambre de l'accouchée :

> « Ah ! dites, ma mère, ma mie, – Ce que j'entends pleurer ici ? – Ma fille, ce sont les enfants – Qui se plaignent du mal de dents ! »

---

206 *Les Trois Princesses*. Voir Paul Bénichou, ouvr. cité, p. 243-246.
207 Dans son recueil des *Poésies allemandes* et dans son *Choix des poésies de Ronsard [...]* (1830), Nerval remarquait que le classicisme français avait introduit une rupture entre les cultures populaires et les cultures savantes qui n'existe pas, du moins à un tel degré, dans les traditions nationales des littératures des autres pays européens. Là, les écrivains romantiques avaient pu très tôt s'appliquer à recueillir et à illustrer les poésies populaires : en Allemagne, Herder fait paraître, dès 1778 et 1779, les *Volkslieder* ; et Brentano et von Arnim publient *Le Cor merveilleux de l'enfant : vieilles chansons allemandes* (1805-1808) ; en Angleterre, le recueil de Walter Scott, *Chants populaires des frontières méridionales de l'Écosse*, a été publié en 1802 et 1803.

« Ah ! dites, ma mère, ma mie, – Ce que j'entends clouer ici. – Ma fille, c'est le charpentier, – Qui raccommode le plancher ! »

« Ah ! dites, ma mère, ma mie, – Ce que j'entends chanter ici ? – Ma fille, c'est la procession, – Qui fait le tour de la maison ! »

« Mais dites, ma mère, ma mie, – Pourquoi donc pleurez-vous ainsi ? – Hélas ! je ne puis le cacher ; – C'est Jean Renaud qui est décédé ! »

« Ma mère ! dites au fossoyeux – Qu'il fasse la fosse pour deux, – Et que l'espace y soit si grand, – Qu'on y renferme aussi l'enfant[208] ! »

Ceci ne le cède en rien aux plus touchantes ballades allemandes, il n'y manque qu'une certaine exécution de détail qui manquait aussi à la légende primitive de Lénore et à celle du roi des Aulnes, avant Goethe et Bürger[209]. Mais quel parti encore un poète eût tiré de la complainte de Saint-Nicolas, que nous allons citer en partie :

Il était trois petits enfants – Qui s'en allaient glaner aux champs,

S'en vont au soir chez un boucher. – « Boucher, voudrais-tu nous loger ? – Entrez, entrez, petits enfants, – Il y a de la place assurément. »

Ils n'étaient pas sitôt entrés, – Que le boucher les a tués, – Les a coupés en petits morceaux, – Mis au saloir comme pourceaux.

Saint Nicolas, au bout d'sept ans, – Saint Nicolas vint dans ce champ. – Il s'en alla chez le boucher : – « Boucher, voudrais-tu me loger ? »

« Entrez, entrez, saint Nicolas. – Il y a d'la place, il n'en manque pas. » – Il n'était pas sitôt entré, – Qu'il a demandé à souper.

« Voulez-vous un morceau d'jambon ? – Je n'en veux pas, il n'est pas bon. – Voulez-vous un morceau de veau ? – Je n'en veux pas, il n'est pas beau !

Du p'tit salé je veux avoir ; – Qu'il y a sept ans qu'est dans l'saloir ! » – Quand le boucher entendit cela, – Hors de sa porte il s'enfuya.

« Boucher, boucher, ne t'enfuis pas. – Repens-toi, Dieu te pardonn'ra. » – Saint Nicolas posa trois doigts – Dessus le bord de ce saloir :

Le premier dit : « J'ai bien dormi ! » – Le second dit : « Et moi aussi ! » – Et le troisième répondit : – « Je croyais être en paradis[210] ! »

---

208 Paul Bénichou (ouvr. cité, p. 246-252) a signalé que Nerval est le premier à donner une version complète du *Roi Renaud*.

209 Nerval a traduit plusieurs fois aussi bien « Le roi des Aulnes » de Goethe que « Lénore » de Bürger, qui ont contribué à acclimater en France le genre de la ballade fantastique. Voir Nerval, *Lénore et autres poésies allemandes*, préface de Gérard Macé, édition établie et annotée par Jean-Nicolas Illouz, postface de Dolf Oehler, Paris, Gallimard, coll. « Poésie », 2005.

210 Dans *Promenades et souvenirs*, Nerval évoque encore cette *Complainte de saint Nicolas*, dont il résume ainsi le thème : « saint Nicolas ressuscitant les trois petits enfants hachés comme chair à pâté par un boucher de Clermont-sur-Oise » (NPl III, p. 689). Paul Bénichou (ouvr. cité, p. 253-258) indique que Nerval est le premier à recueillir une version complète de cette complainte.

N'est-ce pas là une ballade d'Uhland[211], moins les beaux vers ? Mais il ne faut pas croire que l'exécution manque toujours à ces naïves inspirations populaires.

La vertu des filles du peuple attaquée par des seigneurs félons a fourni encore de nombreux sujets de romances. Il y a, par exemple, la fille d'un pâtissier, que son père envoie porter des gâteaux chez le seigneur de Dammartin. Celui-ci la retient jusqu'à la nuit close et ne veut plus la laisser partir. Pressée de son déshonneur, elle feint de céder, et demande au comte son poignard pour couper une agrafe de son corset. Elle se perce le cœur, et les pâtissiers instituent une fête pour cette martyre boutiquière[212].

Il y a des chansons de *causes célèbres* qui offrent un intérêt moins romanesque, mais souvent plein de terreur et d'énergie. Imaginez un homme qui revient de la chasse et qui répond à un autre qui l'interroge :

> « J'ai tant tué de petits lapins blancs – Que mes souliers sont pleins de sang. – T'en as menti, faux, traître ! – Je te ferai connaître. – Je vois, je vois à tes pâles couleurs – Que tu viens de tuer ma sœur[213] ! »

Quelle poésie sombre en ces lignes qui sont à peine des vers[214] ! Dans une autre, un déserteur rencontre la maréchaussée, cette terrible Némésis au chapeau bordé d'argent :

---

211 De Ludwig Uhland (1787-1862), Nerval a traduit, outre un chant patriotique intitulé « L'Ombre de Körner », « La Sérénade », poème d'un cycle de Lieder inspiré par la croyance populaire selon laquelle les mourants entendent de la musique : « Mère, ces sons étranges / C'est le concert des anges / Qui m'appellent à Dieu » (*Lénore et autres poésies allemandes*, édition préfacée par Gérard Macé, établie et annotée par Jean-Nicolas Illouz, avec la collaboration de Dolf Oehler, Paris, Gallimard, coll. « Poésie », 2005, p. 206). L'association de la *Complainte de saint Nicolas* avec la poésie d'Uhland suggère à nouveau l'absence de solution de continuité, pour Nerval, entre l'inspiration naïve des chansons et la littérature savante des poètes allemands, dès lors que ceux-ci n'ont pas rompu le fil qui relie la poésie à ses sources primitives.

212 Nerval évoque à plusieurs reprises cette chanson, *La Fille du pâtissier*, mais il hésite sur le lieu où se situe l'action : il s'agit de Dammartin dans *La Bohême galante*, mais d'Ory dans *Promenades et souvenirs* où l'argument est ainsi résumé : « – la fille du pâtissier, qui portait des gâteaux au comte d'Ory, et qui, forcée à passer la nuit chez son seigneur, lui demanda son poignard pour ouvrir le nœud d'un lacet et s'en perça le cœur » (NPl III, p. 689).

213 Paul Bénichou (ouvr. cité, p. 286-291) cite des variantes de cette chanson, *J'ai tant tué de lapins blancs*. En les classant dans la catégorie des « causes célèbres », Nerval établit deux registres distincts et complémentaires où puise l'imagination populaire, – l'un, sentimental ou lyrique, – l'autre, historique ou épique. Les chansons contiennent ainsi, dans leur état naïf, les genres que la poésie savante dissocie, mais que la poésie romantique veut mêler à nouveau et refondre dans une unité retrouvée.

214 L'attention à la prosodie naïve des chansons invite à concevoir une poésie sans le mètre, – qui puisse donc être immédiatement chantante, à même le phrasé de la langue. Les

On lui a demandé – Où est votre congé ? – « Le congé que j'ai pris, – il est sous mes souliers. »

Il y a toujours une amante éplorée mêlée à ces tristes récits :

> La belle s'en va trouver son capitaine, – Son colonel et aussi son sergent…

Le refrain est cette phrase latine : « *Spiritus sanctus, quoniam bonus !* » chantée sur un air de plain-chant et qui prédit assez le sort du malheureux soldat[215].

*

XII
VISITE À ERMENONVILLE[216]

Mais nous trouverons d'autres chansons encore en allant réveiller les souvenirs des vieilles paysannes, des bûcherons et des vanneurs. – J'ai rencontré à Senlis un ancien compagnon de jeunesse. Il s'appelle Sylvain de son petit nom. C'est un garçon, – je veux dire un homme, car il ne faut pas trop nous rajeunir, – qui a toujours mené une vie assez sauvage, comme son nom. Il vit de je ne sais quoi dans des maisons qu'il se bâtit lui-même, à la manière des cyclopes, avec ces grès de la contrée qui apparaissent à fleur de sol entre les pins et les bruyères. L'été, sa maison de grès lui semble trop chaude, et il se construit des huttes en feuillage au milieu des bois. Un petit revenu qu'il a de quelques morceaux de

---

chansons populaires peuvent ainsi inspirer les recherches prosodiques des romantiques qui vont elles-mêmes dans le sens d'un assouplissement des règles de la versification, et préparent ainsi, de plus loin, la *crise de vers* et l'invention du vers libre dans la période symboliste.

215 Paul Bénichou (ouvr. cité, p. 291-299) a montré que cette *Complainte du Déserteur* résulte en réalité de l'association de deux chansons métriquement différentes. Citée dans *Les Faux Saulniers* (NPl II, p. 53), cette chanson accompagne les mésaventures du narrateur sommé par des gendarmes de présenter ses papiers.

216 Livraison du 1ᵉʳ novembre 1852. – Après avoir réemployé des fragments de l'article sur les « Vieilles Ballades françaises », Nerval revient aux *Faux Saulniers* (NPl II, p. 90 et suiv.) dont le démembrement permet de nourrir le feuilleton de *La Bohême galante*.

terre lui procure du reste une certaine considération près des gardes, auxquels il paye quelquefois à boire. On l'a souvent suspecté de braconnage ; mais le fait n'a jamais pu être démontré. C'est donc un homme que l'on peut voir. – Du reste, s'il n'a pas de profession bien définie, il a des idées sur tout comme plusieurs gens de ce pays, où l'on a, dit-on, inventé jadis les tourne-broches. – Lui, s'est essayé plusieurs fois à composer des montres ou des boussoles. Ce qui le gêne dans la montre, c'est la chaîne qui ne peut se prolonger assez... Ce qui le gêne dans la boussole, c'est que cela fait seulement reconnaître que l'aimant polaire du globe attire forcément les aiguilles ; – mais que sur le reste, – sur la cause – et sur les moyens de s'en servir, les documents sont imparfaits[217].

Je quitte Senlis à regret ; – mais mon ami le veut pour me faire obéir à la pensée que j'avais manifestée imprudemment d'aller le jour des Morts voir la tombe de Rousseau ; – les amis sont comme les enfants, – *ce sont des tourments*, – c'est encore une locution du pays.

Je me plaisais tant dans cette ville, où la Renaissance, le Moyen Âge et l'époque romaine se retrouvent çà et là – au détour d'une rue, dans un jardin, dans une écurie, dans une cave. – Je vous parlais « de ces tours des Romains recouvertes de lierre[218] ! » – L'éternelle verdure dont elles sont vêtues fait honte à la nature inconstante de nos pays froids. – En Orient, les bois sont toujours verts ; – chaque arbre a sa saison de mue ; mais cette saison varie selon la nature de l'arbre. C'est ainsi que j'ai vu, au Caire, les sycomores perdre leurs feuilles en été. En revanche, ils étaient verts au mois de janvier[219].

Les allées qui entourent Senlis et qui remplacent les antiques fortifications romaines, – restaurées plus tard, par suite du long séjour des rois carlovingiens, – n'offrent plus aux regards que des feuilles rouillées d'ormes et de tilleuls. Cependant la vue est encore belle aux alentours

---

217 Nerval précise ici le portrait de Sylvain, en reprenant des traits déjà indiqués dans *Les Faux Saulniers* (NPl II, p. 109), tout en accentuant la dimension rousseauiste de ce « bon sauvage » réfugié dans le Valois. Dans *Sylvie*, Sylvain deviendra le « frère de lait » du « petit Parisien », tandis que certaines de ses caractéristiques, mentionnées ici, seront attribuées au Père Dodu (voir OC XI, p. 129, n. 1, et p. 204).

218 Renvoi à la p. 101 : « [...] les vieilles tours des fortifications romaines, à demi démolies et revêtues de lierre ».

219 Dans la « géographie magique » de Nerval, le Valois condense aussi bien les temps, en conservant les traces de différentes époques (« [...] la Renaissance, le Moyen Âge et l'époque romaine se retrouvent çà et là »), que les espaces, en accueillant ici des reflets de l'Orient.

par un beau coucher de soleil. – Les forêts de Chantilly, de Compiègne et d'Ermenonville ; – les bois de Châalis et de Pont-Armé[220], se dessinent avec leurs masses rougeâtres sur le vert clair des prairies qui les séparent. Des châteaux lointains élèvent encore leurs tours, – solidement bâties en pierres de *Senlis*, et qui, généralement, ne servent plus que de pigeonniers.

Les clochers aigus, hérissés de saillies régulières, qu'on appelle dans le pays des *ossements*[221] (je ne sais pourquoi) retentissent encore de ce bruit de cloches qui portait une douce mélancolie dans l'âme de Rousseau[222]…

Accomplissons le pèlerinage que nous nous sommes promis de faire, non pas près de ses cendres, qui reposent au Panthéon, – mais près de son tombeau, situé à Ermenonville, dans l'île dite des Peupliers.

La cathédrale de Senlis ; l'église Saint-Pierre, qui sert aujourd'hui de caserne aux cuirassiers ; le château de Henri IV, adossé aux vieilles fortifications de la ville ; les cloîtres byzantins de Charles le Gros et de ses successeurs, n'ont rien qui doive nous arrêter… C'est encore le moment de parcourir les bois malgré la brume obstinée du matin.

Nous sommes partis de Senlis à pied, à travers les bois, aspirant avec bonheur la brume d'automne. En regardant les grands arbres qui ne conservaient au sommet qu'un bouquet de feuilles jaunies, mon ami Sylvain me dit :

---

220 La forêt de Pontarmé se trouve entre Senlis et Mortefontaine. En dissociant le mot (« Pont-Armé »), Nerval réactive l'étymologie de *Pontarmé*, tout en faisant apparaître dans le nom le motif du « Pont », si important dans la *Généalogie fantastique*, avec le motif de la « Tour », – lequel est présent dans la phrase suivante avec les « tours » « bâties en pierres de *Senlis* ». C'est donc un « paysage parental », dirait Jean-Pierre Richard, qui sous-tend, comme en palimpseste, les paysages du Valois que le narrateur parcourt, en quête de lui-même (voir la *Généalogie fantastique*, OC XIII, p. 147-151).

221 Cet élément du paysage – les clochers en *ossements* – est un nœud de cristallisation de l'imaginaire nervalien. On le trouve également souligné dans *Sylvie*, OC XI, p. 213 : « Quelques villages s'abritent çà et là sous leurs clochers aigus, construits, comme on dit là, en pointes d'ossements. » Le soutènement mythologique de ce motif se dévoile dans le sonnet *À Mad^e Sand* (NPl I, p. 734-735) ou *Tarascon* (NPl III, p. 1490), où les rochers de Salzbourg deviennent « les *ossements* blanchis / Des anciens monts rongés par la mer du Déluge. » Si bien que le Valois, avec ses clochers en *ossements*, apparaît implicitement comme une terre lavée par le Déluge, et donc comme le lieu possible d'une nouvelle Genèse du monde, qui se ferait cette fois par le feu souterrain (voir Jean-Nicolas Illouz, « Une géognosie fantastique », *Revue Nerval*, n° 3, 2019, p. 221-242).

222 Rousseau, mélancoliquement présent dans le Valois par son cénotaphe, apparaît comme la figure tutélaire de ce pays pastoral, où quelque *état de nature* aurait été miraculeusement préservé de l'histoire et de la corruption des villes. Sur le retentissement du son des cloches dans l'âme de Rousseau (allusion au Livre III des *Confessions*), voir p. 100-101.

— Te souviens-tu du temps où nous parcourions ces bois, quand tes parents te laissaient venir chez nous, où tu avais d'autres parents ?... Quand nous allions tirer les écrevisses des pierres, sous les ponts de la Nonette et de l'Oise... tu avais soin d'ôter tes bas et tes souliers, et on t'appelait petit Parisien.

— Je me souviens, lui dis-je, que tu m'as abandonné une fois dans le danger. C'était à un remous de la Thève, vers Neufmoulin, – je voulais absolument passer l'eau pour revenir par un chemin plus court chez ma nourrice. – Tu me dis : On peut passer. Les longues herbes et cette écume verte qui surnage dans les coudes de nos rivières me donnèrent l'idée que l'endroit n'était pas profond. Je descendis le premier. Puis je fis un plongeon dans sept pieds d'eau. Alors tu t'enfuis, craignant d'être accusé d'avoir laissé se *nayer* le *petit Parisien*, et résolu à dire, si l'on t'en demandait des nouvelles, qu'il était allé *où il avait voulu*. – Voilà les amis !

Sylvain rougit et ne répondit pas.

— Mais ta sœur, ta sœur qui nous suivait, – pauvre petite fille ! – Pendant que je m'abîmais les mains en me retenant, après mon plongeon, aux feuilles coupantes des iris, se mit à plat ventre sur la rive et me tira par les cheveux de toute sa force[223].

— Pauvre Sylvie ! dit en pleurant mon ami.

— Tu comprends, répondis-je, que je ne te dois rien...

— Si ; je t'ai appris à monter aux arbres. Vois ces nids de pies qui se balancent encore sur les peupliers et sur les châtaigniers, – je t'ai appris à les aller chercher, – ainsi que ceux des piverts, – situés plus haut au printemps. – Comme Parisien, tu étais obligé d'attacher à tes souliers des *griffes* en fer, tandis que moi je montais avec mes pieds nus !

— Sylvain, dis-je, ne nous livrons pas à des récriminations. Nous allons voir la tombe où manquent les cendres de Rousseau. Soyons calmes. – Les souvenirs qu'il a laissés ici valent bien ses restes.

Nous avions parcouru une route qui aboutit aux bois et au château de Mont-l'Évêque. – Des étangs brillaient çà et là à travers les feuilles

---

223 Évoqué une première fois dans *Les Faux Saulniers* et repris ici, le souvenir de la noyade du «petit Parisien» revient dans *Sylvie*, où il est mentionné à deux reprises, au chap. x et au chap. xii (OC XI, p. 199 et p. 205), puis dans *Promenades et souvenirs* où Sylvie prend le nom de Célénie (NPl III, p. 688). L'insistance signale une scène traumatique, qui vaut, selon Odile Bombarde, comme un souvenir-écran où se figure la mort de la mère (Odile Bombarde, « Palimpseste et souvenir-écran dans *Sylvie* : la noyade du petit Parisien », *Littérature*, n° 158, 2010, p. 47-62).

rouges relevées par la verdure sombre des pins. Sylvain me chanta ce vieil air du pays :

> Courage ! mon ami, courage !
> Nous voici près du village.
> À la première maison,
> Nous nous rafraîchirons[224] !

On buvait dans le village un petit vin qui n'était pas désagréable pour des voyageurs. L'hôtesse nous dit, voyant nos barbes : – Vous êtes des artistes… vous venez donc pour voir Châalis ?

Châalis, – à ce nom je me ressouvins d'une époque bien éloignée… celle où l'on me conduisait à l'abbaye, une fois par an, pour entendre la messe et pour voir la foire qui avait lieu près de là.

– Châalis, dis-je… Est-ce que cela existe encore[225] ?

– Mais, mon enfant, on a vendu le château, l'abbaye, les ruines, tout ! Seulement, ce n'est pas à des personnes qui voudraient les détruire… Ce sont des gens de Paris qui ont acheté le domaine[226], – et qui veulent faire des réparations. La dame a déclaré qu'elle dépenserait quatre cent mille francs !

Nous avons voulu voir en détail le domaine avant qu'il soit restauré. Il y a d'abord une vaste enceinte entourée d'ormes ; puis on voit à gauche un bâtiment dans le style du seizième siècle, restauré sans doute plus tard selon l'architecture lourde du petit château de Chantilly.

Quand on a vu les offices et les cuisines, l'escalier suspendu du temps de Henri vous conduit aux vastes appartements des premières galeries, – grands appartements et petits appartements donnant sur les bois. Quelques peintures enchâssées, le Grand Condé à cheval et des

---

224 Ce couplet appartient à une chanson identifiée par Paul Bénichou qui en donne la mélodie recueillie par Vincent d'Indy (ouvr. cité, p. 302-303). Par un jeu de miroir qui fait se réfléchir le réel dans le légendaire, cette *chanson à boire* conduit logiquement le narrateur et son ami Sylvain à boire eux-mêmes dès qu'ils sont arrivés à l'étape.

225 Chez Nerval, c'est le nom, plus que la chose, qui porte le souvenir (« *à ce nom je me ressouvins d'une époque bien éloignée* ») ; et, la chose manquant à son nom (« – Châalis, dis-je… Est-ce que cela existe encore ? »), le souvenir ouvre sur une profondeur *imaginaire*. Les noms de lieux chez Nerval sont donc à la fois proches et distincts des *noms de pays* chez Proust, ceux-ci étant davantage ancrés dans les données immédiates de la sensation.

226 À la date des *Faux Saulniers* et de *La Bohême galante*, le domaine de Châalis avait été acquis par Mme de Vatry.

vues de la forêt, voilà tout ce que j'ai remarqué. Dans une salle basse, on voit un portrait de Henri IV à trente-cinq ans.

C'est l'époque de Gabrielle, – et probablement ce château a été témoin de leurs amours. – Ce prince, qui, au fond, m'est peu sympathique[227], demeura longtemps à Senlis, surtout dans la première époque du siège, et l'on y voit, au-dessus de la porte de la mairie et des trois mots : *Liberté, égalité, fraternité*, son portrait en bronze avec une devise gravée, dans laquelle il est dit que son premier bonheur fut à Senlis, – en 1590[228]. – Ce n'est pourtant pas là que Voltaire a placé la scène principale, imitée de l'Arioste, de ses amours avec Gabrielle d'Estrées[229].

C'était le fils du garde qui nous faisait voir le château, – abandonné depuis longtemps. – C'est un homme qui, sans être lettré, comprend le respect que l'on doit aux antiquités. Il nous fit voir dans une des salles un *moine* qu'il avait découvert dans les ruines. À voir ce squelette couché dans une auge de pierre, j'imaginai que ce n'était pas un moine, mais un guerrier celte ou franck couché selon l'usage, – avec le visage tourné vers l'Orient dans cette localité, où les noms d'Erman ou d'Armen[230] sont communs dans le voisinage, sans parler même d'Ermenonville, située près de là, – et qu'on appelle dans le pays Arme-Nonville ou Nonval, qui est le terme ancien[231].

Pendant que j'en faisais l'observation à Sylvain, nous nous dirigions vers les ruines. Un passant vint dire au fils du garde qu'un cygne venait

---

227 Henri IV est « peu sympathique » à Nerval parce que Henri IV met fin à la dynastie des Valois, cher à Nerval, et inaugure la dynastie des Bourbon, qui donne naissance à une monarchie absolue et centralisée.

228 On lit en effet sur la façade de l'hôtel de ville de Senlis l'inscription suivante : « Nostre heur print son commencement en la ville de Senlis où il s'est depuis semé et augmenté partout en nostre royaume ». Mais il s'agit non du « bonheur » privé de Henri IV, mais de son « bonheur » politique, car l'inscription remercie les habitants de Senlis de leur résistance aux Ligueurs.

229 Voltaire évoque les amours de Henri IV pour Gabrielle d'Estrées au chant IX de *La Henriade* (la scène se passe près du château d'Anet). Nerval rapproche cet épisode du chant VII du *Roland furieux* de l'Arioste, évoquant les amours de Roger et d'Alcine.

230 [N. d. a.] : « Hermann, Arminius, ou peut-être Hermès. »

231 Ermenonville tire plutôt son nom d'Ermenon, évêque de Senlis au IXe siècle. Mais cette rêverie sur le nom d'Ermenonville, par une suite de décompositions étymologiques fantaisistes où s'entend au passage un écho du pseudonyme du poète (Nonval, Nerval), peut être rapprochée de la rêverie sur les noms dans la *Généalogie fantastique*, associant également, par dérivations étymologiques ou homophoniques, noms de personnes et noms de lieux, tout en reliant, comme ici, l'histoire et le mythe (avec ici le passage, subrepticement dans la note, d'Hermann à Hermès).

de se laisser tomber dans un fossé. – Va le chercher. – Merci !... pour qu'il me donne un mauvais coup.

Sylvain fit cette observation qu'un cygne n'était pas bien redoutable.

– Messieurs, dit le fils du garde, j'ai vu un cygne casser la jambe à un homme d'un coup d'aile.

Sylvain réfléchit et ne répondit pas.

Le pâté des ruines principales forme les restes de l'ancienne abbaye, bâtie probablement vers l'époque de Charles VII, dans le style du gothique fleuri, sur des voûtes carlovingiennes aux piliers lourds, qui recouvrent les tombeaux. Le cloître n'a laissé qu'une longue galerie d'ogives qui relie l'abbaye à un premier monument, où l'on distingue encore des colonnes byzantines taillées à l'époque de Charles le Gros et engagées dans de lourdes murailles du seizième siècle.

– On veut, nous dit le fils du garde, abattre le mur du cloître pour que, du château, l'on puisse avoir une vue sur les étangs. C'est un conseil qui a été donné à madame.

– Il faut conseiller, dis-je, à votre dame de faire ouvrir seulement les arcs des ogives qu'on a remplis de maçonnerie, et alors la galerie se découpera sur les étangs, ce qui sera beaucoup plus gracieux.

Il a promis de s'en souvenir.

La suite des ruines amenait encore une tour et une chapelle. Nous montâmes à la tour. De là l'on distinguait toute la vallée, coupée d'étangs et de rivières, avec les longs espaces dénudés qu'on appelle le désert d'Ermenonville, et qui n'offrent que des grès de teinte grise, entremêlés de pins maigres et de bruyères.

Des carrières rougeâtres se dessinaient encore çà et là à travers les bois effeuillés et ravivaient la teinte verdâtre des plaines et des forêts, – où les bouleaux blancs, les troncs tapissés de lierre et les dernières feuilles d'automne se détachaient encore sur les masses rougeâtres des bois encadrés des teintes bleuâtres de l'horizon.

Nous redescendîmes pour voir la chapelle ; c'est une merveille d'architecture. L'élancement des piliers et des nervures, l'ornement sobre et fin des détails, révélaient l'époque intermédiaire entre le gothique fleuri et la renaissance. Mais, une fois entrés, nous admirâmes les peintures, – qui m'ont semblé être de cette dernière époque.

– Vous allez voir des saintes un peu décolletées, nous dit le fils du garde. En effet, on distinguait une sorte de Gloire peinte en fresque du côté de la porte, parfaitement conservée, malgré ses couleurs pâlies, sauf la partie inférieure couverte de peintures à la détrempe, – mais qu'il ne sera pas difficile de restaurer.

Les bons moines de Châalis auraient voulu supprimer quelques nudités trop voyantes du *style Médicis*[232]. – En effet, tous ces anges et toutes ces saintes faisaient l'effet d'amours et de nymphes aux gorges et aux cuisses nues. L'abside de la chapelle offre dans les intervalles de ses nervures d'autres figures mieux conservées encore et du style allégorique usité postérieurement à Louis XII. En nous retournant pour sortir nous remarquâmes au-dessus de la porte des armoiries qui devaient indiquer l'époque des dernières ornementations.

Il nous fut difficile de distinguer les détails de l'écusson écartelé, qui avait été repeint postérieurement en bleu et en blanc. Au 1 et au 4, c'étaient d'abord des oiseaux que le fils du garde appelait des cygnes, – disposés par 2 et 1 ; – mais ce n'étaient pas des cygnes.

---

232 Ces fresques de la chapelle de l'abbaye de Châalis, commandées par le cardinal Hippolyte d'Este, sont attribuées à Primatice (1504-1570). La fresque principale représente une *Annonciation* (avec « des saintes un peu décolletées » dit le fils du garde) ; sur les voûtains de la nef sont représentés les Pères de l'Église, les Évangélistes et les Apôtres ; sur les voûtains du chœur des angelots portent les instruments de la Passion. L'*Annonciation* fut restaurée en 1875-1876 par les frères Jean-Paul et Antoine Balze. L'attribution à Primatice n'était pas établie au temps de Nerval. Mais le regard de Nerval est sensible non seulement à l'alliance des nervures gothiques et des fresques renaissance, qui mêle les époques, mais aussi à l'alliance de la sensualité païenne (dans la représentation des angelots et les figures allégoriques) et de la spiritualité chrétienne, caractéristique en effet d'un certain « *style Médicis* » dont Nerval souligne l'ambiguïté dans la description du tombeau de Catherine de Médicis à Saint-Denis au début de « Quintus Aucler » dans *Les Illuminés* (NPl II, p. 1136-1137). Nerval évoque encore les fresques de l'abbaye de Châalis dans *Sylvie*, chap. VII, OC XI, p. 189-190 : « La religion, dans ce pays isolé du mouvement des routes et des villes, a conservé des traces particulières du long séjour qu'y ont fait les cardinaux de la maison d'Este à l'époque des Médicis : ses attributs et ses usages ont encore quelque chose de galant et de poétique, et l'on respire un parfum de la renaissance sous les arcs des chapelles à fines nervures, décorées par les artistes de l'Italie. Les figures des saints et des anges se profilent en rose sur les voûtes peintes d'un bleu tendre, avec des airs d'allégorie païenne qui font songer aux sentimentalités de Pétrarque et au mysticisme fabuleux de Francesco Colonna. » Nerval soulignait cette ambiguïté de la renaissance, mi chrétienne mi païenne, dès un article du *Carroussel* de mars 1836 (« De l'aristocratie en France »), où il évoquait ce vent nouveau venu d'Italie, portant en France (et notamment dans le Valois) « un art émancipé de l'Église mais que l'Église a béni ; doux panthéisme catholique, substituant aux lignes roides, aux formes maigres et drapées du mysticisme monacal, une nature heureuse et suave, amoureuse et fleurie, qui rend témoignage à la fois de l'indépendance de l'art, et de l'inspiration divine, qui l'a fait si chaste et si pur. » (NPl I, p. 344).

Sont-ce des aigles éployées, des merlettes ou des alérions ou des ailettes attachées à des foudres ?

Au 2 et au 3, ce sont des fers de lance ou des fleurs de lis, ce qui est la même chose. Un chapeau de cardinal recouvrait l'écusson et laissait tomber des deux côtés ses résilles triangulaires ornées de glands ; mais, n'en pouvant compter les rangées, parce que la pierre était fruste, nous ignorions si ce n'était pas un chapeau d'abbé.

Je n'ai pas de livres ici ; mais il me semble que ce sont là les armes de Lorraine, écartelées de celles de France. Seraient-ce les armes du cardinal de Lorraine, qui fut proclamé roi dans ce pays, sous le nom de Charles X, ou celles de l'autre cardinal, qui aussi était soutenu par la Ligue[233] ?... Je m'y perds, n'étant encore, je le reconnais, qu'un bien faible historien...

*

XIII

ERMENONVILLE[234]

En quittant Châalis, il y a encore à traverser quelques bouquets de bois, puis nous entrons dans le désert. Il y a là assez de désert pour que, du centre, on ne voie point d'autre horizon, – pas assez pour qu'en une demi-heure de marche on n'arrive au paysage le plus calme, le plus charmant du monde... Une nature suisse, découpée au milieu du bois, par suite de l'idée qu'a eue René de Girardin d'y transplanter l'image du pays dont sa famille était originaire[235].

---

233 Il s'agit en réalité des armes d'Hippolyte d'Este, cardinal de Ferrare, et non de celles de la famille de Lorraine (que Nerval évoque dans *Aurélia*, OC XIII, p. 131). En outre, Nerval commet ici une erreur : celui que les Ligueurs, refusant de reconnaître Henri IV, proclamèrent roi en 1589 sous le nom de Charles X était le cardinal Charles de Bourbon (1523-1590), non le cardinal de Lorraine.

234 Livraison du 15 novembre 1852. Nerval suit toujours *Les Faux Saulniers* (NPl II, p. 100 et suiv.).

235 Le marquis René de Girardin (1735-1808) représente un des aspects du XVIIIᵉ siècle aimé de Nerval : philanthrope, admirateur et protecteur de Rousseau, il contribue dans son domaine d'Ermenonville à l'invention d'un art nouveau des jardins, qui, rompant avec

Quelques années avant la Révolution, le château d'Ermenonville était le rendez-vous des *illuminés*, qui préparaient silencieusement l'avenir. Dans les *soupers* célèbres d'Ermenonville[236], on a vu successivement le comte de Saint-Germain, Mesmer et Cagliostro, développant, dans des causeries inspirées, des idées et des paradoxes dont l'école dite de Genève hérita plus tard[237]. Je crois bien que M. de Robespierre, le fils du fondateur de la loge écossaise d'Arras[238], – tout jeune encore, – peut-être encore plus tard Senancour, Saint-Martin, Dupont de Nemours et Cazotte, vinrent exposer, soit dans ce château, soit dans celui de Le Peletier de Mortfontaine[239], les idées bizarres qui se proposaient les réformes d'une

---

la tradition de Le Nôtre, associe le culte de la Raison nourri des Lumières à un sentiment de la Nature déjà romantique. Il est l'auteur d'un petit ouvrage, *De la composition des paysages ou des moyens d'embellir la nature autour des habitations, en joignant l'utile à l'agréable*, Genève, Delaguette, 1777. Mais le marquis de Girardin est aussi le maître de maison des « soupers d'Ermenonville », et, à ce titre, il représente un autre visage du XVIIIe siècle, également cher à Nerval : non plus les Lumières de la raison, ni même la rêverie rousseauiste associée au sentiment de la Nature, mais l'illuminisme et ses parts d'ombre (voir note suivante).

236 Nerval évoque plusieurs fois ces « soupers » d'illuminés qui eurent lieu à Ermenonville dans les années qui précédèrent la Révolution. Voir *Le Marquis de Fayolle*, dont le héros « avait fait partie des célèbres réunions d'Ermenonville, où présidait le comte de Saint-Germain » (NPl I, p. 1140) ; et « Cagliostro » dans *Les Illuminés*, où Cagliostro, se fondant sur les doctrines de la métempsycose, invite à ces soupers les esprits des grands morts du XVIIIe siècle (OC IX, p. 331). Les gazettes, en 1785, se firent l'écho des rumeurs qui couraient autour de ces réunions, dont le Marquis de Girardin dût démentir le caractère sectaire. Mais les légendes concernant les réunions d'Ermenonville seront encore alimentées par l'abbé Baruel dans une visée contre révolutionnaire (*Mémoires pour servir à l'histoire du jacobinisme*, Hambourg, 1798-1799, 5 vol. ; voir t. III, p. 76-77) ; elles seront en revanche contredites par Jean-Joseph Mounier, qui réfute la thèse de Baruel dans *De l'influence attribuée aux philosophes, aux francs-maçons et aux illuminés sur la Révolution de la France*, Tubingue, 1801. Nerval est informé de ces controverses (dont il cite les auteurs dans son « Cagliostro », OC IX, p. 341) ; mais son attention à l'illuminisme et aux sociétés secrètes résulte chez lui d'une vision originale de l'histoire, selon laquelle, sous le présent (sans espérance politique en 1852), des courants de pensée dissidents ou excentriques, revenus du passé le plus lointain, perpétuent souterrainement un geste d'opposition, et portent des germes d'avenir.

237 « L'école dite de Genève » désigne ici la première loge maçonnique suisse, créée à Genève par un lord anglais en 1737.

238 Cette appartenance du père de Robespierre à « la loge écossaise d'Arras » est encore soulignée dans « Cagliostro », OC IX, p. 342 : « Le père de Robespierre avait, comme on sait, fondé une loge maçonnique à Arras d'après le rite écossais. On peut supposer que les premières impressions que reçut Robespierre lui-même eurent quelque influence sur plusieurs actions de sa vie ».

239 Le Peletier (1730-1799) avait fait aménager, sur le modèle du parc d'Ermenonville, le parc du château de Mortfontaine (graphie possible pour « Mortefontaine »).

société vieillie, – laquelle, dans ses modes mêmes, avec cette poudre qui donnait aux plus jeunes fronts un faux air de la vieillesse, indiquait la nécessité d'une complète transformation.

Saint-Germain appartient à une époque antérieure, mais il est venu là. – C'est lui qui avait fait voir à Louis XV, dans un miroir d'acier, son petit-fils sans tête[240], comme Nostradamus avait fait voir à Marie de Médicis les rois de sa race, – dont le quatrième était également décapité[241].

Ceci est de l'enfantillage. Ce qui relève les mystiques, c'est le détail rapporté par Beaumarchais (le village de *Beaumarchais* est situé à une lieue d'Ermenonville, – pays de légendes) que les Prussiens, – arrivés jusqu'à trente lieues de Paris, – se replièrent tout à coup d'une manière inattendue d'après l'effet d'une apparition dont leur roi fut surpris, – et qui lui fit dire : « N'allons pas outre ! » comme en certains cas disaient les chevaliers.

Les *illuminés* français et allemands s'entendaient par des rapports d'affiliation. Les doctrines de Weisshaupt et de Jacob Bœhm[242] avaient pénétré chez nous, dans les anciens pays francs et bourguignons, – par l'antique sympathie et les relations séculaires des races de même origine. Le premier ministre du neveu de Frédéric II était lui-même un *illuminé*. – Beaumarchais suppose qu'à Verdun, sous couleur d'une séance de magnétisme, on fit apparaître devant Frédéric-Guillaume son oncle, qui lui aurait dit : « Retourne ! » – comme le fit un fantôme à Charles VI.

Ces données bizarres confondent l'imagination ; – seulement, Beaumarchais, qui était un sceptique, a prétendu que, pour cette scène

---

240 Nerval rapporte la même histoire dans « Cagliostro », OC IX, p. 332 : « [Saint-Germain] montra à Louis XV le sort de ses enfants dans un miroir magique ; et ce roi recula de terreur en voyant l'image du dauphin lui apparaître décapitée. »

241 Cet épisode est rapporté notamment par Balzac dans *Sur Catherine de Médicis* où Nostradamus introduit auprès de Catherine de Médicis (et non pas auprès de Marie de Médicis comme l'écrit ici Nerval) une femme douée de seconde vue qui fait voir à la reine le destin « des rois de sa race » : « Après avoir placé la reine devant un miroir magique où se réfléchissait un rouet, sur une des pointes duquel se dessina la figure de chaque enfant, la sorcière imprimait un mouvement au rouet et la reine comptait le nombre des tours qu'il faisait. Chaque tour était pour chaque enfant une année de règne. » (Balzac, *La Comédie humaine*, t. XI, Paris, Gallimard, Bibliothèque de la Pléiade, édition Nicole Cazauran pour *Sur Catherine de Médicis*, p. 383).

242 Adam Weisshaupt (1748-1830) avait fondé en 1776 la société des Illuminés de Bavière. Jacob Boehme (1576-1624) est un théosophe allemand dont se réclame notamment la secte des illuminés martinistes, elle-même fondée par Martinès de Pasqually (1711-1774) et Louis-Claude de Saint-Martin (1743-1803).

de fantasmagorie, on fit venir de Paris l'acteur Fleury, qui avait joué précédemment aux Français le rôle de Frédéric II, – et qui aurait ainsi fait illusion au roi de Prusse, – lequel depuis se retira, comme on sait, de la confédération des rois ligués contre la France[243].

Un détail plus important à recueillir, c'est que le général prussien qui dans nos désastres de la Restauration prit possession du pays, – ayant appris que la tombe de Jean-Jacques Rousseau se trouvait à Ermenonville, exempta toute la contrée, depuis Compiègne, des charges de l'occupation militaire. – C'était, je crois, le prince d'Anhalt[244] : – souvenons-nous au besoin de ce trait.

Rousseau n'a séjourné que peu de temps à Ermenonville[245]. S'il y a accepté un asile, – c'est que depuis longtemps, dans les promenades qu'il faisait en partant de l'*Ermitage* de Montmorency, il avait reconnu que cette contrée présentait à un herboriseur des variétés de plantes remarquables dues à la variété des terrains.

Nous sommes allés descendre à l'auberge de la Croix-Blanche, où il demeura lui-même quelque temps à son arrivée. Ensuite, il logea encore de l'autre côté du château, dans une maison occupée aujourd'hui par un

---

243 Dans *Le Dossier des « Faux Saulniers »*, Namur, Presses universitaires de Namur, *Études nervaliennes et romantiques*, n° 7, 1983, p. 69-83, Jacques Bony a établi que Nerval a trouvé le récit de cette anecdote dans la *Revue britannique*, t. XIX, février 1839, p. 323-336. Nerval évoque à nouveau cet épisode dans *Les Illuminés*, « Jacques Cazotte », OC IX, p. 306-307 : « Personne n'ignore l'importance que prirent les illuminés dans les mouvements révolutionnaires. Leurs sectes, organisées sous la loi du secret et se correspondant en France, en Allemagne et en Italie, influaient particulièrement sur de grands personnages plus ou moins instruits de leur but réel. Joseph II et Frédéric-Guillaume agirent maintes fois sous leur inspiration. On sait que ce dernier, s'étant mis à la tête de la coalition des souverains, avait pénétré en France et n'était plus qu'à trente lieues de Paris, lorsque les illuminés, dans une de leurs séances secrètes, évoquèrent l'esprit du grand Frédéric son oncle, qui lui défendit d'aller plus loin. C'est, dit-on, par suite de cette apparition (qui fut expliquée depuis de diverses manières), que ce monarque se retira subitement du territoire français, et conclut plus tard un traité de paix avec la République, qui, dans tous les cas, a pu devoir son salut à l'accord des illuminés français et allemands. » Frédéric-Guillaume II de Prusse (1744-1797) se retira de l'alliance contre-révolutionnaire et signa séparément le 16 germinal an III [5 avril 1795] avec la République le traité de Bâle. Il était en effet un esprit mystique, sous la coupe de son conseiller privé le rosicrucien Johann Christoph von Wöllner (1732-1800). L'acteur Fleury (1750-1822), que le récit de la *Revue britannique* fait intervenir à la demande de Danton pour mystifier le souverain prussien, était sociétaire de la Comédie-Française.

244 Ce général prussien est plutôt Blücher (1742-1819). Quant au prince d'Anhalt-Dessau (1740-1817), il créa les jardins à l'anglaise de Dessau-Wörlitz, en s'inspirant du parc d'Ermenonville que le souvenir de Rousseau avait transformé en lieu de pèlerinage.

245 Rousseau n'a séjourné en effet que six semaines à Ermenonville, jusqu'à sa mort le 2 juillet 1778.

épicier. – M. René de Girardin lui offrit un pavillon inoccupé, faisant face à un autre pavillon qu'occupait le concierge du château. – Ce fut là qu'il mourut.

En nous levant, nous allâmes parcourir les bois encore enveloppés des brouillards d'automne, – que peu à peu nous vîmes se dissoudre en laissant reparaître le miroir azuré des lacs ; – j'ai vu de pareils effets de perspective sur des tabatières du temps... – l'île des Peupliers, au-delà des bassins qui surmontent une grotte factice, sur laquelle l'eau tombe, – quand elle tombe... – Sa description pourrait se lire dans les idylles de Gessner[246].

Les rochers qu'on rencontre en parcourant les bois sont couverts d'inscriptions poétiques. Ici :

Sa masse indestructible a fatigué le temps[247].

Ailleurs :

Ce lieu sert de théâtre aux courses valeureuses
Qui signalent du cerf les fureurs amoureuses.

Ou encore avec un bas-relief représentant des druides qui coupent le *gui* :

Tels furent nos aïeux dans leurs bois solitaires !

Ces vers ronflants me semblent être de Roucher[248]... – Delille les aurait faits moins solides.

M. René de Girardin faisait aussi des vers. – C'était en outre un homme de bien. Je pense qu'on lui doit les vers suivants, sculptés sur une fontaine

---

246 Salomon Gessner (1730-1788), poète de Suisse alémanique, est l'auteur des *Idylles* (1756) qui eurent une fortune considérable en Europe. La mention de Gessner, suivie de celle de Roucher et de celle de Dellile, souligne cette intertextualité idyllique dont Nerval décline, à partir des *Faux Saulniers*, toutes les valeurs. Gessner est encore évoqué au chap. XIV de *Sylvie*, où il est également associé à Roucher, et au Rousseau de *La Nouvelle Héloïse* (OC XI, p. 211).

247 Cette inscription se trouve, non à Ermenonville, mais sur un rocher de grès dans le parc du château de Mortefontaine, et elle est signée « abbé de Lille ». Jacques Delille (1738-1813), traducteur de Virgile, est l'auteur de poèmes didactiques et descriptifs, notamment *Les Jardins ou l'art d'embellir les paysages* (1782) : c'est du chant IV de ce recueil en vers qu'est tirée l'inscription portée sur le rocher de Mortefontaine (édition de 1844, p. 162).

248 Jean-Antoine Roucher (1745-1794) est l'auteur des *Mois* (1779), recueil de poèmes rustiques en douze chants ; c'est de ce recueil qu'est en effet tiré le vers « Tels furent nos aïeux dans leurs bois solitaires ! » (« Décembre. Chant dixième ») ; les deux vers précédents appartiennent au Chant septième qui est une évocation du mois de Septembre.

d'un endroit voisin, que surmontaient un Neptune et une Amphytrite[249],
– légèrement *décolletés*, comme les anges et les saints de Châalis :

> Des bords fleuris où j'aimais à répandre
> Le plus pur cristal de mes eaux,
> Passant, je viens ici me rendre
> Aux désirs, aux besoins de l'homme et des troupeaux,
> En puisant les trésors de mon urne féconde,
> Songe que tu les dois à des soins bienfaisants,
> Puissé-je n'abreuver du tribut de mes ondes
> Que des mortels paisibles et contents !

Je ne m'arrête pas à la forme des vers ; – c'est la pensée d'un honnête
homme que j'admire. – L'influence de son séjour est profondément
sentie dans le pays. Là, ce sont des salles de danse, – où l'on remarque
encore *le banc des vieillards*[250] ; là, des tirs à l'arc, avec la tribune d'où l'on
distribuait les prix… Au bord des eaux, des temples ronds, à colonnes
de marbre, consacrés soit à Vénus génitrice, soit à Hermès consolateur. –
Toute cette mythologie avait alors un sens philosophique et profond[251].

La tombe de Rousseau est restée telle qu'elle était, avec sa forme
antique et simple, et les peupliers, effeuillés, accompagnent encore
d'une manière pittoresque le monument, qui se reflète dans les eaux
dormantes de l'étang. Seulement la barque qui y conduisait les visi-
teurs est aujourd'hui submergée. Les cygnes, je ne sais pourquoi, au
lieu de nager gracieusement autour de l'île, préfèrent se baigner dans
un ruisseau d'eau vive, qui coule, dans un rebord, entre des saules aux
branches rougeâtres, et qui aboutit à un lavoir situé devant le château.

---

249 Les vers suivants sont en effet gravés sur une fontaine adossée au mur du parc de
     Mortefontaine. Car il s'agit bien à nouveau de Mortefontaine, même si le lieu (« un
     endroit voisin ») n'est pas nommé directement comme si Nerval éprouvait une réticence
     à dévoiler le nom de ce village de son enfance et de sa géographie mentale, – dont le
     signifiant même comprend l'idée de mort. Quant au Neptune et à l'Amphytrite (graphie
     de Nerval) qui ornaient en effet autrefois la fontaine, ils sont tous deux également évoqués
     dans *Aurélia*, II 4 : « un Neptune et une Amphitrite sculptés au-dessus de la fontaine
     du hameau » (OC XIII, p. 94).

250 Comme le *désert* d'Ermenonville, « Le banc des vieillards » est mentionné dans *Sylvie*,
     OC XI, p. 196 : « Enfin, laissant le *Désert* à gauche, j'arrivai au rond-point de la danse,
     où subsiste encore le banc des vieillards. »

251 Comme la Renaissance, le XVIIIᵉ siècle apparaît à Nerval comme une époque qui assure,
     quoique de manière de plus en plus précaire, la survivance des dieux antiques, en conférant
     cependant à ceux-ci des significations allégoriques « profondes » mais précaires.

Nous sommes revenus au château. – C'est encore un bâtiment de l'époque de Henri IV, refait vers Louis XIV, et construit probablement sur des ruines antérieures, – car on a conservé une tour crénelée qui jure avec le reste, et les fondements massifs sont entourés d'eau, avec des poternes et des restes de ponts-levis.

Le concierge ne nous a pas permis de visiter les appartements, parce que les maîtres y résidaient. – Les artistes ont plus de bonheur dans les châteaux princiers[252], dont les hôtes sentent qu'après tout ils doivent quelque chose à la nation.

On nous laissa seulement parcourir les bords du grand lac, dont la vue, à gauche, est dominée par la tour dite de Gabrielle[253], reste d'un ancien château. Un paysan qui nous accompagnait nous dit : « Voici la tour où était enfermée la belle Gabrielle... tous les soirs Rousseau venait pincer de la guitare sous sa fenêtre[254], et le roi, qui était jaloux, le guettait souvent, et a fini par le faire mourir. »

Voilà pourtant comment se forment les légendes. Dans quelques centaines d'années, on croira cela. – Henri IV, Gabrielle et Rousseau sont les grands souvenirs du pays. On a confondu déjà, – à deux cents ans d'intervalle, – les deux souvenirs, et Rousseau devient peu à peu le contemporain de Henri IV. Comme la population l'aime, elle suppose que le roi a été jaloux de lui, et trahi par sa maîtresse – en faveur de l'homme sympathique aux

---

252 Dans *Promenades et souvenirs*, Nerval évoque également ces artistes, comédiens ambulants, qui sont encore invités « dans les châteaux » du Valois : « On les invitait souvent dans les châteaux de la province, et ils me montrèrent plusieurs attestations signés de noms illustres » (NPl III, p. 691). Cet accueil des comédiens au château a un arrière-plan littéraire fameux que Nerval ne manque pas de relever dans un article sur *Hamlet* : l'accueil que le prince de Danemark fait aux acteurs, les saluant d'un « Soyez les bienvenus, messieurs, à Elseneur ! » (*L'Artiste*, 22 décembre 1844, NPl I, p. 888).

253 La tour de Gabrielle, qui portait le trophée d'armes de Dominique de Vic, compagnon d'armes de Henri IV, est encore évoquée dans *Sylvie*, chap. IX, « Ermenonville », p. 197. Nicolas Popa a signalé une chanson populaire du pays associant également les amours de Henri IV et de Gabrielle à cette tour : « De ce bon Henri IV / Vous voyez le séjour, / Lorsque las de combattre, / Il y faisait l'amour. / Sa belle Gabrielle / Fut dans ces lieux, / Et le souvenir d'elle / Nous rend heureux. » (*Les Filles du feu*, édition critique d'après des documents nouveaux, par Nicolas Popa, Paris, Champion, 1931, t. II, p. 209).

254 Cette légende populaire faisant de Rousseau l'amant de Gabrielle peut rejoindre, par de subtiles associations, le *roman familial* de Nerval, puisque celui-ci, dans *Promenades et souvenirs*, évoque son père jouant également de la guitare, en pleurant la mort de sa femme : « [...] mon père [...], jeune encore, chantait avec goût des airs italiens à son retour de Pologne. Il y avait perdu sa femme, et ne pouvait s'empêcher de pleurer en s'accompagnant de la guitare aux paroles d'une romance qu'elle avait aimée [...] » (NPl III, p. 676-677).

races souffrantes. Le sentiment qui a dicté cette pensée est peut-être plus vrai qu'on ne croit. – Rousseau, qui a refusé cent louis de madame de Pompadour, a ruiné profondément l'édifice royal fondé par Henri. Tout a croulé. – Son image immortelle demeure debout sur les ruines[255].

Quant à ses chansons, dont nous avons vu les dernières à Compiègne, elles célébraient d'autres que Gabrielle. Mais le type de la beauté n'est-il pas éternel comme le génie ?

En sortant du parc, nous nous sommes dirigés vers l'église, située sur la hauteur. Elle est fort ancienne, mais moins remarquable que la plupart de celles du pays. Le cimetière était ouvert ; nous y avons vu principalement le tombeau de Vic, – ancien compagnon d'armes de Henri IV, – qui lui avait fait présent du domaine d'Ermenonville. C'est un tombeau de famille dont la légende s'arrête à un abbé. – Il reste ensuite des filles qui s'unissent à des bourgeois. – Tel a été le sort de la plupart des anciennes maisons. Deux tombes plates d'abbés, très vieilles, dont il est difficile de déchiffrer les légendes, se voient encore près de la terrasse. Puis, près d'une allée, une pierre simple sur laquelle on trouve inscrit : Ci-gît *Almazor*. Est-ce un fou ? – est-ce un laquais ? – est-ce un chien ? La pierre ne dit rien de plus.

Du haut de la terrasse du cimetière, la vue s'étend sur la plus belle partie de la contrée ; les eaux miroitent à travers les grands arbres roux, les pins et les chênes verts. Les grès du désert prennent à gauche un aspect druidique. La tombe de Rousseau se dessine à droite, et, plus loin, sur le bord, le temple de marbre d'une déesse absente, – qui doit être la Vérité[256].

Ce dut être un beau jour que celui où une députation, envoyée par l'Assemblée nationale, vint chercher les cendres du philosophe pour les transporter au Panthéon[257]. – Lorsqu'on parcourt le village, on

255 L'évocation de Rousseau en « homme sympathique aux races souffrantes », contribuant à détruire l'édifice royale, et demeurant éternel « parmi les ruines », ravive, sous les données de l'histoire, la trame du mythe personnel : le Rousseau de Nerval devient un enfant de Caïn, portant les espérances de la lignée des fils et filles du feu. – Quant au refus de Rousseau de recevoir une pension de Mme de Pompadour après le succès à la Cour de la représentation du *Devin de village* (1752), il est évoqué au Livre VIII des *Confessions* ; Rousseau y explique son comportement en le rapportant à la fois à sa timidité, à son orgueil et à son goût de l'indépendance.
256 Cette absence de la déesse de la Vérité, dans ce *Temple de la philosophie* également évoqué au chap. IX de *Sylvie*, fait de la tombe vide de Rousseau l'allégorie mélancolique d'une crise de la raison des Lumières, – d'où résulte le Romantisme.
257 Le transfert, ordonné par la Convention, des cendres de Rousseau d'Ermenonville au Panthéon eut lieu en grandes pompes le 10 octobre 1794.

est étonné de la fraîcheur et de la grâce des petites filles ; – avec leurs grands chapeaux de paille, elles ont l'air de Suissesses… Les idées sur l'éducation de l'auteur d'*Émile* semblent avoir été suivies ; les exercices de force et d'adresse, la danse, les travaux de précision, encouragés par des fondations diverses, ont donné sans doute à cette jeunesse la santé, la vigueur et l'intelligence des choses utiles.

*

XIV
VER[258]

J'aime beaucoup cette chaussée, – dont j'avais conservé un souvenir d'enfance, – et qui, passant devant le château, rejoint les deux parties du village, ayant quatre tours basses à ses deux extrémités.

Sylvain me dit : – Nous avons vu la tombe de Rousseau : il faudrait maintenant gagner Dammartin. Nous allons nous informer du chemin aux laveuses qui travaillent devant le château.

– Allez tout droit par la route à gauche, nous dirent-elles, ou également par la droite… Vous arriverez, soit à *Ver*, soit à *Ève*[259], – vous passerez par *Othys*, et, en deux heures de marche, vous serez à Dammartin.

Ces jeunes filles fallacieuses nous firent faire une route bien étrange ; – il faut ajouter qu'il pleuvait.

– Les premiers que nous rencontrerons dans le bois, dit Sylvain (avec plus de raison que de français), nous les consulterons encore…

La route était fort dégradée, avec des ornières pleines d'eau, qu'il fallait éviter en marchant sur les gazons. D'énormes chardons, qui nous venaient à la poitrine, – chardons à demi gelés, mais encore vivaces, nous arrêtaient quelquefois.

Ayant fait une lieue, nous comprîmes que, ne voyant ni *Ver*, ni *Ève*, ni *Othys*, ni seulement la plaine, nous pouvions nous être fourvoyés.

---

258 Livraison du 1er décembre 1852. Nerval continue de reprendre, avec quelques coupes et ajouts, *Les Faux Saulniers* (NPl II, p. 105 et suiv.).
259 Les noms de lieux font ici miroiter les signifiants du désir : *Vers Ève*, – par des routes bien « mal frayées ».

Une éclaircie se manifesta tout à coup à notre droite, – quelqu'une de ces coupes sombres, qui éclaircissent singulièrement les forêts[260]…

Nous aperçûmes une hutte fortement construite en branches rechampies de terre, avec un toit de chaume tout à fait primitif. Un bûcheron fumait sa pipe devant la porte.

– Pour aller à Ver ?…

– Vous en êtes bien loin… En suivant la route, vous arriverez à Montaby.

– Nous demandons Ver ou Ève…

– Eh bien ! vous allez retourner… vous ferez une demi-lieue (on peut traduire cela, si l'on veut, en mètres, à cause de la loi[261]), puis, arrivés à la place où l'on tire l'arc, vous prendrez à droite. Vous sortirez du bois, vous trouverez la plaine, et ensuite *tout le monde* vous indiquera Ver.

Nous avons retrouvé la place du tir, avec sa tribune et son hémicycle destiné aux sept vieillards. Puis nous nous sommes engagés dans un sentier, qui doit être fort beau quand les arbres sont verts. Nous chantions encore, pour aider la marche et peupler la solitude, une chanson du pays, qui a dû bien des fois réjouir les compagnons :

> Après ma journée faite… – Je m'en fus promener ! – En mon chemin rencontre – Une fille à mon gré. – Je la pris par sa main blanche… – Dans les bois, je l'ai menée.
>
> Quand elle fut dans les bois… – Elle se mit à pleurer. – « Ah ! qu'avez-vous, la belle ?… – Qu'avez-vous à pleurer ? » – « Je pleure mon innocence… – Que vous me l'allez ôter ! »
>
> « Ne pleurez pas tant, la belle… – Je vous la laisserai. » – Je la pris par sa main blanche, – Dans les champs je l'ai menée. – Quand elle fut dans les champs… Elle se mit à chanter.
>
> « Ah ! qu'avez-vous, la belle ? – Qu'avez-vous à chanter ? » – « Je chante votre bêtise – De me laisser aller : – Quand on tenait la poule, – Il fallait la plumer, etc. »[262]

---

260 Une « coupe claire » consiste à abattre un grand nombre d'arbres pour laisser passer la lumière dans les bois, alors qu'une « coupe sombre », plus parcimonieuse, ménage l'obscurité des forêts. Mais, dans le parler courant, « coupe sombre » est employé pour « coupe claire » ; et Nerval aime souligner cette *résistance* – une de plus – des gens du Valois au « bon usage ».

261 Une loi de 1837 avait rendu obligatoire à partir de 1840, sous peine de poursuites, le système métrique. Dans *Les Faux Saulniers*, Nerval notait : « – j'ai peine à me familiariser avec ces nouvelles mesures… et je sais pourtant qu'il est défendu de se servir du mot *lieues* dans les papiers publics. L'influence du milieu où je vis momentanément me fait retourner aux locutions anciennes » (NPl II, p. 87).

262 Cette chanson (*Après ma journée faite*), que Nerval cite en entier, reprend le thème folklorique de « l'occasion manquée », où le jeune homme, trop honnête, fait figure de benêt,

La route se prolongeait comme le diable, et l'on ne sait trop jusqu'où le diable se prolonge[263]. – Sylvain m'apprit encore une fort jolie chanson, qui remonte évidemment à l'époque de la Régence[264] :

> Y avait dix filles dans un pré, – Toutes les dix à marier, – Y avait Dine, – Y avait Chine, – Y avait Suzette et Martine. – Ah ! ah ! Catherinette et Catherina !
> Y avait la jeune Lison, – La comtesse de Montbazon, – Y avait Madeleine, – Et puis la Dumaine !

Vous voyez, mon ami, que c'est là une chanson qu'il est bien difficile de faire rentrer dans les règles de la prosodie.

> Toutes les dix à marier, – Le fils du roi vint à passer, – R'garda Dine, – R'garda Chine, – R'garda Suzette et Martine. – Ah ! ah ! Cath'rinette et Cath'rina !
> R'garda la jeune Lison, – la comtesse de Montbazon, – R'garda Madeleine, – Sourit à la Dumaine.

La suite est la répétition de tous ces noms, et l'augmentation progressive des galanteries de la fin.

> Puis il nous a saluées. – Salut, Dine, – Salut, Chine, etc., – Sourire à la Dumaine.
> Et puis il nous a donné, – Bague à Dine, – Bague à Chine, etc., – Diamant à la Dumaine.
> Puis il nous mena souper. – Pomme à Dine, etc., – Diamant à la Dumaine.
> Puis, il nous fallut coucher. – Paille à Dine, paille à Chine, – Bon lit à la Dumaine.
> Puis il nous a renvoyées. – Renvoie Dine, etc., – Garda la Dumaine !

Quelle folie galante que cette ronde, et qu'il est impossible d'en rendre la grâce à la fois aristocratique et populaire ! Heureuse Dumaine, heureux fils du roi, – Louis XV enfant, peut-être[265].

---

raillé par une jeune fille faussement ingénue. Le rythme de ces « vers blancs » est proche de celui d'hexasyllabes doubles assonancés. Voir Paul Bénichou, ouvr. cité, p. 303-305.

263 Autre exemple de l'attention de Nerval aux locutions populaires pittoresques.

264 Nerval abandonne un instant le texte des *Faux Saulniers* où était citée la chanson « C'était un cavalier / Qui revenait de Flandres… ».

265 Cette chanson, *Dix filles dans un pré*, n'apparaît que dans *La Bohême galante*. Paul Bénichou (ouvr. cité, p. 308-311) remarque qu'il est peu probable qu'elle remonte à l'époque de la Régence comme l'écrit Nerval, même s'il y eut au temps de Louis XIII une Mme de Montbazon, et même si l'on connaît la duchesse du Maine, belle-fille de Louis XIV. Il s'agit d'une chanson énumérative, – qui donne bien le rythme de ce récit à rallonges improvisées que compose *La Bohême galante*.

Au sortir de la forêt, nous nous sommes trouvés dans les terres labourées. Nous emportions beaucoup de notre patrie à la semelle de nos souliers ; – mais nous finissions par la rendre plus loin dans les prairies… Enfin, nous sommes arrivés à Ver. – C'est un gros bourg.

L'hôtesse était aimable et sa fille fort avenante, – ayant de beaux cheveux châtains, une figure régulière et douce, et ce *parler* si charmant des pays de brouillard, qui donne aux plus jeunes filles des intonations de *contralto*, par moments.

– Vous voilà, mes enfants, dit l'hôtesse… Eh bien ! on va mettre un fagot dans le feu !

– Nous vous demandons à souper, sans indiscrétion.

– Voulez-vous, dit l'hôtesse, qu'on vous fasse d'abord une soupe à l'oignon ?

– Cela ne peut pas faire de mal ; et ensuite ?

– Ensuite, il y a aussi *de la chasse.*

Nous vîmes là que nous étions bien tombés.

Le souper terminé[266], nous avons erré un peu dans le hameau. Tout était sombre, hors une seule maison, ou plutôt une grange, où des éclats de rire bruyants nous appelèrent. Sylvain fut reconnu, et l'on nous invita à prendre place sur un tas de chenevottes[267]. Les uns faisaient du filet, les autres des nasses ou des paniers. – C'est que nous sommes dans un pays de petites rivières et d'étangs. J'entendis là cette chanson :

> La belle était assise – Près du ruisseau coulant, – Et dans l'eau qui fré-tille, – Baignait ses beaux pieds blancs : – « Allons, ma mie, légèrement[268]. »

Voici encore un couplet en assonances, et vous voyez qu'il est char-mant, mais je ne puis vous faire entendre l'air. On dirait un de ceux de Charles d'Orléans, que Perne et Choron nous ont traduits en notation moderne[269]. – Il s'agit dans cette ballade d'un jeune seigneur qui ren-

---

266 Nouveau développement inédit qui se prolonge jusqu'à la fin du chapitre XIV.

267 La chèvenotte est la partie ligneuse du chanvre.

268 La chanson *La Belle était assise* est évoquée encore dans *Sylvie* où elle est donnée comme la « chanson favorite » de Sylvie (OC XI, p. 177). Paul Bénichou (ouvr. cité, p. 311-315) n'a pourtant pas pu l'identifier. Dans *Chansons et légendes du Valois*, Nerval l'associe à l'histoire de Perceval et Griselidis (graphie de Nerval), qui a d'autres résonances intertextuelles dans son œuvre (voir OC XI, p. 225, n. 1).

269 Les airs des chansons de Charles d'Orléans ne nous sont pas connus, et les musicologues François-Louis Perne (1772-1832) et Alexandre-Étienne Choron (1772-1834) n'en font pas état.

contre une paysanne, et qui est parvenu à la séduire. – Sur le bord du ruisseau, tous deux raisonnent sur le sort de l'enfant probable qui sera le résultat de leur amour. – Le seigneur dit :

> « En ferons-nous un prêtre – Ou bien un président ? »

On sent bien ici qu'il est impossible de faire autre chose d'un enfant produit, à cette époque, dans de telles conditions. Mais la jeune fille a du cœur, malgré son imprudence, et, renonçant pour son fils aux avantages d'une position mixte, elle répond :

> « Nous n'en ferons un prêtre, – Non plus un président. – Nous lui mettrons la hotte, – Et trois oignons dedans.
> « Il s'en ira criant : – Qui veut mes oignons blancs ? » – « Allons, ma mie, légèrement ! – Légèrement, légèrement ! »

En voilà encore une qui ne sera pas recueillie par le comité des chants nationaux, et cependant qu'elle est jolie ! Elle peint même les mœurs d'une époque. – Il n'en est pas de même de celle-ci, qui ne décrit que des mœurs générales :

> Ah ! qu'y fait donc bon ! – Qu'y fait donc bon – Garder les vaches – Dans l' paquis aux bœufs, – Quand on est deux. – Quand on est quatre, – On s'embarrasse. – Quand on est deux, – ça vaut bien mieux !

Qu'elle est nature, celle-là, et que c'est bien la chanson d'un berger !… Mais on la connaît par les *Mémoires* de Dumas ; – c'est, en effet, une chanson des environs de Villers-Cotterêts, où il a été élevé.

Citons pourtant les vers que dit le berger à la jeune Isabeau :

> « Ton p'tit mollet rond – Passe sous ton jupon… – T'as quinze ans passés. – On le voit bien assez ! »

C'est de l'idylle antique, et l'air est charmant[270].

*

---

270 Cette chanson, *Ah ! qu'y fait donc bon !*, n'apparaît elle aussi que dans *La Bohême galante*. Paul Bénichou (ouvr. cité, p. 315) n'est pas parvenu à l'identifier, et n'en trouve pas de traces dans les mémoires de Dumas, alors qu'il en repère un réemploi, avec variantes, dans un opéra-comique, *Le Bijou perdu* d'Ad. de Leuven et de Forges (1853).

XV
VER[271]

Dans les veillées on mêle les récits aux chansons. Sylvain eut du succès avec le suivant, qui fit surtout plaisir aux vanniers[272].

« Il y avait dans la province du Valois, auprès des bois de Villers-Cotterêts, un petit garçon et une petite fille qui se rencontraient de temps en temps sur les bords des petites rivières du pays, l'un, obligé par un bûcheron, nommé Tord-Chêne[273], qui était son oncle, à aller ramasser du bois mort ; l'autre, envoyée par ses parents pour saisir de petites anguilles que la baisse des eaux permet d'entrevoir dans la vase en certaines saisons. Elle devait encore, faute de mieux, atteindre entre les pierres, les écrevisses, très nombreuses en quelques endroits.

Mais la pauvre petite fille, toujours courbée et les pieds dans l'eau, était si compatissante pour les souffrances des animaux, que, le plus souvent, voyant les contorsions des poissons qu'elle tirait de la rivière, elle les y remettait et ne rapportait guère que les écrevisses, qui souvent

---

271 Livraison du 15 décembre 1852, avec le même titre, « Ver », que la livraison précédente.

272 Nerval cite cette fois le conte de *La Reine des poissons*, qu'il prélève d'un feuilleton publié dans *Le National*, 29 décembre 1850, consacré aux livres d'enfants (NPl II, p. 1252-1255). Ce conte sera utilisé deux autres fois : dans *Contes et facéties* (OC X bis, p. 151-155) ; puis dans *Chansons et légendes du Valois* à la suite de *Sylvie* dans *Les Filles du feu* (OC XI, p. 226-230). En outre, Nerval, au moment où il terminait *Sylvie* et alors qu'il demandait à Maurice Sand de composer des illustrations pour sa nouvelle, envisageait d'adjoindre à celle-ci la seule « Reine des poissons » : « J'ajouterai au livre, écrit-il, un conte de veillée : "La Reine des poissons" que j'ai écrit dans *Le National* en rendant compte de *Gribouille* » (lettre à Maurice Sand, 5 novembre 1853, NPl III, p. 821). L'origine folklorique de ce conte n'a pu être attestée. Celui-ci est donc, sinon une pure invention de Nerval, du moins une *refonte*, dans le creuset de l'imagination personnelle, d'éléments empruntés à diverses traditions folkloriques. On reconnaît quelques thèmes proprement nervaliens : la communion des âmes de ceux qui s'aiment dans le rêve ; l'idée animiste et romantique d'une nature où « tout est sensible » ; une vision du « déluge » qui annonce les hallucinations d'*Aurélia*. La poésie des légendes populaires se trouve ainsi ranimée au foyer de la poésie personnelle ; et l'imitation du « conte de veillée » se confond avec sa recréation dans un texte qui s'apparente au *märchen* (conte merveilleux) des romantiques allemands.

273 Le nom de « Tord-Chêne » appartient bien au registre des contes populaires : on le trouve dans *Jean de l'ours*, où le personnage qu'il désigne a cependant une fonction toute différente de celle qu'il occupe dans *La Reine des poissons*.

lui pinçaient les doigts jusqu'au sang, et pour lesquelles elle devenait alors moins indulgente.

Le petit garçon, de son côté, faisant des fagots de bois mort et des bottes de bruyère, se voyait exposé souvent aux reproches de Tord-Chêne, soit parce qu'il n'en avait pas assez rapporté, soit parce qu'il s'était trop occupé à causer avec la petite pêcheuse.

Il y avait un certain jour dans la semaine où ces deux enfants ne se rencontraient jamais... Le même, sans doute, où la fée Mélusine se changeait en poisson, et où les princesses de l'Edda[274] se transformaient en cygnes.

Le lendemain d'un de ces jours-là, le petit bûcheron dit à la pêcheuse : « Te souviens-tu qu'hier je t'ai vue passer là-bas dans les eaux de Challepont[275], avec tous les poissons qui te faisaient cortège... jusqu'aux carpes et aux brochets ; et tu étais toi-même un beau poisson rouge, avec les côtés tout reluisants d'écailles en or ?

— Je m'en souviens bien, dit la petite fille, puisque je t'ai vu, toi, qui étais sur le bord de l'eau, et que tu ressemblais à un beau chêne vert, dont les branches d'en haut étaient d'or fin, et que tous les arbres du bois se courbaient jusqu'à terre en te saluant.

— C'est vrai, dit le petit garçon, j'ai rêvé cela.

— Et moi aussi, j'ai rêvé ce que tu m'as dit ; mais comment nous sommes-nous rencontrés tous deux dans le rêve[276] ?... »

En ce moment, l'entretien fut interrompu par l'apparition de Tord-Chêne, qui frappa le petit avec un gros gourdin, en lui reprochant de n'avoir pas seulement lié encore un fagot.

---

274 Les Eddas rassemblent les poèmes mythologiques et héroïques des peuples du Nord. Quant aux « princesses de l'Edda » qui « se transforment en cygne », il ne semble pas qu'il s'agisse d'un passage précis des Eddas, mais d'un « mythème » plus diffus, – que Nerval remarque encore chez Heine quand il relève dans les poésies de celui-ci des « femmes au plumage de cygne » en même temps qu'« un reflet de l'Edda » (*Les Poésies de Henri Heine*, 15 juillet 1848, NPl I, p. 1125). En outre, dans un passage de *Promenades et souvenirs* plus proche de l'inspiration de notre texte, Nerval évoque, parmi les légendes que raconte la petite Célénie, l'histoire de « Mme de Montfort, prisonnière dans sa tour, qui tantôt s'envolait en cygne, et tantôt frétillait en beau poisson d'or dans les fossés de son château » (NPl III, p. 689).

275 Pour la transcription de ce toponyme, Nerval conserve la prononciation populaire, dont il indique l'étrangeté dans *Sylvie*, OC XI, p. 202 : « Nous sommes revenus par la vallée, en suivant le chemin de Charlepont, que les paysans, peu étymologistes de leur nature, s'obstinent à appeler *Châllepont* ».

276 L'union de deux êtres séparés dans la vie mais réunis dans le rêve est un thème cher à Nerval, qui le retrouve par exemple dans l'histoire du *Songe de Poliphile* (voir NPl II, p. 235-240) et qui le déploie dans *Aurélia*. Voir Kan Nozaki, « Le partage du rêve chez Nerval », *Revue Nerval*, n° 1, 2017, p. 43-58.

— Et puis, ajouta-t-il, est-ce que je ne t'ai pas recommandé de tordre les branches qui cèdent facilement, et de les ajouter à tes fagots ?

— C'est que, dit le petit, le garde me mettrait en prison s'il trouvait dans mes fagots du bois vivant… et puis, quand j'ai voulu le faire comme vous me l'aviez dit, j'entendais l'arbre qui se plaignait[277].

— C'est comme moi, dit la petite fille ; quand j'emporte des poissons dans mon panier, je les entends qui chantent si tristement, que je les rejette dans l'eau… Alors on me bat chez nous.

— Tais-toi, petite masque[278] ! dit Tord-Chêne, qui paraissait animé par la boisson, tu déranges mon neveu de son travail. Je te connais bien avec tes dents pointues, couleur de perle… Tu es la reine des poissons ! Mais je saurai bien te prendre à un certain jour de la semaine, et tu périras dans l'osier… dans l'osier !

Les menaces que Tord-Chêne avait faites dans son ivresse ne tardèrent pas à s'accomplir. La petite fille se trouva pêchée sous la forme de poisson rouge, que le destin l'obligeait à prendre à de certains jours. Heureusement, lorsque Tord-Chêne voulut, en se faisant aider de son neveu, tirer de l'eau la nasse d'osier, ce dernier reconnut le beau poisson rouge à écailles d'or, qu'il avait vu en rêve, comme étant la transformation accidentelle de la petite pêcheuse.

Il osa la défendre contre Tord-Chêne et le frappa même de sa galoche. Ce dernier, furieux, le prit par les cheveux cherchant à le renverser ; mais il s'étonna de trouver une grande résistance : c'est que l'enfant tenait des pieds à la terre avec tant de force, que son oncle ne pouvait venir à bout de le renverser ou de l'emporter, et le faisait en vain virer dans tous les sens.

Au moment où la résistance de l'enfant allait se trouver vaincue, les arbres de la forêt frémirent d'un bruit sourd ; les branches agitées laissèrent siffler les vents, et la tempête fit reculer Tord-Chêne, qui se retira dans sa cabane de bûcheron.

---

277 « j'entendais l'arbre qui se plaignait » : dans la composition rhapsodique de *La Bohême galante*, ce motif animiste du conte renvoie à l'ode de Ronsard sur *La Forêt de Gastine*, citée p. 39.
278 *L'Artiste* imprime « petit masque », au masculin ; nous corrigeons : « petite masque », au féminin, d'après *Les Faux Saulniers, Contes et facéties*, ou encore *Sylvie*. – Une « masque », au féminin, dans l'expression « petite masque », est un terme de gronderie familière pour reprocher à une petite fille sa malice.

Il en sortit bientôt, menaçant, terrible et transfiguré comme un fils d'Odin ; dans sa main brillait cette hache scandinave qui menace les arbres, pareille au marteau de Thor brisant les rochers[279].

Le jeune prince des forêts, victime de Tord-Chêne, – son oncle, usurpateur, – savait déjà quel était son rang, qu'on voulait lui cacher. Les arbres le protégeaient, mais seulement par leur masse et leur résistance passive…

En vain les broussailles et les bourgeons s'entrelaçaient de tous côtés pour arrêter les pas de Tord-Chêne ; celui-ci avait appelé ses bûcherons et se traçait un chemin à travers ces obstacles. Déjà plusieurs arbres, autrefois sacrés, du temps des vieux druides, étaient tombés sous les haches et les cognées.

Heureusement la reine des poissons n'avait pas perdu de temps. Elle était allée se jeter aux pieds de la Marne, de l'Aisne et de l'Oise[280], les trois grandes rivières voisines, leur représentant que, si l'on n'arrêtait pas les projets de Tord-Chêne et de ses compagnons, les forêts, trop éclaircies, n'arrêteraient plus les vapeurs qui produisent les pluies, et qui fournissent l'eau aux ruisseaux, aux rivières et aux étangs ; que les sources elles-mêmes seraient taries et ne feraient plus jaillir l'eau nécessaire à alimenter les rivières ; sans compter que tous les poissons se verraient détruits en très peu de temps, ainsi que les bêtes sauvages et les oiseaux[281].

---

279 Odin est le dieu suprême des Eddas ; et Thor est le dieu du Tonnerre et de la Guerre, représenté avec un marteau entre les mains. Mais, comme s'il n'y avait pas chez Nerval de solution de continuité entre l'inspiration naïve du conte et la « rêverie supernaturaliste », ces références à la mythologie scandinave font aussi de la *Reine des poissons* un intertexte possible d'*Aurélia*, où les mêmes divinités réapparaissent dans les visions des *Mémorables* : « Malheur à toi, dieu du Nord, – qui brisas d'un coup de marteau la sainte table […] / Malheur à toi, dieu forgeron, qui as voulu briser un monde ! […] / Sois donc béni toi-même, ô Thor, le géant, – le plus puissant des fils d'Odin ! » (OC XIII, p. 118).

280 Dans la version du *National*, il s'agissait de la Marne, la Meuse et la Moselle : la correction de Nerval – la Marne, l'Aisne et l'Oise – montre que Nerval tient à réinscrire le conte de *La Reine des poissons* dans le Valois, et donc à en assumer, même obliquement, la dimension mystérieusement personnelle.

281 Ces considérations « écologiques » sont sous-tendues par une pensée animiste de la nature, qui est soulignée plus explicitement encore dans la conclusion que la version du *National* donne à *La Reine des poissons* : « Le sens [de cette légende] se rapporte plutôt à cette antique résistance issue des souvenirs du paganisme contre la destruction des arbres et des animaux. Là, comme dans les légendes des bords du Rhin, l'arbre est habité par un esprit, l'animal garde une âme prisonnière. Les bois sacrés de la Gaule font les derniers efforts contre cette destruction qui tarit les forces vives et fécondes de la terre, et qui, comme au Midi, crée des déserts de sable où existaient les ressources de l'avenir » (NPl II, p. 1255).

Les trois grandes rivières prirent là-dessus de tels arrangements, que le sol où Tord-Chêne, avec ses terribles bûcherons, travaillait à la destruction des arbres, – sans toutefois avoir pu atteindre encore le jeune prince des forêts, – fut entièrement noyé par une immense inondation[282], qui ne se retira qu'après la destruction entière des agresseurs.

Ce fut alors que le prince des forêts et la reine des poissons purent de nouveau reprendre leurs innocents entretiens.

Ce n'étaient plus un petit bûcheron et une petite pêcheuse, – mais un sylphe et une ondine, lesquels plus tard furent unis légitimement. »

Je ne fais que rédiger cette jolie légende, et je regrette de n'être pas resté assez longtemps dans le pays pour en écouter d'autres. Il est temps, d'ailleurs, de mettre fin à ce vagabondage poétique, que nous reprendrons plus tard sur un autre terrain.

---

282 Le thème de « l'inondation universelle », associé à l'image du Déluge, est un thème nervalien qui prend une ampleur catastrophique dans les hallucinations d'*Aurélia*, OC XIII, p. 102.

PETITS CHÂTEAUX DE BOHÊME

PROSE ET POÉSIE

À UN AMI[1]

> O primavera, gioventù de l'anno,
> Bella madre di fiori
> D'herbe novelle e di novelli amori…
> *Pastor fido*[2].

Mon ami, vous me demandez si je pourrais retrouver quelques-uns de mes anciens vers[3], *et vous vous inquiétez même d'apprendre comment j'ai été poète, longtemps avant de devenir un humble prosateur*[4].

Je vous envoie les trois âges du poète – il n'y a plus en moi qu'un prosateur obstiné[5]. *J'ai fait les premiers vers par enthousiasme de jeunesse, les seconds par amour, les derniers par désespoir. La Muse est entrée dans mon cœur comme une*

---

1   Cet ami était nommé dans *La Bohême galante* : il s'agit d'Arsène Houssaye qui avait pressé Nerval d'écrire ses souvenirs. En recomposant, à partir de *La Bohême galante*, l'ensemble nouveau des *Petits châteaux de Bohême*, Nerval entend prendre plus d'indépendance par rapport au directeur de *L'Artiste*. – Il est remarquable par ailleurs que Baudelaire dédiera également à Houssaye (avec toutefois une ironie plus amère) vingt poèmes en prose parus dans *La Presse* en 1862 sous le titre *Petits Poèmes en prose*, si bien que le nom de Houssaye est associé à deux poètes qui, par des voies différentes, ont ouvert à la poésie le champ de la prose.

2   « Ô printemps, jeunesse de l'année, jolie mère des fleurs, des herbes nouvelles et des nouvelles amours… » : Nerval abrège l'épigraphe qu'il avait donnée dans *La Bohême galante*, tirée de la scène I de l'acte III du *Pastor fido* de Jean-Baptiste Guarini (1590).

3   En 1852 Gérard avait en effet donné à Arsène Houssaye un de ses albums de jeunesse calligraphiés, *Poésies et Poëmes*, composé au collège Charlemagne (voir la notice de Claude Pichois aux *Premières Poésies* de Nerval, NPl I, p. 1467-1471).

4   L'expression « humble prosateur », en opposant le registre « bas » de la prose (*genus humile*) à celui « élevé » de la poésie (*genus sublime*), maintient en apparence la hiérarchie traditionnelle des genres, – que brouille en réalité la forme mixte du prosimètre qu'adoptent les *Petits châteaux de Bohême*.

5   Les « trois âges du poète » font écho, à l'échelle de la vie personnelle, aux « trois temps » de la poésie que Victor Hugo, dans la préface de *Cromwell*, décline à l'échelle de la littérature universelle. – « Prosateur obstiné », Nerval se dira aussi « rêveur en prose » dans *Promenades et souvenirs* (NPl III, p. 681).

déesse aux paroles dorées ; elle s'en est échappée comme une pythie en jetant des cris de douleur. Seulement, ses derniers accents se sont adoucis à mesure qu'elle s'éloignait. Elle s'est détournée un instant, et j'ai revu comme en un mirage les traits adorés d'autrefois[6] !

La vie d'un poète est celle de tous[7]. Il est inutile d'en définir toutes les phases. Et maintenant :

> Rebâtissons, ami, ce château périssable
> Que le souffle du monde a jeté sur le sable,
> Replaçons le sopha sous les tableaux flamands[8]…

---

6   L'image de la Muse se retournant semble inverser le schéma mythologique d'Orphée aux enfers : ce n'est plus Orphée qui se tourne vers Eurydice, mais la déesse qui se retourne vers le poète, l'abandonnant dans sa nuit, en lui léguant cependant son « image adorée » (« Horus », OC XI, p. 353).

7   « La vie d'un poète est celle de tous » : cette sorte de maxime permet de justifier le projet autobiographique qui sous-tend les *Petits châteaux de Bohême* en lui donnant, sur un mode mineur, une portée générale. Nerval reprend ce motif dans *Promenades et souvenirs* : « L'expérience de chacun est le trésor de tous » (NPl III, p. 679). « Insensé, qui crois que je ne suis pas toi ! », écrira Victor Hugo dans la préface des *Contemplations* (1856).

8   Citation du poème d'Arsène Houssaye, « Vingt ans », où Houssaye évoquait la bohême du Doyenné, tout en faisant allusion aux amours de Gérard pour Jenny Colon. Ce poème s'est d'abord intitulé « Les Belles Amoureuses » dans le collectif *Les Belles Femmes de Paris et de la Province*, 2ᵉ série, 1840, p. 76-77 ; – puis « Le Beau Temps des poètes », dans *L'Artiste* en mars 1841 (2ᵉ série, t. VII, p. 168) ; – cette version est reprise la même année dans les *Poésies d'Arsène Houssaye. Les Sentiers perdus*, Masgana, 1841, p. 78-83 ; – le poème prend ensuite le titre « Vingt ans » dans les *Poésies complètes*, publiées en 1850, et rééditées en 1852 au moment où Nerval compose *La Bohême galante* et les *Petits châteaux de Bohême*. Dans les trois vers cités ici, l'« ami » en question est Gautier.

PETITS CHÂTEAUX DE BOHÊME

PREMIER CHÂTEAU

I
LA RUE DU DOYENNÉ

C'était dans notre logement commun de la rue du Doyenné[1], que nous nous étions reconnus frères – *Arcades ambo*[2] – dans un coin du vieux Louvre des Médicis, – bien près de l'endroit où exista l'ancien hôtel de Rambouillet[3].

---

1   En 1834-1835, Gautier logeait rue du Doyenné, juste à côté de l'impasse du Doyenné où, au numéro 3, Rogier avait loué un appartement avec Gérard et Houssaye. Au moment où Nerval ressuscite cette petite communauté littéraire et artistique, celle-ci a déjà été évoquée non seulement par Houssaye (dans le poème « Vingt ans »), mais aussi par Gautier, à deux reprises en 1848, – d'abord dans la notice nécrologique qu'il consacre au peintre Marilhat (*Revue des Deux Mondes*, 1ᵉʳ juillet 1848, article recueilli dans Théophile Gautier, *Histoire du Romantisme* suivi de *Quarante portraits romantiques*, édition d'Adrien Goetz, Paris, Gallimard, Folio classique, 2011, p. 185-215), – puis dans le compte rendu qu'il fait de la pièce de Murger et Barrière, *La Vie de bohème* (*La Presse*, 26 novembre 1849, recueilli dans Théophile Gautier, *Œuvres complètes. Critique théâtrale*, tome VIII, 1849 – juin 1850, édition Patrick Berthier, Paris, Champion, 2016, p. 505-506). – Le quartier du Doyenné, évoqué aussi par Balzac dans *La Cousine Bette* (1846), était situé à l'emplacement actuel de la place du Carrousel et de la pyramide du Louvre.
2   Citation de Virgile, *Bucoliques*, VII, 4 : « Arcadiens tous les deux ». Chez Virgile, il s'agit de Thyrsis et Corydon, qui s'apprêtent pour leurs chants amébées : « ... *ambo florentes aetatibus, Arcades ambo, / et cantare pares* » (« tous les deux dans la fleur de l'âge, Arcadiens tous les deux, égaux par le chant »).
3   L'hôtel de Rambouillet, situé rue Saint-Thomas-du-Louvre, abrita, entre 1608 et 1665, le salon littéraire de la marquise de Rambouillet, Catherine de Vivonne. Nerval y fait allusion dans *Octavie* (OC XI, p. 265, et note 1). La topographie relie ainsi implicitement la bohème romantique de 1830 à ce salon aristocratique où se forma et se perpétua l'esprit de la Fronde. La même association court dans *Sylvie* où l'évocation de « l'époque étrange » de 1830 appelle celle de la Fronde et sa « galanterie héroïque » (OC XI, p. 169).

Le vieux salon du doyen, aux quatre portes à deux battants, au plafond historié de rocailles et de guivres, – restauré par les soins de tant de peintres, nos amis, qui sont depuis devenus célèbres, retentissait de nos rimes galantes, traversées souvent par les rires joyeux ou les folles chansons des Cydalises[4].

Le bon Rogier[5] souriait dans sa barbe, du haut d'une échelle, où il peignait sur un des trois dessus de glace un Neptune, – qui lui ressemblait ! Puis, les deux battants d'une porte s'ouvraient avec fracas : c'était Théophile. – On s'empressait de lui offrir un fauteuil Louis XIII, et il lisait, à son tour, ses premiers vers, – pendant que Cydalise I[re6], ou Lorry, ou Victorine[7], se balançaient nonchalamment dans le hamac de Sarah la blonde[8], tendu à travers l'immense salon.

Quelqu'un de nous se levait parfois, et rêvait à des vers nouveaux en contemplant, des fenêtres, les façades sculptées de la galerie du Musée, égayée de ce côté par les arbres du manège.

Vous l'avez bien dit :

---

4   Emprunté au nom de jeunes premières de théâtre dans des pièces du XVIIIe siècle, le nom de « Cydalise » est ici employé comme le nom générique de toutes les jeunes femmes – actrices, grisettes ou modèles – qui fréquentaient le Doyenné.

5   Camille Rogier (1810-1896), peintre et vignettiste, collabora au *Monde dramatique* créé par Gérard en 1835. Il illustra aussi les *Contes fantastiques* d'Hoffmann dans la traduction d'Egmont. Peintre orientaliste, il résida à Constantinople, où Nerval le retrouva en 1843. Il publia en 1846-1847 un album de lithographies, *La Turquie*, pour lequel Nerval esquissa un projet de préface, finalement réalisé par Gautier (NPl II, p. 867).

6   Cydalise Ire était l'amie de Camille Rogier (et de Gautier). Elle mourut prématurément en mars 1836 de tuberculose. Sa mort, suggérée déjà dans le poème « Vingt ans » de Houssaye (voir p. 36, n. 2), est racontée par celui-ci dans ses *Confessions. Souvenirs d'un demi-siècle* (1885). Camille Rogier a laissé un portrait d'elle (*Album Gérard de Nerval*, Paris, Gallimard, Bibliothèque de la Pléiade, 1993, p. 149) ; il existe aussi un *Album amicorum* d'offrandes poétiques à Cydalise (voir notre préface, p. 20), avec un dessin de Gautier (daté de 1833), des vers de Hugo, Gautier, et Lamartine, et un poème autographe de Nerval, qui est en réalité une traduction d'Uhland, titré « La Malade », dont la première publication remonte à 1830 et qui réapparaît, sous le titre « La Sérénade », à la fin des *Petits châteaux de Bohême* (p. 202, et n. 121).

7   Victorine était alors une maîtresse de Gautier. Selon Houssaye, dans ses *Confessions*, elle figurerait avec Gautier et Nerval sur le tableau de Louis Boulanger, *Le Triomphe de Pétrarque*, exposé au Salon de 1836 (mais ce tableau est aujourd'hui perdu). Voir Claudine Lacoste-Veysseyre, édition de la *Correspondance générale* de Gautier, Genève-Paris, Droz, t. II, 1986, p. 363.

8   Allusion à « Sara la Baigneuse », dans *Les Orientales* de Victor Hugo (1829) : « Sara, belle d'indolence, / Se balance / Dans un hamac, au-dessus / Du bassin d'une fontaine / Toute pleine / D'eau puisée à l'Ilyssus […] ».

Théo, te souviens-tu de ces vertes saisons
Qui s'effeuillaient si vite en ces vieilles maisons,
Dont le front s'abritait sous une aile du Louvre[9] ?

Ou bien, par les fenêtres opposées, qui donnaient sur l'impasse, on adressait de vagues provocations aux yeux espagnols de la femme du commissaire, qui apparaissaient assez souvent au-dessus de la lanterne municipale.

Quels temps heureux ! On donnait des bals, des soupers, des fêtes costumées[10], – on jouait de vieilles comédies, où mademoiselle Plessy[11], étant encore débutante, ne dédaigna pas d'accepter un rôle : – c'était celui de Béatrice dans *Jodelet*[12]. – Et que notre pauvre Édouard était comique dans les rôles d'Arlequin[13] !

Nous étions jeunes, toujours gais, souvent riches… Mais je viens de faire vibrer la corde sombre : notre palais est rasé. J'en ai foulé les débris l'automne passée. Les ruines mêmes de la chapelle[14], qui se découpaient si gracieusement sur le vert des arbres, et dont le dôme s'était écroulé

---

9   Premiers vers du poème « Vingt ans » d'Arsène Houssaye.

10   Voir, dans *l'Album Nerval* de la Bibliothèque de la Pléiade (p. 75), une illustration de Camille Rogier, insérée dans *Les Confessions* d'Arsène Houssaye, représentant « Un déjeuner dans le salon de la rue du Doyenné ». – Nerval donna au Doyenné un bal costumé le 18 novembre 1835 : Gautier y était vêtu en costume Moyen Âge (voir le catalogue de l'exposition *Gérard de Nerval*, Bibliothèque historique de la ville de Paris, 1996, p. 27).

11   Mlle Plessy (1819-1897) était entrée à la Comédie-Française à l'âge de quinze ans et tenait les rôles d'ingénue. *Le Monde dramatique* de 1835 inclut un portrait d'elle (t. II, entre la p. 24 et la p. 25) et lui consacre un article signé par Henri Egmont (p. 25-28).

12   *Jodelet, ou le Maître valet* est une comédie de Scarron (1681), dont le personnage féminin se nomme Béatrix. Dans son « Projet d'*Œuvres complètes* », Nerval mentionne un « *Jodelet*, 3 a., à l'étude » (NPl III, p. 785).

13   [N.D.A.] : « Notamment dans le *Courrier de Naples*, du théâtre des grands boulevards. » – Nerval confond ici le *Courrier de Naples* avec le *Courrier de Milan* qui est une parade en un acte (avec pour personnages Arlequin, Léandre et Isabelle) recueillie dans le recueil de Thomas Simon Gueullette (1683-1766), *Théâtre des Boulevards*, publié en 1756 (voir T.-S. Gueullette, *Parades extraites du Théâtre des Boulevards*, Montpellier, Éditions Espaces, 2000). – Quant au « pauvre Édouard », mort poitrinaire en 1848, il s'agit d'Édouard Ourliac (1813-1848) : Arsène Houssaye lui consacrera une notice nécrologique dans *L'Artiste* du 1ᵉʳ janvier 1849, qui sera une nouvelle occasion d'évoquer le Doyenné (texte repris dans une postface à l'édition de 1850 des *Poésies complètes* de Houssaye, « L'Art et la poésie », p. 183-188).

14   Il s'agit des ruines de l'église Saint Thomas du Louvre dont le clocher s'était écroulé le 15 octobre 1739. Voir le tableau de Lina Jaunez, *Vues des ruines de Saint-Thomas-du-Louvre et de l'hôtel de Longueville* (1833), musée Carnavalet (reproduction dans l'*Album Nerval* de la Bibliothèque de la Pléiade, p. 146).

un jour, au dix-huitième siècle, sur six malheureux chanoines réunis pour dire un office, n'ont pas été respectées. Le jour où l'on coupera les arbres du manège, j'irai relire sur la place la *Forêt coupée* de Ronsard[15] :

> Écoute, bûcheron, arreste un peu le bras :
> Ce ne sont pas des bois que tu jettes à bas ;
> Ne vois-tu pas le sang, lequel dégoutte à force,
> Des nymphes, qui vivaient dessous la dure écorce ?

Cela finit ainsi, vous le savez :

> La matière demeure et la forme se perd !

Vers cette époque, je me suis trouvé, un jour encore, assez riche pour enlever aux démolisseurs et racheter deux lots de boiseries du salon, peintes par nos amis[16]. J'ai les deux dessus de porte de Nanteuil[17], le *Watteau* de Vattier, signé[18] ; les deux panneaux longs de Corot, représentant deux *Paysages* de Provence[19] ; le *Moine rouge*, de Châtillon, lisant la

---

15 Il s'agit de la célèbre élégie « Contre les bûcherons de la forêt de Gastine » (que Nerval n'avait pas recueillie en 1830 dans son *Choix des Poésies de Ronsard [...]*). Cette élégie consonne bien avec l'esprit animiste du sonnet « Vers dorés », recueilli ici p. 199.

16 Nerval conservera une partie de ces boiseries jusqu'à sa mort, puisqu'il les a transportées dans sa chambre à la clinique du docteur Blanche au moment de la rédaction d'*Aurélia* : parmi diverses reliques de ses années de bohème, le narrateur évoque en effet « des panneaux de boiseries provenant de la démolition d'une vieille maison que j'avais habitée sur l'emplacement du Louvre, et couverts de peintures mythologiques exécutées par des amis aujourd'hui célèbres » (OC XIII, p. 110). Le parcours d'une vie de poète se dessine ainsi, qui conduit, symboliquement, de la bohème à l'asile. – Sur les décorations peintes de l'appartement du Doyenné, que Nerval évoque aussi dans une lettre à Dumas du 14 novembre 1853 (NPl III, p. 823), voir l'article très exhaustif « Doyenné (les peintures de) » dans le *Dictionnaire Nerval* (Claude Pichois et Michel Brix, 2006). – Certaines de ces peintures sont mentionnées également par Gautier dans l'évocation qu'il fait du Doyenné dans le portrait du peintre Marilhat, paru dans la *Revue des Deux Mondes*, 1er juillet 1848 : nous renvoyons à ce texte dans l'édition d'Adrien Goetz : Théophile Gautier, *Histoire du Romantisme* suivi de *Quarante portraits romantiques*, Paris, Gallimard, folio classique, 2011.

17 Célestin Nanteuil (1813-1873), peintre, graveur et illustrateur, – dont Gautier fait le type de « L'homme Moyen Âge » dans *Les Jeunes-France, romans goguenards* (1833). Pour la décoration du Doyenné, Gautier attribue à Nanteuil « une naïade romantique » (éd. citée, p. 187).

18 Charles Émile Wattier (1808-1868) est un représentant du « goût Watteau » au XIXe siècle. Nerval joue ici sur l'homophonie Watteau/Wattier. Wattier contribua en outre aux illustrations du *Monde dramatique*.

19 De Jean Baptiste Camille Corot (1796-1875), Gautier mentionne quant à lui « deux panneaux étroits », où « Corot logea en hauteur deux vues d'Italie d'une originalité et d'un style admirables » (éd. citée, p. 187).

Bible sur la hanche cambrée d'une femme nue, qui dort[20] ; les *Bacchantes*, de Chassériau, qui tiennent des tigres en laisse comme des chiens[21] ; les deux trumeaux de Rogier, où la Cydalise, en costume régence, – en robe de taffetas feuille morte, – triste présage, – sourit, de ses yeux chinois, en respirant une rose, en face du portrait en pied de Théophile, vêtu à l'espagnole[22]. L'*affreux* propriétaire, qui demeurait au rez-de-chaussée, mais sur la tête duquel nous dansions trop souvent, après deux ans de souffrance qui l'avaient conduit à nous donner congé, a fait couvrir depuis toutes ces peintures d'une couche à la détrempe, parce qu'il prétendait que les nudités l'empêchaient de louer à des bourgeois. – Je bénis le sentiment d'économie qui l'a porté à ne pas employer la peinture à l'huile.

De sorte que tout cela est à peu près sauvé. Je n'ai pas retrouvé le *Siège de Lérida*, de Lorentz[23], où l'armée française monte à l'assaut, précédée

---

20 [N.D.A.] : « Même sujet que le tableau qui se trouvait chez Victor Hugo. » – Auguste de Châtillon (1813-1881) avait débuté au Salon de 1831 et peint notamment des portraits de Gautier et de Hugo et sa famille. – Le tableau « qui se trouvait chez Victor Hugo » est mentionné dans un manuscrit d'Auguste de Châtillon lui-même : « *Le Moine rouge* avait d'abord été fait au-dessus d'une porte rue du Doyenné, chez un ami commun. Hugo l'avait trouvé bien. Il y a ajouté une femme nue, Paquita Mercier, la sœur de la danseuse. C'était comme le songe d'un homme qui, en lisant, a des visions charmantes. C'était cloué aux quatre coins. Ce tableau formait le plafond de la chambre à coucher de Victor Hugo, rue de la Tour d'Auvergne » (document cité en NPl III, p. 1150). Auguste de Châtillon est aussi l'auteur de la chanson *À la Grand'Pinte* que Nerval cite dans *Les Nuits d'octobre* (OC X bis, p. 60), et qui sera recueillie plus tard, en 1855, par Châtillon lui-même, dans *Chant et poésie* avec une préface de Théophile Gautier.

21 Théodore Chassériau (1819), qui n'a que 16 ans en 1835, a peint en effet des *Bacchantes dompteuses de tigres*, dont on peut voir une reproduction dans Aristide Marie, *Gérard de Nerval. Le Poète. L'Homme*, 1914, Genève, Slatkine Reprints, 1980, p. 278. Pour ce qui est de la contribution de Chassériau à la décoration du Doyenné, Gautier évoque quant à lui une *Diane au bain* : « Théodore de Chassériau, alors tout enfant, et l'un des plus fervents élèves d'Ingres, paya sa contribution pittoresque par une Diane au bain, où l'on remarquait déjà cette sauvagerie indienne mêlée au plus pur goût grec d'où résulte la beauté bizarre des œuvres qu'il a faites depuis. » (éd. citée, p. 187).

22 De ce portrait de Cydalise par Camille Rogier, il reste un dessin reproduit dans l'ouvrage de Philippe Burty, *Camille Rogier vignettiste*, Paris, Monnier, 1887 ; cette reproduction est elle-même reprise dans le catalogue de l'exposition *Gérard de Nerval* organisée en 1996 par Éric Buffetaud, avec, en regard, le portrait de Gautier en costume Moyen Âge, tel qu'il était vêtu au bal donné par Gérard le 18 novembre 1835 (p. 27). Cydalise meurt de phtisie en 1836.

23 Du dessinateur et lithographe Alcide Joseph Lorentz (1813-1891), Gautier évoque, non le *Siège de Lérida*, mais « quelques Turcs de Carnaval et des masques à la manière de Callot » (éd. citée, p. 188).

par des violons ; ni les deux petits *Paysages* de Rousseau[24], qu'on aura sans doute coupés d'avance ; mais j'ai, de Lorentz, une *maréchale* poudrée, en uniforme Louis XV. – Quant au lit Renaissance, à la console Médicis, aux deux buffets[25], au *Ribeira*[26], aux tapisseries des quatre éléments, il y a longtemps que tout cela s'était dispersé. – Où avez-vous perdu tant de belles choses ? me dit un jour Balzac. – Dans les malheurs ! lui répondis-je en citant un de ses mots favoris[27].

II
PORTRAITS

Reparlons de la Cydalise, ou plutôt, n'en disons qu'un mot : – Elle est embaumée et conservée à jamais, dans le pur cristal d'un sonnet de Théophile[28], – du Théo, comme nous disions.

Théophile a toujours passé pour solide ; il n'a jamais cependant pris de ventre, et s'est conservé tel encore que nous le connaissions. Nos vêtements étriqués sont si absurdes, que l'Antinoüs, habillé d'un habit, semblerait énorme, comme la Vénus, habillée d'une robe moderne : l'un

---

24   Théodore Rousseau (1812-1867), l'un des fondateurs de l'école de Barbizon.

25   [N.D.A.] : « Heureusement, Alphonse Karr possède le buffet aux trois femmes et aux trois Satyres, avec des ovales de peintures du temps sur les portes. »

26   [N.D.A.] : « La *Mort de saint Joseph* est à Londres, chez Gavarni. » – Il s'agit de José de Ribera, dit l'Espagnolet (1591-1652), dont il existe en effet des *Saint Joseph*. L'orthographe « Ribeira » est aussi chez Gautier (*Espana*, dans *Œuvres poétiques complètes*, Paris, Bartillat, 2004, p. 391).

27   Michel Brix a retrouvé ce mot de Balzac que l'on peut lire au début du *Père Goriot*, à propos de Mme Vauquer : « Âgée d'environ cinquante ans, Mme Vauquer ressemble à toutes *les femmes qui ont eu des malheurs*. [...]. Qu'avait été M. Vauquer ? Elle ne s'expliquait jamais sur le défunt. Comment avait-il perdu sa fortune ? Dans les malheurs, répondait-elle. » (*La Comédie humaine*, III, Paris, Gallimard, Bibliothèque de la Pléiade, 1976, p. 55).

28   Plusieurs sonnets de Théophile Gautier, datant de 1835 ou 1836, peuvent évoquer Cydalise : « À deux beaux yeux », « Chinoiserie », ou encore « Sonnet » qui correspond plus précisément au poème mentionné ici ; tous sont repris en 1838 dans *La Comédie de la mort* (voir Théophile Gautier, *Œuvres poétiques complètes*, Paris, Bartillat, 2004, p. 317, p. 315, p. 316). Plus tard, en 1861, bien après la mort de Nerval, Gautier, évoquant dans « Le Château du souvenir » la bohème du Doyenné, fera une dernière fois revenir le fantôme de Cydalise : « Ma main tremblante enlève un crêpe / Et je vois mon défunt amour, / Jupons bouffants, taille de guêpe, / La Cidalise en Pompadour ! » ; et ce fantôme côtoiera alors celui de Nerval, reconnaissable sous le surnom de Fritz : « Tom, qu'un abandon scandalise, / Récite "Love's labours lost", / Et Fritz explique à Cidalise / Le "Walpurgisnachtstraum" de Faust » (*Émaux et Camées*, éd. citée, p. 545, et p. 550).

aurait l'air d'un fort de la halle endimanché, l'autre d'une marchande de poisson. L'armature colossale du corps de notre ami (on peut le dire, puisqu'il voyage en Grèce aujourd'hui[29]), lui fait souvent du tort près des dames abonnées aux journaux de modes ; une connaissance plus parfaite lui a maintenu la faveur du sexe le plus faible et le plus intelligent ; il jouissait d'une grande réputation dans notre cercle, et ne se mourait pas toujours aux pieds chinois[30] de la Cydalise.

En remontant plus haut dans mes souvenirs, je retrouve un Théophile maigre… Vous ne l'avez pas connu. Je l'ai vu, un jour, étendu sur un lit, – long et vert, – la poitrine chargée de ventouses. Il s'en allait rejoindre, peu à peu, son pseudonyme, Théophile de Viau, dont vous avez décrit les amours panthéistes, – par le chemin ombragé de l'*Allée de Sylvie*[31]. Ces deux poètes, séparés par deux siècles, se seraient serré la main, aux Champs Élysées de Virgile, beaucoup trop tôt.

Voici ce qui s'est passé à ce sujet :

Nous étions plusieurs amis, d'une société antérieure[32], qui menions gaiement une existence de mode alors, même pour les gens sérieux. Le Théophile mourant nous faisait peine, et nous avions des idées nouvelles d'hygiène, que nous communiquâmes aux parents. Les parents comprirent, chose rare ; mais ils aimaient leur fils. On renvoya le médecin,

---

29 Du 9 juin au 14 octobre 1852, Gautier voyagea en effet en Orient, et il est à Athènes en septembre.

30 Les « pieds chinois » de la Cydalise sont un emprunt au sonnet « Chinoiserie » de Gautier : « Elle a des yeux retroussés vers les tempes, / Un pied petit à tenir dans la main […] » (édition citée, p. 315). Dans « Sonnet » (*Ibid.* p. 316), on lit : « Ses mouvements sont pleins d'une grâce chinoise ». Déjà au chapitre précédent, p. 149, Nerval évoquait les « yeux chinois » de Cydalise.

31 Théophile de Viau (1590-1626) est l'auteur de *La Maison de Sylvie* (vers 1620). *L'Allée de Sylvie* est le nom d'une allée dans le parc du château de Chantilly, célébré par Théophile de Viau, mais c'est aussi le titre d'un poème pastoral de Rousseau, imitant Théophile de Viau. Arsène Houssaye a raconté les « amours panthéistes » de Théophile de Viau dans « Le Ciel et la Terre, histoire panthéiste » publié dans *L'Artiste* les 7, 14, 21 et 28 juin 1846 (puis repris sous le titre *Un roman sur les bords du Lignon* ou encore *La Pécheresse*). Théophile Gautier avait ressuscité son « homonyme », Théophile de Viau, dans une étude publiée en 1834 dans *La France littéraire* et reprise en 1844 dans *Les Grotesques* : il présente Théophile de Viau comme celui qui, à deux siècles de distance, « a commencé le mouvement romantique ». Quant à Nerval, il avait fait allusion à Théophile de Viau dans *Les Faux Saulnier* (NPl II, p. 83).

32 Il s'agit du Petit Cénacle (1830-1833), réuni autour du sculpteur Jehan Duseigneur, auquel on doit notamment une série de médaillons (dont celui de Gérard) représentant cette *camaraderie* romantique. Théophile Gautier évoque longuement « Le Petit Cénacle » dans son *Histoire du Romantisme*.

et nous dîmes à Théo : « Lève-toi… et viens souper. » La faiblesse de son estomac nous inquiéta d'abord. Il s'était endormi et senti malade à la première représentation de *Robert le Diable*[33].

On rappela le médecin. Ce dernier se mit à réfléchir, et, le voyant plein de santé au réveil, dit aux parents : « Ses amis ont peut-être raison. »

Depuis ce temps-là, le Théophile refleurit. – On ne parla plus de ventouses, et on nous l'abandonna. La nature l'avait fait poète, nos soins le firent presque immortel. Ce qui réussissait le plus sur son tempérament, c'était une certaine préparation de cassis sans sucre, que ses sœurs lui servaient dans d'énormes amphores en grès de la fabrique de Beauvais ; Ziégler[34] a donné depuis des formes capricieuses à ce qui n'était alors que de simples cruches au ventre lourd. Lorsque nous nous communiquions nos inspirations poétiques, on faisait, par précaution, garnir la chambre de matelas, afin que le *paroxysme*, dû quelquefois au Bacchus du cassis, ne compromît pas nos têtes avec les angles des meubles.

Théophile, sauvé, n'a plus bu que de l'eau rougie, et un doigt de champagne dans les petits soupers.

III

LA REINE DE SABA

Revenons-y. – Nous avions désespéré d'attendrir la femme du commissaire. – Son mari, moins farouche qu'elle, avait répondu, par une lettre fort polie, à l'invitation collective que nous leur avions adressée. Comme il était impossible de dormir dans ces vieilles maisons, à cause des suites chorégraphiques de nos soupers, – munis du silence complaisant des autorités voisines, – nous invitions tous les locataires distingués de l'impasse, et nous avions une collection d'attachés d'ambassades, en habits bleus à boutons d'or, de jeunes conseillers d'État[35], de référendaires en

---

33 Opéra célèbre de Meyerbeer, sur un livret de Scribe et de Germain Delavigne (1831). Aux lignes précédentes, « Lève-toi… et viens souper » est une reprise parodique de la parole de Jésus au paralytique : « Lève-toi, […] et marche ».

34 Claude Jules Ziégler (1804-1856), élève d'Ingres, fut le décorateur de la Madeleine. Il avait exposé au Salon de 1834 un *Saint Luc peignant la sainte Vierge* que Nerval évoque en 1845 (NPl I, p. 927). Il fonda en effet une manufacture de céramique à Beauvais.

35 [N.D.A.] : « L'un d'eux s'appelait Van Daël, jeune homme charmant, mais dont le nom a porté malheur à notre château. » – Nerval joue sur l'homonymie Van Daël / Vandale.

herbe, dont la nichée d'hommes déjà sérieux, mais encore aimables, se développait dans ce pâté de maisons, en vue des Tuileries et des ministères voisins. Ils n'étaient reçus qu'à condition d'amener des femmes du monde, protégées, si elles y tenaient, par des dominos et des loups.

Les propriétaires et les concierges étaient seuls condamnés à un sommeil troublé – par les accords d'un orchestre de guinguette choisi à dessein, et par les bonds éperdus d'un galop monstre, qui, de la salle aux escaliers et des escaliers à l'impasse, allait aboutir nécessairement à une petite place entourée d'arbres, – où un cabaret s'était abrité sous les ruines imposantes de la chapelle du Doyenné. Au clair de lune, on admirait encore les restes de la vaste coupole italienne qui s'était écroulée, au dix-huitième siècle, sur les six malheureux chanoines, – accident duquel le cardinal Dubois fut un instant soupçonné[36].

Mais vous me demanderez d'expliquer encore, en pâle prose, ces six vers de votre pièce intitulée : *Vingt ans.*

> D'où vous vient, ô Gérard, cet air académique ?
> Est-ce que les beaux yeux de l'Opéra-Comique
> S'allumeraient ailleurs ? La *reine du Sabbat*,
> Qui, depuis deux hivers, dans vos bras se débat,
> Vous échapperait-elle ainsi qu'une chimère ?
> Et Gérard répondait : « Que la femme est amère[37] ! »

Pourquoi *du Sabbat*… mon cher ami ? et pourquoi jeter maintenant de l'absinthe dans cette coupe d'or[38], moulée sur un beau sein ?

Ne vous souvenez-vous plus des vers de ce *Cantique des Cantiques*, où l'Ecclésiaste nouveau s'adresse à cette même reine du matin :

---

36 Un tableau de Lina Jaunez représente les *Ruines de la chapelle du Doyenné et de l'hôtel de Longueville* (1833). Nerval semble se tromper dans les noms et les dates : au moment où la coupole de l'église Saint-Thomas-du-Louvre s'écroula (soit en 1739), il ne peut s'agir ni du cardinal Mazarin (version de *La Bohême galante*), ni du cardinal Dubois (version des *Petits châteaux de Bohême*), – mais probablement du cardinal Fleury, qui fut d'ailleurs enterré dans cette église.

37 Nerval cite à nouveau le poème « Vingt ans » de Houssaye (v. 35-40). La leçon « la *reine du Sabbat* » se trouve seulement dans l'édition de 1852 des *Poésies complètes* d'Arsène Houssaye. Dans les lignes qui suivent, Nerval souligne le lapsus de Houssaye (« Sabbat » au lieu de « Saba »), – qui change la Reine du Matin en sorcière.

38 La mention d'une « coupe d'or » est un renvoi oblique au poème de Houssaye, « Vingt ans », où on peut lire, juste avant les vers évoquant Gérard : « L'amante ! coupe d'or où nous buvons la vie ! » (*Poésies complètes*, édition de 1852, p. 85). Chez Nerval, dans *Sylvie*, la « coupe d'or » sera celle des « légendes » (OC XI, p. 170).

La grenade qui s'ouvre au soleil d'Italie
N'est pas si gaie encore, à mes yeux enchantés,
Que ta lèvre entr'ouverte, ô ma belle folie,
Où je bois à longs flots le vin des voluptés[39].

La reine de Saba, c'était bien celle, en effet, qui me préoccupait alors, – et doublement. – Le fantôme éclatant de la fille des Hémiarites[40] tourmentait mes nuits sous les hautes colonnes de ce grand lit sculpté, acheté en Touraine, et qui n'était pas encore garni de sa brocatelle rouge à ramages. Les salamandres de François Ier me versaient leur flamme du haut des corniches, où se jouaient des amours imprudents[41]. ELLE m'apparaissait radieuse, comme au jour où Salomon l'admira s'avançant vers lui dans les splendeurs pourprées du matin. Elle venait me proposer l'éternelle énigme que le Sage ne put résoudre, et ses yeux, que la malice animait plus que l'amour, tempéraient seuls la majesté de son visage oriental. – Qu'elle était belle ! non pas plus belle cependant qu'une autre reine du matin, dont l'image tourmentait mes journées[42].

---

39 Nerval cite cette fois le *Cantique des cantiques* d'Arsène Houssaye, que Houssaye a d'abord publié dans *L'Artiste*, 1er juillet 1852, puis repris dans le recueil de ses *Poésies complètes* (édition de 1852, p. 15). Le titre, le *Cantique des cantiques*, appelle l'assimilation ironique de Houssaye à un « Ecclésiaste nouveau ». Michel Brix a bien perçu l'enjeu de cette joute ici échangée entre Nerval et Houssaye : indélicat vis-à-vis de Nerval et incapable de louer dignement la reine de Saba, Houssaye est semblable à Soliman dans l'*Histoire de la reine du matin et de Soliman, prince des génies*, poète médiocre et vaniteux, – tandis que Nerval s'identifie à Adoniram, seul véritable artiste et amant véritable (voir Michel Brix, « Nerval, Houssaye et *La Bohême galante* », *Revue romane*, n° 26, 1, 1991, p. 69-77).

40 Dans l'*Histoire de la Reine du matin et de Soliman, prince des génies*, Balkis rappelle en effet qu'elle est de la lignée des Hémiarites, descendants d'Hémiar, un des fils de Saba (NPl II, p. 688 et p. 733). Notons que la Reine de Saba est ici une figure aux noms multiples (comme Isis, la déesse myrionyme d'Apulée) : quand elle n'est pas changée en Reine *du Sabbat* par le lapsus de Houssaye, elle est, dans cette page, la Reine du Matin, Balkis, la fille des Hémiarites, ou dans tous les cas son « fantôme ».

41 Ce lit Renaissance fait partie de la légende de Nerval : il est évoqué par Janin (*Journal des Débats*, 1er mars 1841), par Balzac dans *Honorine* (1843), par Eugène de Mirecourt (*Les Contemporains*, 1854), par Houssaye lui-même après la mort de Nerval (*L'Artiste*, 4 février 1855), par Gautier dans la préface du tome I des *Œuvres complètes* de Nerval parues chez Lévy (1868), ou encore par Hippolyte Lucas (*Portraits littéraires et souvenirs*, 1890). Dans l'œuvre même de Nerval, on peut reconnaître ce lit dans *Pandora*, où il est le lieu d'une apparition féminine (NPl III, p. 662), ainsi que dans *Aurélia*, d'abord dans un rêve (OC XIII, p. 55), et finalement dans la chambre de l'asile comme un vestige des années de bohème : « un lit […] dont le baldaquin, à ciel ovale, est revêtu de lampas rouge (mais on n'a pu dresser ce dernier) » (OC XIII, p. 110).

42 Cette « autre reine du matin », désignée selon une figure qui voile son identité réelle, est Jenny Colon. C'est du moins ce qu'affirme Dumas dans ses *Nouveaux Mémoires* : « Cette

Cette dernière réalisait vivante mon rêve idéal et divin. Elle avait, comme l'immortelle Balkis, le don communiqué par la huppe miraculeuse[43]. Les oiseaux se taisaient en entendant ses chants, – et l'auraient certainement suivie à travers les airs.

La question était de la faire débuter à l'Opéra. Le triomphe de Meyerbeer devenait le garant d'un nouveau succès. J'osai en entreprendre le poème. J'aurais réuni ainsi dans un trait de flamme les deux moitiés de mon double amour[44]. – C'est pourquoi, mon ami, vous m'avez vu si préoccupé dans une de ces nuits splendides où notre Louvre était en fête. – Un mot de Dumas m'avait averti que Meyerbeer nous attendait à sept heures du matin[45].

IV
UNE FEMME EN PLEURS

Je ne songeais qu'à cela au milieu du bal. Une femme, que vous vous rappelez sans doute, pleurait à chaudes larmes dans un coin du salon, et ne voulait, pas plus que moi, se résoudre à danser. Cette belle éplorée ne pouvait parvenir à cacher ses peines. Tout à coup, elle me prit le bras et me dit : « Ramenez-moi, je ne puis rester ici. »

---

autre reine de Saba, dont l'image tourmentait ses journées, c'était une charmante amie à moi, qui ne fut jamais que mon amie, c'était la rieuse aux belles dents, la chanteuse à la voix de cristal, l'artiste aux cheveux d'or. / C'était Jenny Colon. » (*Nouveaux Mémoires*, texte publié dans *Le Soleil*, 4 avril 1866, – et réédité dans Alexandre Dumas, *Sur Gérard de Nerval – Nouveaux Mémoires*, préface de Claude Schopp, Éditions Complexe, 1990, p. 60). Houssaye revient également sur cet épisode de la vie de Nerval dans le chapitre « Gérard amoureux » de ses *Confessions. Souvenirs d'un demi-siècle*, Dentu, 1885, p. 311.

43   Cette huppe miraculeuse est Hud-Hud, « dont l'âme […] a été tirée de l'élément du feu », et qui ne peut « reconnaîtr[e] pour maître que l'époux réservé à la princesse de Saba » (NPl II, p. 733).

44   *Cf. Sylvie*, OC XI, p. 211-212 : « c'étaient les deux moitiés d'un seul amour ».

45   Dans ses *Nouveaux Mémoires* (1866), Dumas évoque cette collaboration, avortée, entre lui, Nerval et Meyerbeer pour une *Reine de Saba* qu'aurait interprétée Jenny Colon (voir Alexandre Dumas, *Sur Gérard de Nerval – Nouveaux Mémoires*, éd. citée, p. 63 et suiv.). Gautier, dans son *Histoire du Romantisme*, évoque également cette « reine de Saba que Gérard était allé chercher au fond de l'Orient en compagnie de la Huppe, pour l'amener soi-disant à Salomon, l'érotique auteur du *Sir-Hasirimi*, mais réellement pour Meyerbeer, de Berlin, l'auteur de *Robert le Diable*, qui voulait en faire un rôle de soprano à faire tourner la tête à toutes les *prime donne* » (édition Adrien Goetz, Paris, Gallimard, Folio, 2011, p. 126). Nerval, dans la liste de ses *Œuvres complètes* rédigée à la fin de sa vie, mentionne, parmi les *Sujets*, une *Reine de Saba* en 5 actes avec Halévy (NPl III, p. 785).

Je sortis en lui donnant le bras. Il n'y avait pas de voiture sur la place. Je lui conseillai de se calmer et de sécher ses yeux, puis de rentrer ensuite dans le bal ; elle consentit seulement à se promener sur la petite place.

Je savais ouvrir une certaine porte en planches qui donnait sur le manège, et nous causâmes longtemps au clair de la lune, sous les tilleuls. Elle me raconta longuement tous ses désespoirs.

Celui qui l'avait amenée s'était épris d'une autre ; de là une querelle intime ; puis elle avait menacé de s'en retourner seule, ou accompagnée ; il lui avait répondu qu'elle pouvait bien agir à son gré. De là les soupirs, de là les larmes.

Le jour ne devait pas tarder à poindre. La grande sarabande commençait. Trois ou quatre peintres d'histoire, peu danseurs de leur nature, avaient fait ouvrir le petit cabaret et chantaient à gorge déployée : *Il était un rabboureur*, ou bien : *C'était un calonnier qui revenait de Flandre*, souvenir des réunions joyeuses de la mère Saguet[46]. – Notre asile fut bientôt troublé par quelques masques qui avaient trouvé ouverte la petite porte. On parlait d'aller déjeuner à Madrid – au Madrid du bois de Boulogne – ce qui se faisait quelquefois[47]. Bientôt le signal fut donné, on nous entraîna, et nous partîmes à pied, escortés par trois gardes françaises, dont deux étaient simplement MM. d'Egmont et de Beauvoir ; – le troisième, c'était Giraud, le peintre ordinaire des gardes françaises[48].

Les sentinelles des Tuileries ne pouvaient comprendre cette apparition inattendue qui semblait le fantôme d'une scène d'il y a cent ans, où

---

46   La Mère Saguet était un cabaret situé à la barrière du Maine, à la mode chez les jeunes écrivains et artistes de 1830. Dans *La Bohême galante*, la mention de la mère Saguet était suivie d'une note, peut-être due à Houssaye : « Les soirées chez la mère Saguet seront publiées sous ce titre : *La Vieille Bohême* » (p. 48). Cette *Vieille Bohême* ne vit pas le jour. Mais on a longtemps attribué à Nerval un article, « Le Cabaret de la mère Saguet », paru sans nom d'auteur dans *Le Gastronome, journal universel du goût* le 13 mai 1830, et repris après la mort de Nerval sous le nom de Nerval dans *L'Abeille impériale* du 15 février 1855. Cette attribution est aujourd'hui remise en question (voir Michel Brix, *Nerval journaliste*, Namur, Presses universitaires de Namur, 1986, p. 56-62).

47   Le Madrid était un restaurant au Bois de Boulogne.

48   À l'époque du Doyenné, Henry d'Egmont est un traducteur d'Hoffmann (avec, en 1836, une édition des *Contes fantastiques* illustrée par Camille Rogier) ; Édouard Roger de Bully, dit Roger de Beauvoir, était connu déjà pour *L'Écolier de Cluny* (1832), roman à la mode de Walter Scott ; il est un dandy et noctambule, collaborateur de *La Sylphide* ; quant au peintre Eugène Giraud, il est alors peintre d'histoire, avant de devenir un peintre orientaliste.

des gardes françaises auraient mené au violon une troupe de masques tapageurs. De plus, l'une des deux petites marchandes de tabac si jolies, qui faisaient l'ornement de nos bals, n'osa se laisser emmener à Madrid sans prévenir son mari, qui gardait la maison.

Nous l'accompagnâmes à travers les rues. Elle frappa à sa porte. Le mari parut à une fenêtre de l'entresol. Elle lui cria : « Je vais déjeuner avec ces messieurs. » Il répondit : « Va-t'en au diable !... c'était bien la peine de me réveiller pour cela ! »

La belle désolée faisait une résistance assez faible pour se laisser entraîner à Madrid, et moi je faisais mes adieux à Rogier en lui expliquant que je voulais aller travailler à mon *scénario*. – Comment ! tu ne nous suis pas ; cette dame n'a plus d'autre cavalier que toi... et elle t'avait choisi pour la reconduire. – Mais j'ai rendez-vous à sept heures chez Meyerbeer, entends-tu bien ?

Rogier fut pris d'un fou rire. Un de ses bras appartenait à la Cydalise ; il offrit l'autre à la belle dame, qui me salua d'un petit air moqueur. J'avais servi du moins à faire succéder un sourire à ses larmes.

J'avais quitté la proie pour l'ombre... comme toujours[49] !

V

PRIMAVERA[50]

En ce temps, je ronsardisais – pour me servir d'un mot de Malherbe[51]. Il s'agissait alors pour nous, jeunes gens, de rehausser la vieille versification française, affaiblie par les langueurs du XVIIIᵉ siècle, troublée par les brutalités des novateurs trop ardents ; mais il fallait aussi maintenir

---

49   « La proie pour l'ombre » sonne comme le titre d'une pièce à proverbe, et pourrait convenir à *Corilla*, intégrée dans le *Second Château*.

50   Le titre « Primavera » reprend en écho le premier mot de l'épigraphe empruntée au *Pastor fido*, signe de la composition concertante (en même temps que rhapsodique) des *Petits châteaux de Bohême*.

51   Le mot de Malherbe est rapporté par Sainte-Beuve dans son *Tableau historique de la Poésie française et du théâtre français au XVIᵉ siècle*, [1828], édition de 1843, p. 151 : « [...] après avoir ronsardisé quelque temps comme il en est convenu plus tard, Malherbe [...] ». Sainte-Beuve l'emprunte probablement aux *Malherbiana, ou Recueil d'anecdotes, bons mots, plaisanteries, originalités, épigrammes de Malherbe [...]* par Cousin d'Avalon, Delaunay et Martinet, 1811, p. 83 : « Gombaud rapporte que quand Malherbe lisait ses vers à ses amis, et qu'il rencontrait quelque mot dur ou impropre, il s'arrêtait tout court, et leur disait ensuite : *Ici je ronsardisais* ».

le droit antérieur de la littérature nationale dans ce qui se rapporte à l'invention et aux formes générales[52].

Mais, me direz-vous, il faut enfin montrer ces premiers vers, ces *juvenilia*. « Sonnez-moi ces sonnets », comme disait Dubellay[53].

Eh bien ! étant admise l'étude assidue de ces vieux poètes, croyez bien que je n'ai nullement cherché à en faire le pastiche, mais que leurs formes de style m'impressionnaient malgré moi, comme il est arrivé à beaucoup de poètes de notre temps[54].

Les *odelettes*, ou petites odes de Ronsard, m'avaient servi de modèle. C'était encore une forme classique, imitée par lui d'Anacréon, de Bion, et, jusqu'à un certain point, d'Horace. La forme concentrée de l'odelette ne me paraissait pas moins précieuse à conserver que celle du sonnet, où Ronsard s'est inspiré si heureusement de Pétrarque, de même que, dans ses élégies, il a suivi les traces d'Ovide ; toutefois, Ronsard a été généralement plutôt grec que latin : c'est là ce qui distingue son école de celle de Malherbe.

Vous verrez, mon ami, si ces poésies déjà vieilles ont encore conservé quelque parfum. – J'en ai écrit de tous les rythmes, imitant plus ou moins, comme l'on fait quand on commence.

L'ode sur les papillons est encore une coupe à la Ronsard, et cela peut se chanter sur l'air du cantique de Joseph[55]. Remarquez une chose, c'est que les odelettes se chantaient et devenaient même populaires, témoin cette phrase du *Roman comique* : « Nous entendîmes la servante, qui, d'une bouche imprégnée d'ail, chantait l'ode du vieux Ronsard :

---

52 C'est en effet l'une des thèses défendues par Nerval dans l'Introduction à son *Choix des Poésies de Ronsard [...]* (1830), qu'il a reproduite dans *La Bohême galante* : contre les langueurs de la poésie néoclassique, mais aussi contre les excès du premier romantisme, il s'agit de revaloriser la poésie du XVIe siècle en tant que celle-ci emprunte à des formes anciennes, mais non antiques, appartenant à la tradition nationale.

53 La formule (citée dans « Les Poètes du XVIe siècle » au sein de *La Bohême galante*, p. 77) est prise à la *Deffence et illustration de la langue françoyse* (1549), Livre II, chap. IV : « sonne-moi ces beaux sonnets, non moins docte que plaisante invention italienne [...] ».

54 Sur l'influence du XVIe siècle sur Nerval et sur les romantiques de 1830, voir Jean-Nicolas Illouz, « Nerval, poète renaissant », *Littérature*, n°158, juin 2010, p. 5-19 ; et Nerval, *Choix des poésies de Ronsard, Dubellay, Baïf, Belleau, Dubartas, Chassignet, Desportes, Régnier*, édition préfacée, établie et annotée par Jean-Nicolas Illouz et Emmanuel Buron, Paris, éditions Classiques Garnier, Bibliothèque du XIXe siècle, 2011.

55 Il s'agit de la romance de Joseph dans l'opéra de Méhul, *Joseph en Égypte* (1807).

Allons de nos voix
Et de nos luths d'ivoire
Ravir les esprits[56] ! »

Ce n'était, du reste, que renouvelé des odes antiques, lesquelles se chantaient aussi. J'avais écrit les premières sans songer à cela, de sorte qu'elles ne sont nullement lyriques. La dernière : « Où sont nos amoureuses ? » est venue malgré moi, sous forme de chant ; j'en avais trouvé en même temps les vers et la mélodie, que j'ai été obligé de faire noter, et qui a été trouvée très concordante aux paroles.

---

56 Scarron, *Le Roman comique*, Première Partie, chap. XV (édition de Claudine Nédelec, Paris, Classiques Garnier, 2011, p. 138). Ces vers ne sont cependant pas de Ronsard, mais de Charles Beys dans la *Comédie des chansons* (1640).

ODELETTES

À ARSÈNE HOUSSAYE

AVRIL[57]

Déjà les beaux jours, la poussière,
Un ciel d'azur et de lumière,
Les murs enflammés, les longs soirs ;
Et rien de vert : à peine encore
Un reflet rougeâtre décore
Les grands arbres aux rameaux noirs !

Ce beau temps me pèse et m'ennuie,
Ce n'est qu'après des jours de pluie
Que doit surgir, en un tableau,
Le printemps verdissant et rose ;
Comme une nymphe fraîche éclose,
Qui, souriante, sort de l'eau.

---

57 Ms Lovenjoul, D 741, f° 3 (« Avril ») ; *Almanach dédié aux demoiselles*, 1831 (« Odelette. /
Le Vingt-cinq mars ») ; *Annales romantiques*, 1835 (« Le Vingt-cinq-mars »). – Le titre
« Avril », qui apparaît seulement dans *La Bohême galante* et dans les *Petits châteaux de
Bohême*, renvoie à un poème de Belleau recueilli par Nerval dans son *Choix des Poésies de
Ronsard [...]* : Nerval lui emprunte le thème (celui de la *reverdie* printanière), mais non
la forme métrique qu'il imitera dans « Les Papillons » (voir OC I, p. 294-298).

FANTAISIE[58]

Il est un air pour qui je donnerais
Tout Rossini, tout Mozart et tout Weber ;
Un air très vieux, languissant et funèbre,
Qui pour moi seul a des charmes secrets.

Or, chaque fois que je viens à l'entendre,
De deux cents ans mon âme rajeunit :
C'est sous Louis treize… Et je crois voir s'étendre
Un coteau vert que le couchant jaunit,

Puis un château de brique à coins de pierre,
Aux vitraux teints de rougeâtres couleurs,
Ceint de grands parcs, avec une rivière
Baignant ses pieds, qui coule entre des fleurs.

Puis une dame, à sa haute fenêtre,
Blonde aux yeux noirs, en ses habits anciens…
Que, dans une autre existence peut-être,
J'ai déjà vue ! – et dont je me souviens !

---

58   Ms, sans titre (le poème est daté de 1833), reproduit dans le catalogue de la Librairie
Lardanchet, Lyon, 1937, p. 207, pièce 565 ; Ms inconnu, décrit dans le catalogue de la
Vente de la Bibliothèque de M. Louis Barthou, 1935, t. I, p. 168 ; Ms, sans titre, appartenant
à l'Album du sculpteur Auguste Préault (reproduit en *facsimile* dans l'*Album Nerval* de la
Pléiade, n° 52) ; Ms, coll. part. (reproduit en *facsimile* dans le *Cahier de L'Herne* consacré à
Nerval, 1980, figure 5). Publication dans les *Annales romantiques*, 1832, p. 73 (sous-titre :
« Odelette ») ; dans *Le Diamant. Souvenirs de littérature contemporaine*, keepsake paraissant chez
Louis Janet, 1834, p. 135 (« Odelette ») ; *Journal des gens du monde*, 1834, p. 150 ; *Annales
romantiques*, 1835, p. 153-154 (NPl I, p. 339) ; *L'Esprit, miroir de la presse périodique*, 1840,
p. 214, (titré « Stances » dans la table des matières) ; *La Sylphide*, 31 décembre 1842, p. 83
(« Vision », dédié à Théophile Gautier) ; *Nouvelles parisiennes par MM Briffault, Berlioz,
Cormenin […]*, Paris, Abel Ledoux, 1843, p. 214 ; *L'Artiste*, 1er août 1849 (« Odelette »). –
Le titre « Fantaisie » englobe tout un champ notionnel, qui court de la *Phantasie* selon le
romantisme allemand et selon Hoffmann (*Phantasiestücke*), à l'école fantaisiste à laquelle
Nerval est lié dans les années 1840 et dont participe encore la forme capricieuse des deux
Bohême. L'« air très vieux… » *tient* le thème de la musique, quand celle-ci, délivrée de ses
formes savantes, permet à la poésie de renouer avec l'inspiration naïve des chansons. Le
motif du « château » donne aux « châteaux » de bohême un arrière-plan légendaire qui
les inscrit dans la fantasmatique personnelle. Quant à « la Dame à sa haute fenêtre »,
revenue d'outre-mémoire, elle annonce Adrienne au chapitre II de *Sylvie*.

LA GRAND' MÈRE[59]

Voici trois ans qu'est morte ma grand'mère,
– La bonne femme, – et, quand on l'enterra,
Parents, amis, tout le monde pleura
D'une douleur bien vraie et bien amère.

Moi seul j'errais dans la maison, surpris
Plus que chagrin ; et, comme j'étais proche
De son cercueil, – quelqu'un me fit reproche
De voir cela sans larmes et sans cris.

Douleur bruyante est bien vite passée :
Depuis trois ans, d'autres émotions,
Des biens, des maux, – des révolutions, –
Ont dans les cœurs sa mémoire effacée.

Moi seul j'y songe, et la pleure souvent ;
Depuis trois ans, par le temps prenant force,
Ainsi qu'un nom gravé dans une écorce,
Son souvenir se creuse plus avant !

LA COUSINE[60]

L'hiver a ses plaisirs ; et souvent, le dimanche,
Quand un peu de soleil jaunit la terre blanche,

59　Ms Matarasso (« Ma Grand-mère ») (reproduction dans *Cahier de L'Herne*, 1980, n° 6) ;
　　Ms Lovenjoul, D 741, f° 4 (vers 1-2). Publication dans *Journal des gens du monde*, 1834,
　　p. 141 ; *Annales romantiques*, 1835, p. 155-156. – La grand-mère maternelle de Nerval,
　　Marguerite-Victoire Boucher, étant morte le 8 août 1828, on peut dater le poème de
　　1831 (« Voici trois ans… »). La chute de ce poème voué à l'évocation d'un deuil dans un
　　registre intimiste n'est pas sans rappeler celle d'un sonnet de Ronsard, « À Catherine de
　　Médicis », évoquant le deuil de Henri II, poème que Nerval a recueilli dans son *Choix
　　des Poésies de Ronsard [...]*, OC I, p. 237 : « Ses serviteurs portent noire couleur / Pour son
　　trépas, et je la porte au cœur, / Non pour un an, mais pour toute la vie. »
60　De ce poème, nous ne connaissons pas de version antérieure à sa publication dans *La Bohême
　　galante*. Il puise à une veine intimiste et réaliste, proche de Coppée ou de Sainte-Beuve,
　　et son lyrisme « humble », renouvelé de certaines odes de Ronsard, annonce par endroits
　　le genre du poème-conversation cher à Apollinaire (« – et ne vous faites pas attendre
　　pour dîner, / Dit la mère »).

Avec une cousine on sort se promener...
— Et ne vous faites pas attendre pour dîner,

Dit la mère. Et quand on a bien, aux Tuileries
Vu sous les arbres noirs les toilettes fleuries,
La jeune fille a froid... et vous fait observer
Que le brouillard du soir commence à se lever.

Et l'on revient, parlant du beau jour qu'on regrette,
Qui s'est passé si vite... et de flamme discrète :
Et l'on sent en rentrant, avec grand appétit,
Du bas de l'escalier, — le dindon qui rôtit.

PENSÉE DE BYRON[61]

Par mon amour et ma constance
J'avais cru fléchir ta rigueur,
Et le souffle de l'espérance
Avait pénétré dans mon cœur ;
Mais le temps qu'en vain je prolonge
M'a découvert la vérité,
L'espérance a fui comme un songe...
Et mon amour seul m'est resté !

Il est resté comme un abîme
Entre ma vie et le bonheur,
Comme un mal dont je suis victime,
Comme un poids jeté sur mon cœur !

---

61 Dans cette section consacrée aux « Odelettes », Nerval n'hésite pas à reprendre un texte
qu'il a d'abord publié dans les *Élégies nationales et satires politiques* (1827) sous le titre
« Élégie » (NPl I, p. 194-195), signe de la variabilité des « tons » que le genre de l'odelette
peut recouvrir. Dans les *Élégies nationales*, le poème comportait alors cinq strophes, que
Nerval réduit à deux pour retrouver la « forme condensée » de l'odelette : il garde en
entier la première strophe, et il compose la seconde avec des morceaux de la deuxième et
de la cinquième strophes. En outre, juste avant le poème « Élégie », les *Élégies nationales*
donnaient à lire une « Ode à l'étoile de la Légion d'Honneur » « imitée de L. Byron »
(NPl I, p. 192). – Le titre que Nerval donne ici à son élégie devenue odelette, « Pensée
de Byron », signale que le lyrisme « personnel » est aussi bien chez Nerval un lyrisme
distancié, comme l'écho de la voix d'un autre.

Dans le chagrin qui me dévore,
Je vois mes beaux jours s'envoler…
Si mon œil étincelle encore
C'est qu'une larme en va couler !

GAIETÉ[62]

Petit *piqueton* de Mareuil,
Plus clairet qu'un vin d'Argenteuil,
Que ta saveur est souveraine !
Les Romains ne t'ont pas compris
Lorsqu'habitant l'ancien Paris
Ils te préféraient le Surêne.

Ta liqueur rose, ô joli vin !
Semble faite du sang divin
De quelque nymphe bocagère ;
Tu perles au bord désiré
D'un verre à côtes, coloré
Par les teintes de la fougère.

Tu me guéris pendant l'été
De la soif qu'un vin plus vanté
M'avait laissé depuis la veille[63] ;
Ton goût suret, mais doux aussi,
Happant mon palais épaissi,
Me rafraîchit quand je m'éveille.

Eh quoi ! si gai dès le matin,
Je foule d'un pied incertain
Le sentier où verdit ton pampre !…

---

62 Poème publié pour la première fois dans *La Bohême galante*, dont on connaît deux manuscrits (Ms Clayeux ; Ms Loliée). – L'inspiration de ce petit hymne à un vin de France (« piqueton » est le masculin de « piquette ») est reprise à l'inspiration épicurienne des poèmes bachiques et autres chansons à boire du XVIᵉ siècle, dont Nerval a donné quelques exemples dans son *Choix des Poésies de Ronsard [...]* : voir par exemple l'ode « Sur la rose » de Ronsard, OC I, p. 138.
63 [N.D.A.] : « Il y a une faute, mais dans le goût *du temps*. »

— Et je n'ai pas de Richelet
Pour finir ce docte couplet…
Et trouver une rime en *ampre*[64].

POLITIQUE
1832[65]

Dans Sainte-Pélagie,
Sous ce règne élargie,
Où, rêveur et pensif,
    Je vis captif,

Pas une herbe ne pousse
Et pas un brin de mousse
Le long des murs grillés
    Et frais taillés.

Oiseau qui fends l'espace…
Et toi, brise, qui passe
Sur l'étroit horizon
    De la prison,

---

64 [N.D.A.] : « Richelet. AMPRE : pampre – pas de rime. » – César Pierre Richelet (1631-1698), lexicographe, est l'auteur de traités de versification, et il est l'éditeur d'un *Nouveau dictionnaire de rimes* qu'on lui a attribué mais qui est de François d'Ablancourt (1667).

65 Ms Marsan (« Prison ») (reproduction dans *Cahier de L'Herne*, 1980, n° 7) ; Ms Matarasso (« Cour de prison ») (reproduction dans *Cahier de L'Herne*, 1980, n° 6). Publication dans *Le Cabinet de lecture*, 4 décembre 1831 (« Cour de prison », NPl I, p. 334-335). Le titre devient « Politique. 1832 » dans *La Bohême galante* et *Petits châteaux de Bohême*. – L'année 1832 indiquée dans le titre (alors que le poème est d'abord publié à la fin de l'année 1831) permet à Nerval de rassembler deux séjours qu'il a faits à Sainte-Pélagie : à l'automne 1831 d'abord, puis en février 1832 au moment de l'attentat de la rue des Prouvaires, où des bousingots, dont Gérard, coupables de tapage nocturne, avaient été « mis au violon » en même temps que des conspirateurs politiques (voir « Mémoires d'un parisien. Sainte-Pélagie, en 1832 », *L'Artiste*, 11 avril 1841, NPl I, p. 744 et suiv.). – Le rythme strophique (6/6/6/6 4 à rimes plates) emprunte à des modèles renaissants, comme l'ode célèbre de Ronsard intitulée « De l'élection de son sépulchre » que Nerval a recueillie en 1830 (OC I, p. 122-127) : dans les deux cas, la légèreté du rythme contraste avec la mélancolie du propos. Nerval réactualise ainsi, de manière remarquable, le motif du poète-prisonnier, qui court de Villon à Verlaine et au-delà.

Dans votre vol superbe,
Apportez-moi quelque herbe,
Quelque gramen, mouvant
    Sa tête au vent !

Qu'à mes pieds tourbillonne
Une feuille d'automne
Peinte de cent couleurs,
    Comme les fleurs !

Pour que mon âme triste
Sache encor qu'il existe
Une nature, un Dieu
    Dehors ce lieu.

Faites-moi cette joie,
Qu'un instant je revoie
Quelque chose de vert
    Avant l'hiver !

LE POINT NOIR[66]

Quiconque a regardé le soleil fixement
Croit voir devant ses yeux voler obstinément
Autour de lui, dans l'air, une tache livide.

Ainsi tout jeune encore et plus audacieux,
Sur la gloire un instant j'osai fixer les yeux :
Un point noir est resté dans mon regard avide.

---

66 *Le Cabinet de lecture*, 4 décembre 1831 (« Le Soleil et la gloire ») ; *Almanach des Muses*, 1832
(« Le Soleil et la gloire »). Le poème prend pour titre « Le Point noir » dans *La Bohême
galante* et dans les *Petits châteaux de Bohême*. Il s'agit d'une adaptation en vers d'un texte
que Nerval avait d'abord publié en prose, sous le titre « Sonnet », dans son choix des
Poésies allemandes de 1830 en le faisant passer pour une traduction d'un poème de Bürger
(voir Nerval, *Lénore et autres poésies allemandes*, édition de Jean-Nicolas Illouz, préfacée
par Gérard Macé avec une postface de Dolf Oehler, Paris, Gallimard, coll. « Poésie »,
2005, p. 194). Or, il n'a pas été possible de retrouver dans le corpus des œuvres de Bürger
l'original d'un tel texte. La supposée traduction serait donc une supercherie ; si bien que
Nerval se réapproprierait ici son texte en le republiant, sous son nom, en vers.

Depuis, mêlée à tout comme un signe de deuil,
Partout, sur quelque endroit que s'arrête mon œil,
Je la vois se poser aussi, la tache noire !

Quoi, toujours ? Entre moi sans cesse et le bonheur !
Oh ! c'est que l'aigle seul – malheur à nous, malheur ! –
Contemple impunément le Soleil et la Gloire.

LES PAPILLONS[67]

I

Le papillon ! fleur sans tige,
    Qui voltige,
Que l'on cueille en un réseau ;
Dans la nature infinie
    Harmonie
Entre la plante et l'oiseau !...

Quand revient l'été superbe,
Je m'en vais au bois tout seul :
Je m'étends dans la grande herbe,
Perdu dans ce vert linceul.
Sur ma tête renversée,

---

67 *Le Mercure de France au XIXᵉ siècle*, 13 février 1830, p. 289-291 ; *Hommage aux dames*, Louis Janet, 1831, p. 59 ; *La France littéraire*, septembre 1833, p. 193-196. – Nerval s'inspire du schéma strophique (7/3/7/7/3/7) et rimique (aabccb) qu'il a admiré chez Ronsard (ode au « Bel Aubespin », OC I, p. 118-120), et chez Belleau (« Avril », OC I, p. 294-298). Mais cette forme renaissante a déjà, avant 1830, une longue histoire dans le romantisme : on la trouve chez Sainte-Beuve, dans le poème « À la rime », que Sainte-Beuve intègre dans les *Œuvres choisies de Pierre de Ronsard*, à titre d'hommage au poète vendômois, avant de le recueillir dans *Vie, poésies et pensées de Joseph Delorme* (1829) ; Victor Hugo donne à ce rythme strophique sa plus grande célébrité dans *Les Orientales* (1829), avec le poème « Sara la Baigneuse » que Nerval a évoqué au premier chapitre de ses deux *Bohême* (p. 38 et p. 146). Et Gautier, avant Nerval, imite le rythme renaissant de « Sara la baigneuse » dans le poème intitulé « La Demoiselle » paru dans ses *Poésies* en 1830. Quant au thème, il convient à cette inspiration « naïve » que Nerval recherche au contact de la poésie renaissante, tout en préfigurant le goût pour la description dans la veine de « l'art pour l'art ». À noter cependant que Nerval modifie son poème en 1852 : il y ajoute en particulier la dernière strophe sur la jeune fille, qui donne au poème un accent lyrique plus personnel.

Là, chacun d'eux à son tour,
Passe comme une pensée
De poésie ou d'amour !

Voici le papillon *Faune*,
              Noir et jaune :
Voici le *Mars* azuré,
Agitant des étincelles
              Sur ses ailes,
D'un velours riche et moiré.

Voici le *Vulcain* rapide,
Qui vole comme un oiseau :
Son aile noire et splendide
Porte un grand ruban ponceau.
Dieux ! le *Soufré*, dans l'espace,
Comme un éclair a relui…
Mais le joyeux *Nacré* passe,
Et je ne vois plus que lui !

II

Comme un éventail de soie
              Il déploie
Son manteau semé d'argent ;
Et sa robe bigarrée
              Est dorée
D'un or verdâtre et changeant.

Voici le *Machaon-Zèbre*,
De fauve et de noir rayé ;
Le *Deuil*, en habit funèbre,
Et le *Miroir* bleu strié :
Voici l'*Argus*, feuille-morte,
Le *Morio*, le *Grand-Bleu*,
Et le *Paon-de-Jour* qui porte
Sur chaque aile un œil de feu !

Mais le soir brunit nos plaines;
　　　Les *Phalènes*
Prennent leur essor bruyant,
Et les *Sphinx* aux couleurs sombres
　　　Dans les ombres
Voltigent en tournoyant.

C'est le *Grand-Paon*, à l'œil rose
Dessiné sur un fond gris,
Qui ne vole qu'à nuit close,
Comme les chauves-souris;
Le *Bombice* du troène,
Rayé de jaune et de vert,
Et le papillon du chêne,
Qui ne meurt pas en hiver!…

III

Malheur, papillons que j'aime,
　　　Doux emblème,
À vous pour votre beauté!…
Un doigt de votre corsage,
　　　Au passage,
Froisse, hélas! le velouté!…

Une toute jeune fille,
Au cœur tendre, au doux souris,
Perçant vos cœurs d'une aiguille,
Vous contemple, l'œil surpris:
Et vos pattes sont coupées
Par l'ongle blanc qui les mord,
Et vos antennes crispées
Dans les douleurs de la mort!…

Ni bonjour, ni bonsoir
Sur un air grec[68]

Νὴ καλιμερα, νὴ ωρα καλὶ.

Le matin n'est plus ! le soir pas encore :
Pourtant de nos yeux l'éclair a pâli.

Νὴ καλιμερα, νὴ ωρα καλὶ.

Mais le soir vermeil ressemble à l'aurore,
Et la nuit, plus tard, amène l'oubli !

Les cydalises[69]

Où sont nos amoureuses ?
Elles sont au tombeau :
Elles sont plus heureuses

---

68 Ms Lovenjoul D 741, fᵒ 9, titré « Air grec », avec quelques variantes. Le poème est publié pour la première fois dans l'album de lithographies de Camille Rogier, préfacé par Gautier, *La Turquie*, au texte duquel Nerval a sans doute collaboré (1846-1847) (p. 14). Il est repris dans l'article « Druses et Maronites. II. Le Prisonnier, I. Le Matin et le soir » paru dans *La Revue des deux mondes*, le 15 août 1847, lui-même repris dans *Le Voyage en Orient* en 1851. Le poème, que le narrateur place dans « la bouche avinée d'un matelot levantin », est alors inclus dans la relation de voyage : « *Nè kaliméra ! nè ora kali !* // Tel était le refrain que cet homme jetait avec insouciance au vent des mers, aux flots retentissants qui battaient la grève : "Ce n'est pas bonjour, ce n'est pas bonsoir !" Voilà le sens que je trouvais à ces paroles, et, dans ce que je pus saisir des autres vers de ce chant populaire, il y avait, je crois, cette pensée : // *Le matin n'est plus, le soir pas encore !* / *Pourtant de nos yeux l'éclair a pâli ;* // et le refrain revenait toujours : // *Nè kaliméra ! nè ora kali !* // mais, ajoutait la chanson : // *Mais le soir vermeil ressemble à l'aurore,* / *Et la nuit plus tard amène l'oubli !* // Triste consolation, que de songer à ces soirs vermeils de la vie, et à la nuit qui suivra ! » (NPl II, p. 504). La traduction que donne Nerval est fautive, car, malgré l'homonymie trompeuse de « Nὴ » et de « ni », il faut traduire « *Nè kaliméra ! nè ora kali !* » par : « Bonjour ! belle heure ! »

69 Ms Mirecourt (reproduction en fac-similé, hors texte, dans la biographie de Nerval par Eugène de Mirecourt, Paris, J-P. Roret et Cie, ou dans G. de Nerval, *Choix de poésies* par Alphonse Séché, Louis Michaud, s.d.). Ce poème est publié pour la première fois dans *La Bohême galante* puis dans les *Petits châteaux de Bohême*. Sa composition est donc postérieure aux années du Doyenné que Nerval évoque ici de manière rétrospective, en réactivant une topique élégiaque – « où sont ? » – renouvelée de Villon (« Où sont les neiges d'antan ! »).

Dans un séjour plus beau !

Elles sont près des anges,
Dans le fond du ciel bleu,
Et chantent les louanges
De la Mère de Dieu !

Ô blanche fiancée !
Ô jeune vierge en fleur !
Amante délaissée,
Que flétrit la douleur :

L'éternité profonde
Souriait dans vos yeux...
Flambeaux éteints du monde
Rallumez-vous aux cieux !

SECOND CHÂTEAU

Celui-là fut un château d'Espagne, construit avec des châssis, des *fermes* et des praticables[70]... Vous en dirai-je la radieuse histoire, poétique et lyrique à la fois ? Revenons d'abord au rendez-vous donné par Dumas, et qui m'en avait fait manquer un autre.

J'avais écrit avec tout le feu de la jeunesse un scénario fort compliqué, qui parut faire plaisir à Meyerbeer. J'emportai avec effusion l'espérance qu'il me donnait, seulement un autre opéra, *Les Frères Corses*[71], lui était déjà destiné par Dumas, et le mien n'avait qu'un avenir assez lointain. J'en avais écrit un acte lorsque j'apprends, tout d'un coup, que le traité fait entre le grand poète et le grand compositeur se trouve rompu, je ne sais pourquoi. – Dumas partait pour son voyage de la Méditerranée[72], Meyerbeer avait déjà repris la route de l'Allemagne. La pauvre *Reine de Saba*, abandonnée de tous, est devenue depuis un simple conte oriental qui fait partie des *Nuits du Rhamazan*[73].

C'est ainsi que la poésie tomba dans la prose et mon château théâtral dans le *troisième* dessous[74]. – Toutefois, les idées scéniques et lyriques

---

70 Nerval utilise les termes techniques du théâtre : une *ferme* est un ensemble de châssis occupant toute la largeur du plateau ; un *praticable* est une plateforme pouvant soutenir le poids des comédiens.

71 *Les Frères Corses* n'est pas un opéra, mais un roman de Dumas, publié en 1844, dont il fut tiré un drame en 1850. Le seul projet attesté d'opéra de Dumas avec Meyerbeer est *Le Carnaval de Rome*. Le projet n'aboutit pas. Dumas raconte cet échec, dû à sa brouille avec Meyerbeer, dans ses *Nouveaux Mémoires* (voir Alexandre Dumas, *Sur Gérard de Nerval – Nouveaux Mémoires*, préface de Claude Schopp, Éditions Complexe, 1990, p. 65). Gautier y revient également dans la notice qu'il donne au tome I (*Faust et le second Faust de Goethe*) des *Œuvres complètes* de Nerval chez Lévy en 1868, p. VIII.

72 Ce voyage de Dumas en Méditerranée est lié à l'histoire du *Monde dramatique*, puisque Gérard avait pris une action de 1000 francs dans la future *Méditerranée* de Dumas, en demandant en contrepartie à Dumas de lui livrer pour 1000 francs d'articles dans *Le Monde dramatique* ; mais Dumas ne fournit qu'un seul texte : « Mystères. Histoire de l'ancien théâtre français ».

73 Ce conte oriental est l'*Histoire de la reine du Matin et de Soliman, prince des génies*, d'abord paru en feuilleton en 1850 dans *Le National*, puis inséré dans l'édition définitive du *Voyage en Orient* en 1851.

74 Nerval ravive le sens premier de l'expression « tomber dans le troisième dessous », qui, avant de désigner toute forme d'échec, se dit spécifiquement de l'échec d'une pièce de théâtre. Dans le vocabulaire technique des théâtres, *les dessous* sont les étages inférieurs

s'étaient éveillées en moi, j'écrivis en prose un acte d'opéra-comique, me réservant d'y intercaler, plus tard, des morceaux. Je viens d'en retrouver le manuscrit primitif, qui n'a jamais tenté les musiciens auxquels je l'ai soumis. Ce n'est donc qu'un simple proverbe que je n'insère ici qu'à titre d'épisode de ces petits mémoires littéraires.

---

se trouvant sous le plateau, où sont logés différents appareillages nécessaires à la mise en scène.

CORILLA[75]

FABIO. – MARCELLI. – MAZETTO, garçon de théâtre. –
CORILLA, prima donna.

Le boulevard de Sainte-Lucie, près de l'Opéra, à Naples.

FABIO, MAZETTO.

FABIO. – Si tu me trompes, Mazetto, c'est un triste métier que tu
fais là…

MAZETTO. – Le métier n'en est pas meilleur ; mais je vous sers
fidèlement. Elle viendra ce soir, vous dis-je ; elle a reçu vos lettres et
vos bouquets.

FABIO. – Et la chaîne d'or, et l'agrafe de pierres fines ?

MAZETTO. – Vous ne devez pas douter qu'elles ne lui soient parve-
nues aussi, et vous les reconnaîtrez peut-être à son cou et à sa ceinture ;
seulement, la façon de ces bijoux est si moderne, qu'elle n'a trouvé encore
aucun rôle où elle pût les porter comme faisant partie de son costume.

FABIO. – Mais, m'a-t-elle vu seulement ? m'a-t-elle remarqué à la place
où je suis assis tous les soirs pour l'admirer et l'applaudir, et puis-je
penser que mes présents ne seront pas la seule cause de sa démarche ?

MAZETTO. – Fi, monsieur ! ce que vous avez donné n'est rien pour
une personne de cette volée ; et, dès que vous vous connaîtrez mieux,
elle vous répondra par quelque portrait entouré de perles qui vaudra le
double. Il en est de même des dix ducats que vous m'avez remis déjà, et
des vingt autres que vous m'avez promis dès que vous aurez l'assurance

---

75 *Corilla*, que Nerval semble présenter ici comme un texte inédit, a d'abord paru en feuil-
leton dans *La Presse* des 15 et 16-17 août 1839 sous le titre « Les Deux Rendez-vous.
Intermède », puis, sous le même titre, dans la *Revue pittoresque* de février 1844. Dans ces
deux premières publications, l'héroïne se nomme Mercédès. Celle-ci devient Corilla, et
Corilla devient le titre de la pièce, lorsque la pièce est intégrée dans les *Petits châteaux de
Bohême*. Elle sera reprise dans *Les Filles du feu* en 1854 (voir notice, OC XI, p. 406-411).
Jacques Bony signale le flottement générique dont témoignent les termes que Nerval utilise
pour qualifier sa pièce : « intermède » d'abord, « acte d'opéra-comique » et « proverbe »
ici, plus tard « nouvelle » dans *Les Filles du feu*, – tant l'inspiration poétique excède chez
Nerval les partages traditionnels des genres.

de votre premier rendez-vous ; ce n'est qu'argent prêté, je vous l'ai dit, et ils vous reviendront un jour avec de gros intérêts.

FABIO. – Va, je n'en attends rien.

MAZETTO. – Non, monsieur, il faut que vous sachiez à quels gens vous avez affaire, et que, loin de vous ruiner, vous êtes ici sur le vrai chemin de votre fortune ; veuillez donc me compter la somme convenue, car je suis forcé de me rendre au théâtre pour y remplir mes fonctions de chaque soir.

FABIO. – Mais pourquoi n'a-t-elle pas fait de réponse, et n'a-t-elle pas marqué de rendez-vous ?

MAZETTO. – Parce que, ne vous ayant encore vu que de loin, c'est-à-dire de la scène aux loges, comme vous ne l'avez vue vous-même que des loges à la scène, elle veut connaître avant tout votre tenue et vos manières, entendez-vous ? votre son de voix, que sais-je ! Voudriez-vous que la première cantatrice de San-Carlo acceptât les hommages du premier venu sans plus d'information ?

FABIO. – Mais l'oserai-je aborder seulement ? et dois-je m'exposer, sur ta parole, à l'affront d'être rebuté, ou d'avoir, à ses yeux, la mine d'un galant de carrefour ?

MAZETTO. – Je vous répète que vous n'avez rien à faire qu'à vous promener le long de ce quai, presque désert à cette heure ; elle passera, cachant son visage baissé sous la frange de sa mantille ; elle vous adressera la parole elle-même, et vous indiquera un rendez-vous pour ce soir, car l'endroit est peu propre à une conversation suivie. Serez-vous content ?

FABIO. – Ô Mazetto ! si tu dis vrai, tu me sauves la vie !

MAZETTO. – Et, par reconnaissance, vous me prêtez les vingt louis convenus.

FABIO. – Tu les recevras quand je lui aurai parlé.

MAZETTO. – Vous êtes méfiant ; mais votre amour m'intéresse, et je l'aurais servi par pure amitié, si je n'avais à nourrir ma famille. Tenez-vous là comme rêvant en vous-même et composant quelque sonnet ; je vais rôder aux environs pour prévenir toute surprise.

(Il sort.)

FABIO, seul.

Je vais la voir ! la voir pour la première fois à la lumière du ciel, entendre, pour la première fois, des paroles qu'elle aura pensées ! Un mot

d'elle va réaliser mon rêve, ou le faire envoler pour toujours ! Ah ! j'ai
peur de risquer ici plus que je ne puis gagner ; ma passion était grande
et pure, et rasait le monde sans le toucher, elle n'habitait que des palais
radieux et des rives enchantées ; la voici ramenée à la terre et contrainte
à cheminer comme toutes les autres. Ainsi que Pygmalion[76], j'adorais la
forme extérieure d'une femme ; seulement la statue se mouvait tous les
soirs sous mes yeux avec une grâce divine, et, de sa bouche, il ne tombait
que des perles de mélodies. Et maintenant voici qu'elle descend à moi.
Mais l'amour qui a fait ce miracle est un honteux valet de comédie, et le
rayon qui fait vivre pour moi cette idole adorée est de ceux que Jupiter
versait au sein de Danaé[77] !... Elle vient, c'est bien elle ; oh ! le cœur me
manque, et je serais tenté de m'enfuir si elle ne m'avait aperçu déjà !

FABIO, UNE DAME en mantille.

LA DAME, *passant près de lui*. – Seigneur cavalier, donnez-moi le bras,
je vous prie, de peur qu'on ne nous observe, et marchons naturellement.
Vous m'avez écrit...

FABIO. – Et je n'ai reçu de vous aucune réponse...

LA DAME. – Tiendriez-vous plus à mon écriture qu'à mes paroles ?

FABIO. – Votre bouche ou votre main m'en voudrait si j'osais choisir.

LA DAME. – Que l'une soit le garant de l'autre : vos lettres m'ont
touchée, et je consens à l'entrevue que vous me demandez. Vous savez
pourquoi je ne puis vous recevoir chez moi ?

FABIO. – On me l'a dit.

LA DAME. – Je suis très entourée, très gênée dans toutes mes démarches.
Ce soir à cinq heures de la nuit, attendez-moi au rond-point de la

---

76 Tel Pygmalion, Fabio anime au gré de son désir cette forme vide qu'est l'apparence
extérieure de l'actrice, – tout comme le fait le héros-narrateur de *Sylvie* au chap. I. Mais
le texte de *Sylvie* dit bien le danger que court ici Fabio à vouloir « réaliser son rêve », en
touchant « l'idole » : « Vue de près, la femme réelle révoltait notre ingénuité ; il fallait
qu'elle apparût reine ou déesse, et surtout n'en pas approcher » (OC XI, p. 170).

77 Jupiter féconda Danaé sous la forme d'une pluie d'or. Fabio sous-entend ainsi que c'est
à prix d'or, en payant l'entremetteur Mazetto (« un valet de comédie »), qu'il a obtenu
un rendez-vous avec l'actrice. La référence mythologique, qui appartient au registre
classique, est donc marquée d'ironie amère, selon un mélange des tons plus proprement
romantique. Dans *Sylvie*, le héros-narrateur écarte la tentation d'acheter l'amour avec de
l'or : « Non ! ce n'est pas ainsi, ce n'est pas à mon âge que l'on tue l'amour avec de l'or :
je ne serai pas un corrupteur » (OC. XI, p. 172).

Villa-Reale, j'y viendrai sous un déguisement, et nous pourrons avoir quelques instants d'entretien.

FABIO. – J'y serai.

LA DAME. – Maintenant, quittez mon bras, et ne me suivez pas, je me rends au théâtre. Ne paraissez pas dans la salle ce soir... Soyez discret et confiant. (*Elle sort.*)

FABIO, *seul*. – C'était bien elle !... En me quittant, elle s'est toute révélée dans un mouvement, comme la Vénus de Virgile[78]. J'avais à peine reconnu son visage et, pourtant l'éclair de ses yeux me traversait le cœur, de même qu'au théâtre, lorsque son regard vient croiser le mien dans la foule. Sa voix ne perd pas de son charme en prononçant de simples paroles ; et, cependant, je croyais jusqu'ici qu'elle ne devait avoir que le chant, comme les oiseaux ! Mais ce qu'elle m'a dit vaut tous les vers de Métastase, et ce timbre si pur, et cet accent si doux, n'empruntent rien pour séduire aux mélodies de Paesiello ou de Cimarosa[79]. Ah ! toutes ces héroïnes que j'adorais en elle, Sophonisbe, Alcime, Herminie, et même cette blonde Molinara[80], qu'elle joue à ravir avec des habits moins splendides, je les voyais toutes enfermées à la fois sous cette mantille coquette, sous cette coiffe de satin... Encore Mazetto !

---

78   Allusion à Virgile, *Énéide*, I, 402-405 : « Elle dit et, comme elle se détournait, une lumière, autour de sa nuque de roses, resplendit ; de sa tête, les cheveux d'ambroisie exhalèrent une odeur divine ; jusqu'à ses pieds les plis de la robe descendirent, et vraie déesse, à sa démarche, elle apparut [... *et vera incessu patuit dea*] » (trad. Jacques Péret, Paris, Les Belles Lettres, 1992). Ce signe de reconnaissance de la déesse chez Virgile est aussi le mouvement d'Adrienne, « développant sa taille élancée », au chap. II de *Sylvie* (OC XI, p. 175), et celui-ci trouve encore un écho dans *Aurélia*, chap. I 6 : « La dame que je suivais, *développant sa taille élancée* [...] » (OC XIII, p. 65).

79   Pietro Trapassi, dit Métastase (1698-1782), est un poète et librettiste italien, auteur de drames musicaux. Paesiello, pour Giovanni Paisiello (1740-1816), est un compositeur italien, auteur notamment d'un *Barbier de Séville*. Domenico Cimarosa (1749-1801) est également un compositeur italien, auteur notamment du *Mariage secret*.

80   Jacques Bony a identifié quelques-unes de ces héroïnes d'opéra : Sophonisbe est l'héroïne d'un opéra de Gluck, *Sofonisba* (1844) ; Alcine (plutôt qu'Alcime) est une magicienne dans l'opéra de Haendel, *Alcina* (1735), d'après le *Roland furieux* de l'Arioste ; Herminie est l'héroïne d'un opéra de Michel Angelo Rossi, *Erminia sul Giordano* (1633), d'après la *Jérusalem délivrée* du Tasse ; Molinara est l'héroïne de *La Molinara ossia l'Amor contrastato* (1788) de Paisiello. L'effet de série que produit l'énumération de ces noms est, quant à lui, proprement nervalien.

Fabio, Mazetto.

Mazetto. – Eh bien ! seigneur, suis-je un fourbe, un homme sans parole, un homme sans honneur ?

Fabio. – Tu es le plus vertueux des mortels ! Mais, tiens, prends cette bourse, et laisse-moi seul.

Mazetto. – Vous avez l'air contrarié.

Fabio. – C'est que le bonheur me rend triste ; il me force à penser au malheur qui le suit toujours de près.

Mazetto. – Peut-être avez-vous besoin de votre argent pour jouer au lansquenet[81] cette nuit ? Je puis vous le rendre, et même vous en prêter d'autre.

Fabio. – Cela n'est point nécessaire. Adieu.

Mazetto. – Prenez garde à la *jettatura*[82], seigneur Fabio ! *(Il sort.)*

Fabio, seul.

Je suis fatigué de voir la tête de ce coquin faire ombre sur mon amour ; mais, Dieu merci, ce messager va me devenir inutile. Qu'a-t-il fait, d'ailleurs, que de remettre adroitement mes billets et mes fleurs, qu'on avait longtemps repoussés ? Allons, allons, l'affaire a été habilement conduite et touche à son dénouement… Mais pourquoi suis-je donc si morose ce soir, moi qui devrais nager dans la joie et frapper ces dalles d'un pied triomphant ? N'a-t-elle pas cédé un peu vite, et surtout depuis l'envoi de mes présents ?… Bon, je vois les choses trop en noir, et je ne devrais songer plutôt qu'à préparer ma rhétorique amoureuse. Il est clair que nous ne nous contenterons pas de causer amoureusement sous les arbres, et que je parviendrai bien à l'emmener souper dans quelque hôtellerie de Chiaia[83] ; mais il faudra être brillant, passionné, fou d'amour, monter ma conversation au ton de mon style, réaliser l'idéal que lui ont présenté mes lettres et mes

---

81   Le lansquenet est un jeu de hasard qui se jouait avec des cartes, et qui, avec des règles simplifiées, est revenu à la mode au XIXᵉ siècle. La figure du joueur est aussi une figure romantique que Nerval met en scène au chap. I de *Sylvie* : « [Le jeune homme] jetait de l'or sur une table de whist et le perdait avec indifférence. » (OC XI, p. 171).

82   La *jettatura* est *le mauvais œil*, superstition napolitaine – dont Gautier fera le sujet et le titre d'un conte fantastique en 1857.

83   Chiaia est un quartier de Naples, également mentionné dans *Octavie* (OC XI, p. 269).

vers… et c'est à quoi je ne me sens nulle chaleur et nulle énergie[84]…
J'ai envie d'aller me remonter l'imagination avec quelques verres de
vin d'Espagne[85].

FABIO, MARCELLI.

MARCELLI. – C'est un triste moyen, seigneur Fabio ; le vin est le
plus traître des compagnons ; il vous prend dans un palais et vous laisse
dans un ruisseau.

FABIO. – Ah ! c'est vous, seigneur Marcelli ; vous m'écoutiez ?

MARCELLI. – Non, mais je vous entendais.

FABIO. – Ai-je rien dit qui vous ait déplu ?

MARCELLI. – Au contraire ; vous vous disiez triste et vous vouliez
boire, c'est tout ce que j'ai surpris de votre monologue. Moi, je suis
plus gai qu'on ne peut dire[86]. Je marche le long de ce quai comme un
oiseau ; je pense à des choses folles, je ne puis demeurer en place, et j'ai
peur de me fatiguer. Tenons-nous compagnie l'un à l'autre un instant ;
je vaux bien une bouteille pour l'ivresse, et cependant je ne suis rempli
que de joie ; j'ai besoin de m'épancher comme un flacon de sillery[87], et
je veux jeter dans votre oreille un secret étourdissant.

FABIO. – De grâce, choisissez un confident moins préoccupé de ses
propres affaires. J'ai la tête prise, mon cher ; je ne suis bon à rien ce soir,
et, eussiez-vous à me confier que le roi Midas a des oreilles d'âne[88], je
vous jure que je serais incapable de m'en souvenir demain pour le répéter.

MARCELLI. – Et c'est ce qu'il me faut, vrai Dieu ! un confident muet
comme une tombe.

---

84 Dans *Aurélia* aussi, Nerval note le décalage entre les lettres d'amour qu'il a envoyées, et
   la parole directe : « […] quoi que je voulusse lui dire, je ne pus ensuite retrouver dans
   nos entretiens le diapason de mon style […] » (OC XIII, p. 47).

85 Après cette scène, les versions de *La Presse* et de la *Revue pittoresque* portent la didascalie
   suivante : « (*Entre Marcelli*) ».

86 Tout au long de la pièce, le duo masculin que forment Fabio et Marcelli, tous deux
   amoureux de la même femme, repose sur une antithèse : Fabio est un rêveur, quand
   Marcelli est un homme d'action ; – mais, à eux deux, ils composent les deux aspects,
   réversibles, de l'homme romantique.

87 Le sillery est un vin de Champagne renommé.

88 Pour avoir pris parti pour Pan contre Apollon dans le concours que les dieux se livrèrent,
   l'un jouant de la flûte, l'autre de la lyre, Midas se vit pousser des oreilles d'âne (Ovide,
   Métamorphoses, XI, 162-179).

FABIO. – Bon ! ne sais-je pas vos façons ?... Vous voulez publier une bonne fortune, et vous m'avez choisi pour le héraut de votre gloire.

MARCELLI. – Au contraire, je veux prévenir une indiscrétion, en vous confiant bénévolement certaines choses que vous n'avez pas manqué de soupçonner.

FABIO. – Je ne sais ce que vous voulez dire.

MARCELLI. – On ne garde pas un secret surpris, au lieu qu'une confidence engage.

FABIO. – Mais je ne soupçonne rien qui vous puisse concerner.

MARCELLI. – Il convient alors que je vous dise tout.

FABIO. – Vous n'allez donc pas au théâtre ?

MARCELLI. – Non, pas ce soir ; et vous ?

FABIO. – Moi, j'ai quelque affaire en tête, j'ai besoin de me promener seul.

MARCELLI. – Je gage que vous composez un opéra ?

FABIO. – Vous avez deviné.

MARCELLI. – Et qui s'y tromperait ? Vous ne manquez pas une seule des représentations de San-Carlo ; vous arrivez dès l'ouverture, ce que ne fait aucune personne du bel air ; vous ne vous retirez pas au milieu du dernier acte, et vous restez seul dans la salle avec le public du parquet. Il est clair que vous étudiez votre art avec soin et persévérance. Mais une seule chose m'inquiète : êtes-vous poète ou musicien ?

FABIO. – L'un et l'autre.

MARCELLI. – Pour moi, je ne suis qu'amateur et n'ai fait que des chansonnettes. Vous savez donc très bien que mon assiduité dans cette salle, où nous nous rencontrons continuellement depuis quelques semaines, ne peut avoir d'autre motif qu'une intrigue amoureuse...

FABIO. – Dont je n'ai nulle envie d'être informé.

MARCELLI. – Oh ! vous ne m'échapperez point par ces faux-fuyants, et ce n'est que quand vous saurez tout que je me croirai certain du mystère dont mon amour a besoin.

FABIO. – Il s'agit donc de quelque actrice... de la Borsella[89] ?

---

89 Cet échange entre Fabio et Marcelli n'est pas sans rappeler les paroles que le héros de *Sylvie* échange avec un des jeunes gens rencontré dans le cercle auquel il se joint en sortant du théâtre : « Un de ceux-là me dit : "Voici bien longtemps que je te rencontre dans le même théâtre, et chaque fois que j'y vais. Pour *laquelle* y viens-tu ?" / Pour laquelle ?... Il ne me semblait pas que l'on pût aller là pour une *autre*. » (OC XI, p. 171).

MARCELLI. — Non, de la nouvelle cantatrice espagnole, de la divine Corilla!... Par Bacchus! vous avez bien remarqué les furieux clins d'œil que nous nous lançons?

FABIO, *avec humeur.* — Jamais!

MARCELLI. — Les signes convenus entre nous à de certains instants où l'attention du public se porte ailleurs?

FABIO. — Je n'ai rien vu de pareil.

MARCELLI. — Quoi! vous êtes distrait à ce point? J'ai donc eu tort de vous croire informé d'une partie de mon secret; mais la confidence étant commencée...

FABIO, *vivement.* — Oui, certes! vous me voyez maintenant curieux d'en connaître la fin.

MARCELLI. — Peut-être n'avez-vous jamais fait grande attention à la signora Corilla? Vous êtes plus occupé, n'est-ce pas, de sa voix que de sa figure? Eh bien! regardez-la, elle est charmante.

FABIO. — J'en conviens.

MARCELLI. — Une blonde d'Italie ou d'Espagne, c'est toujours une espèce de beauté fort singulière et qui a du prix par sa rareté.

FABIO. — C'est également mon avis.

MARCELLI. — Ne trouvez-vous pas qu'elle ressemble à Judith de Caravagio[90], qui est dans le Musée royal?

FABIO. — Eh! monsieur, finissez. En deux mots, vous êtes son amant, n'est-ce pas?

MARCELLI. — Pardon; je ne suis encore que son amoureux.

FABIO. — Vous m'étonnez.

MARCELLI. — Je dois vous dire qu'elle est fort sévère.

FABIO. — On le prétend.

MARCELLI. — Que c'est une tigresse, une Bradamante[91]...

FABIO. — Une Alcimadure[92].

---

90 Graphie de l'original, pour Caravaggio. Dans une lettre de novembre 1834, Nerval évoque cette *Judith* : « Oh! la belle *Judith* de Caravage que j'ai vue au musée de Naples! » (NPl I, p. 1296). Cette œuvre n'est plus attribuée aujourd'hui au Caravage, mais à Artemisia Gentileschi (1593-1652), femme artiste peintre de l'école caravagesque ; elle a pour titre *Giuditta e Oloferne*, et elle se caractérise par un réalisme exacerbé, qui a frappé l'imagination de Nerval, – lequel évoque encore une « Judith » dans le manuscrit intitulé *Voyage d'Italie. Panorama* : « Il y a dans mon cœur des armées – La Judith » (NPl III, p. 777).

91 Bradamante : femme guerrière dans le *Roland furieux* de l'Arioste.

92 La Fontaine, *Fables*, XII, XXIV, « Daphnis et Alcimadure », où l'inhumaine Alcimadure refuse l'amour de Daphnis, qui en meurt. Elle-même est alors punie par les dieux.

MARCELLI. – Sa porte demeurant fermée à mes bouquets, sa fenêtre à mes sérénades, j'en ai conclu qu'elle avait des raisons pour être insensible… chez elle, mais que sa vertu devait tenir pied moins solidement sur les planches d'une scène d'opéra… Je sondai le terrain, j'appris qu'un certain drôle nommé Mazetto avait accès près d'elle, en raison de son service au théâtre…

FABIO. – Vous confiâtes vos fleurs et vos billets à ce coquin.

MARCELLI. – Vous le saviez donc ?

FABIO. – Et aussi quelques présents qu'il vous conseilla de faire.

MARCELLI. – Ne disais-je pas bien que vous étiez informé de tout ?

FABIO. – Vous n'avez pas reçu de lettres d'elle ?

MARCELLI. – Aucune.

FABIO. – Il serait trop singulier que la dame elle-même, passant près de vous dans la rue, vous eût, à voix basse, indiqué un rendez-vous…

MARCELLI. – Vous êtes le diable, ou moi-même[93] !

FABIO. – Pour demain ?

MARCELLI. – Non, pour aujourd'hui.

FABIO. – À cinq heures de la nuit ?

MARCELLI. – À cinq heures.

FABIO. – Alors, c'est au rond-point de la Villa-Reale ?

MARCELLI. – Non ! devant les bains de Neptune.

FABIO. – Je n'y comprends plus rien.

MARCELLI. – Pardieu ! vous voulez tout deviner, tout savoir mieux que moi. C'est particulier. Maintenant que j'ai tout dit, il est de votre honneur d'être discret.

FABIO. Bien. Écoutez-moi, mon ami… nous sommes joués l'un ou l'autre.

MARCELLI. – Que dites-vous ?

FABIO. – Ou l'un et l'autre, si vous voulez. Nous avons rendez-vous de la même personne, à la même heure : vous, devant les bains de Neptune ; moi, à la Villa-Reale !

MARCELLI. – Je n'ai pas le temps d'être stupéfait ; mais je vous demande raison de cette lourde plaisanterie.

FABIO. – Si c'est la raison qui vous manque, je ne me charge pas de vous en donner ; si c'est un coup d'épée qu'il vous faut, dégainez la vôtre.

---

93   Le duo que forment Fabio et Marcelli est implicitement sous-tendu par le thème romantique du *doppelgänger*, – comme en écho au double jeu que joue Corilla elle-même.

MARCELLI. – Je fais une réflexion : vous avez sur moi tout avantage en ce moment.

FABIO. – Vous en convenez ?

MARCELLI. – Pardieu ! vous êtes un amant malheureux, c'est clair ; vous alliez vous jeter du haut de cette rampe, ou vous pendre aux branches de ces tilleuls, si je ne vous eusse rencontré. Moi, au contraire, je suis reçu, favorisé, presque vainqueur ; je soupe ce soir avec l'objet de mes vœux. Je vous rendrais service en vous tuant ; mais, si c'est moi qui suis tué, vous conviendrez qu'il serait dommage que ce fût avant, et non après. Les choses ne sont pas égales ; remettons l'affaire à demain.

FABIO. – Je fais exactement la même réflexion que vous, et pourrais vous répéter vos propres paroles. Ainsi, je consens à ne vous punir que demain de votre folle vanterie. Je ne vous croyais qu'indiscret.

MARCELLI. – Bon ! séparons-nous sans un mot de plus. Je ne veux point vous contraindre à des aveux humiliants, ni compromettre davantage une dame qui n'a pour moi que des bontés. Je compte sur votre réserve et vous donnerai demain matin des nouvelles de ma soirée.

FABIO. – Je vous en promets autant ; mais ensuite nous ferraillerons de bon cœur. À demain donc.

MARCELLI. – À demain, seigneur Fabio[94].

FABIO, seul.

Je ne sais quelle inquiétude m'a porté à le suivre de loin, au lieu d'aller de mon côté. Retournons ! (*Il fait quelques pas.*) Il est impossible de porter plus loin l'assurance, mais aussi ne pouvait-il guère revenir sur sa prétention et me confesser son mensonge. Voilà de nos jeunes fous à la mode ; rien ne leur fait obstacle, ils sont les vainqueurs et les préférés de toutes les femmes, et la liste de don Juan ne leur coûterait que la peine de l'écrire. Certainement, d'ailleurs, si cette beauté nous trompait l'un pour l'autre, ce ne serait pas à la même heure. Allons, je crois que l'instant approche, et que je ferais bien de me diriger du côté de la Villa-Reale, qui doit être déjà débarrassée de ses promeneurs et rendue à la solitude. Mais en vérité n'aperçois-je pas là-bas Marcelli

---

94   Après cette réplique, commence le « Deuxième entracte » indiqué comme tel dans la
      version de *La Presse*. Dans les versions de *La Presse* et de la *Revue Pittoresque*, la didascalie
      est plus développée : « (*Ils sortent*) / *Une terrasse près du palais* ».

qui donne le bras à une femme ?... Je suis fou véritablement[95] ; si c'est lui, ce ne peut être elle... Que faire ? Si je vais de leur côté, je manque l'heure de mon rendez-vous... et, si je n'éclaircis pas le soupçon qui me vient, je risque, en me rendant là-bas, de jouer le rôle d'un sot. C'est là une cruelle incertitude. L'heure se passe, je vais et reviens, et ma position est la plus bizarre du monde. Pourquoi faut-il que j'aie rencontré cet étourdi, qui s'est joué de moi peut-être ? Il aura su mon amour par Mazetto, et tout ce qu'il m'est venu conter tient à quelque obscure fourberie que je saurai bien démêler. – Décidément, je prends mon parti, je cours à la Villa-Reale. (*Il revient.*) Sur mon âme, ils approchent ; c'est la même mantille garnie de longues dentelles ; c'est la même robe de soie grise... en deux pas ils vont être ici. Oh ! si c'est elle, si je suis trompé... je n'attendrai pas à demain pour me venger de tous les deux !... Que vais-je faire ? un éclat ridicule... retirons-nous derrière ce treillis pour mieux nous assurer que ce sont bien eux-mêmes.

FABIO, caché ; MARCELLI ; la signora CORILLA,
lui donnant le bras.

MARCELLI. – Oui, belle dame, vous voyez jusqu'où va la suffisance de certaines gens. Il y a par la ville un cavalier qui se vante d'avoir aussi obtenu de vous une entrevue pour ce soir. Et, si je n'étais sûr de vous avoir maintenant à mon bras, fidèle à une douce promesse trop longtemps différée...

CORILLA. – Allons, vous plaisantez, seigneur Marcelli. Et ce cavalier si avantageux... le connaissez-vous ?

MARCELLI. – C'est à moi justement qu'il a fait des confidences...

FABIO, *se montrant.* – Vous vous trompez, seigneur, c'est vous qui me faisiez les vôtres... Madame, il est inutile d'aller plus loin ; je suis décidé à ne point supporter un pareil manège de coquetterie. Le seigneur Marcelli peut vous reconduire chez vous, puisque vous lui avez donné le bras ; mais ensuite, qu'il se souvienne bien que je l'attends, moi.

MARCELLI. – Écoutez, mon cher, tâchez, dans cette affaire-ci, de n'être que ridicule.

FABIO. – Ridicule, dites vous ?

---

95 *Cf. Sylvie*, OC XI, p. 177 : « – Il y a de quoi devenir fou ! ».

MARCELLI. – Je le dis. S'il vous plaît de faire du bruit, attendez que le jour se lève ; je ne me bats pas sous les lanternes, et je ne me soucie point de me faire arrêter par la garde de nuit.

CORILLA. – Cet homme est fou ; ne le voyez-vous pas ? Éloignons-nous.

FABIO. – Ah ! madame ! il suffit... ne brisez pas entièrement cette belle image que je portais pure et sainte au fond de mon cœur. Hélas ! content de vous aimer de loin[96], de vous écrire... j'avais peu d'espérance, et je demandais moins que vous ne m'avez promis !

CORILLA. – Vous m'avez écrit ? à moi !...

MARCELLI. – Eh ! qu'importe ? ce n'est pas ici le lieu d'une telle explication...

CORILLA. – Et que vous ai-je promis, monsieur ?... je ne vous connais pas et ne vous ai jamais parlé.

MARCELLI. – Bon ! quand vous lui auriez dit quelques paroles en l'air, le grand mal ! Pensez-vous que mon amour s'en inquiète ?

CORILLA. – Mais quelle idée avez-vous aussi, seigneur ? Puisque les choses sont allées si loin, je veux que tout s'explique à l'instant. Ce cavalier croit avoir à se plaindre de moi ; qu'il parle et qu'il se nomme avant tout ; car j'ignore ce qu'il est et ce qu'il veut.

FABIO. – Rassurez-vous, madame ! j'ai honte d'avoir fait cet éclat et d'avoir cédé à un premier mouvement de surprise. Vous m'accusez d'imposture, et votre belle bouche ne peut mentir. Vous l'avez dit, je suis fou, j'ai rêvé. Ici même, il y a une heure, quelque chose comme votre fantôme passait, m'adressait de douces paroles et promettait de revenir... Il y avait de la magie, sans doute, et cependant tous les détails restent présents à ma pensée. J'étais là, je venais de voir le soleil se coucher derrière le Pausilippe, en jetant sur Ischia le bord de son manteau rougeâtre ; la mer noircissait dans le golfe, et les voiles blanches se hâtaient vers la terre comme des colombes attardées... Vous voyez, je suis un triste rêveur, mes lettres ont dû vous l'apprendre, mais vous n'entendrez plus parler de moi, je le jure, et vous dis adieu.

CORILLA. – Vos lettres... Tenez, tout cela a l'air d'un imbroglio de comédie, permettez-moi de ne m'y point arrêter davantage ; seigneur Marcelli, veuillez reprendre mon bras et me reconduire en toute hâte chez moi. (*Fabio salue et s'éloigne.*)

---

96 L'idéalisme romantique apparaît ici explicitement comme une accentuation, soutenue par la distance de la rampe, du thème courtois de *l'amour de loin*.

MARCELLI. – Chez vous, madame ?

CORILLA. – Oui, cette scène m'a bouleversée !... Vit-on jamais rien de plus bizarre ? Si la place du Palais n'est pas encore déserte, nous trouverons bien une chaise, ou tout au moins un falot. Voici justement les valets du théâtre qui sortent ; appelez un d'entre eux...

MARCELLI. – Holà ! quelqu'un ! par ici... Mais, en vérité, vous sentez-vous malade ?

CORILLA. – À ne pouvoir marcher plus loin...

FABIO, MAZETTO, les précédents.

FABIO, *entraînant Mazetto.* – Tenez, c'est le ciel qui nous l'amène ; voilà le traître qui s'est joué de moi.

MARCELLI. – C'est Mazetto ! le plus grand fripon des Deux-Siciles. Quoi ! c'était aussi votre messager ?

MAZETTO. – Au diable ! vous m'étouffez.

FABIO. – Tu vas nous expliquer...

MAZETTO. – Et que faites-vous ici, seigneur ? je vous croyais en bonne fortune ?

FABIO. – C'est la tienne qui ne vaut rien. Tu vas mourir si tu ne confesses pas toute ta fourberie.

MARCELLI. – Attendez, seigneur Fabio, j'ai aussi des droits à faire valoir sur ses épaules. À nous deux, maintenant.

MAZETTO. – Messieurs, si vous voulez que je comprenne, ne frappez pas tous les deux à la fois. De quoi s'agit-il ?

FABIO. – Et de quoi peut-il être question, misérable ? Mes lettres, qu'en as-tu fait ?

MARCELLI. – Et de quelle façon as-tu compromis l'honneur de la signora Corilla ?

MAZETTO. – Messieurs, l'on pourrait nous entendre.

MARCELLI. – Il n'y a ici que la signora elle-même et nous deux, c'est-à-dire deux hommes qui vont s'entre-tuer demain à cause d'elle ou à cause de toi.

MAZETTO. – Permettez : ceci dès lors est grave, et mon humanité me défend de dissimuler davantage...

FABIO. – Parle.

MAZETTO. – Au moins, remettez vos épées.

FABIO. – Alors nous prendrons des bâtons.

MARCELLI. – Non ; nous devons le ménager s'il dit la vérité tout entière, mais à ce prix-là seulement.

CORILLA. – Son insolence m'indigne au dernier point.

MARCELLI. – Le faut-il assommer avant qu'il ait parlé ?

CORILLA. – Non ; je veux tout savoir, et que, dans une si noire aventure, il ne reste du moins aucun doute sur ma loyauté.

MAZETTO. – Ma confession est votre panégyrique, madame ; tout Naples connaît l'austérité de votre vie. Or, le seigneur Marcelli, que voilà, était passionnément épris de vous ; il allait jusqu'à promettre de vous offrir son nom si vous vouliez quitter le théâtre ; mais il fallait qu'il pût du moins mettre à vos genoux l'hommage de son cœur, je ne dis pas de sa fortune ; mais vous en aviez bien pour deux, on le sait, et lui aussi.

MARCELLI. – Faquin !...

FABIO. – Laissez-le finir.

MAZETTO. – La délicatesse du motif m'engagea dans son parti. Comme valet du théâtre, il m'était aisé de mettre ses billets sur votre toilette. Les premiers furent brûlés ; d'autres, laissés ouverts, reçurent un meilleur accueil. Le dernier vous décida à accorder un rendez-vous au seigneur Marcelli, lequel m'en a fort bien récompensé !...

MARCELLI. – Mais qui te demande tout ce récit ?

FABIO. – Et moi, traître ! âme à double face ! comment m'as-tu servi ? Mes lettres les as-tu remises ? Quelle est cette femme voilée que tu m'as envoyée tantôt, et que tu m'as dit être la signora Corilla elle-même ?

MAZETTO. – Ah ! seigneurs, qu'eussiez-vous dit de moi et quelle idée madame en eût-elle pu concevoir, si je lui avais remis des lettres de deux écritures différentes et des bouquets de deux amoureux ? Il faut de l'ordre en toute chose, et je respecte trop madame pour lui avoir supposé la fantaisie de mener de front deux amours. Cependant le désespoir du seigneur Fabio, à mon premier refus de le servir, m'avait singulièrement touché. Je le laissai d'abord épancher sa verve en lettres et en sonnets que je feignis de remettre à la signora, supposant que son amour pourrait bien être de ceux qui viennent si fréquemment se brûler les ailes aux flammes de la rampe ; passions d'écoliers et de poètes, comme nous en voyons tant... Mais c'était plus sérieux, car la bourse du seigneur Fabio s'épuisait à fléchir ma résolution vertueuse...

MARCELLI. – En voilà assez ! Signora, nous n'avons point affaire, n'est-ce pas, de ces divagations…

CORILLA. – Laissez-le dire, rien ne nous presse, monsieur.

MAZETTO. – Enfin, j'imaginai que le seigneur Fabio étant épris par les yeux seulement, puisqu'il n'avait jamais pu réussir à s'approcher de madame et n'avait jamais entendu sa voix qu'en musique, il suffirait de lui procurer la satisfaction d'un entretien avec quelque créature de la taille et de l'air de la signora Corilla… Il faut dire que j'avais déjà remarqué une petite bouquetière qui vend ses fleurs le long de la rue de Tolède ou devant les cafés de la place du Môle. Quelquefois elle s'arrête un instant, et chante des chansonnettes espagnoles avec une voix d'un timbre fort clair…

MARCELLI. – Une bouquetière qui ressemble à la signora ; allons donc ! ne l'aurais-je point aussi remarquée ?

MAZETTO. – Seigneur, elle arrive tout fraîchement par le galion de Sicile, et porte encore le costume de son pays.

CORILLA. – Cela n'est pas vraisemblable, assurément.

MAZETTO. – Demandez au seigneur Fabio si, le costume aidant, il n'a pas cru tantôt voir passer madame elle-même ?

FABIO. – Eh bien ! cette femme…

MAZETTO. – Cette femme, seigneur, est celle qui vous attend à la Villa-Reale, ou plutôt qui ne vous attend plus, l'heure étant de beaucoup passée.

FABIO. – Peut-on imaginer une plus noire complication d'intrigues ?

MARCELLI. – Mais non ; l'aventure est plaisante. Et, voyez, la signora elle-même ne peut s'empêcher d'en rire… Allons, beau cavalier, séparons-nous sans rancune, et corrigez-moi ce drôle d'importance… Ou plutôt, tenez, profitez de son idée : la nuée qu'embrassait Ixion[97] valait bien pour lui la divinité dont elle était l'image, et je vous crois assez poète pour vous soucier peu des réalités. – Bonsoir, seigneur Fabio[98] !

---

97 Ixion, ayant tenté de séduire Héra, suscita la colère de Zeus, qui, pour se venger, créa une nuée qui ressemblait à son épouse. Ixion prit en effet cette nuée pour Héra ; et de leur union, naquirent les centaures.

98 Les versions de *La Presse* et de la *Revue pittoresque* portent la didascalie suivante : « (*Marcelli et Mercédès s'éloignent*) ».

FABIO, MAZETTO.

FABIO, *à lui-même*. — Elle était là ! et pas un mot de pitié, pas un signe d'attention ! Elle assistait, froide et morne, à ce débat qui me couvrait de ridicule, et elle est partie dédaigneusement sans dire une parole, riant seulement, sans doute, de ma maladresse et de ma simplicité !... Oh ! tu peux te retirer, va, pauvre diable si inventif[99], je ne maudis plus ma mauvaise étoile, et je vais rêver le long de la mer à mon infortune, car je n'ai plus même l'énergie d'être furieux.

MAZETTO. — Seigneur, vous feriez bien d'aller rêver du côté de la Villa-Reale. La bouquetière vous attend peut-être encore[100]...

FABIO, seul.

En vérité, j'aurais été curieux de rencontrer cette créature et de la traiter comme elle le mérite. Quelle femme est-ce donc que celle qui se prête à une telle manœuvre ? Est-ce une niaise enfant à qui l'on fait la leçon, ou quelque effrontée qu'on n'a eu que la peine de payer et de mettre en campagne ? Mais il faut l'âme d'un plat valet pour m'avoir jugé digne de donner dans ce piège un instant. Et pourtant elle ressemble à celle que l'aime... et moi-même quand je la rencontrai voilée, je crus reconnaître et sa démarche et le son si pur de sa voix... Allons, il est bientôt six heures de nuit, les derniers promeneurs s'éloignent vers Sainte-Lucie et vers Chiaia, et les terrasses des maisons se garnissent de monde... À l'heure qu'il est, Marcelli soupe gaiement avec sa conquête facile. Les femmes n'ont d'amour que pour ces débauchés sans cœur.

FABIO, UNE BOUQUETIÈRE.

FABIO. — Que me veux-tu, petite ?
LA BOUQUETIÈRE. — Seigneur, je vends des roses, je vends des fleurs du printemps. Voulez-vous acheter tout ce qui me reste pour parer la

---

99 Dans la version de *La Presse*, Mazetto est qualifié de « pauvre valet de comédie ».
100 Dans la version de *La Presse*, après cette réplique, commence le « *Troisième entracte* » (non mentionné dans la *Revue pittoresque*). La didascalie est la suivante : « (*Il sort.*) / Une allée de la Villa-Reale ».

chambre de votre amoureuse ? On va bientôt fermer le jardin, et je ne puis remporter cela chez mon père ; je serais battue. Prenez le tout pour trois carlins.

FABIO. – Crois-tu donc que je sois attendu ce soir, et me trouves-tu la mine d'un amant favorisé ?

LA BOUQUETIÈRE. – Venez ici à la lumière. Vous m'avez l'air d'un beau cavalier, et, si vous n'êtes pas attendu, c'est que vous attendez… Ah ! mon Dieu !

FABIO. – Qu'as-tu, ma petite ? Mais vraiment, cette figure… Ah ! je comprends tout maintenant : tu es la fausse Corilla !… À ton âge, mon enfant, tu entames un vilain métier !

LA BOUQUETIÈRE. – En vérité, seigneur, je suis une honnête fille, et vous allez me mieux juger. On m'a déguisée en grande dame, on m'a fait apprendre des mots par cœur ; mais, quand j'ai vu que c'était une comédie pour tromper un honnête gentilhomme, je me suis échappée et j'ai repris mes habits de pauvre fille, et je suis allée, comme tous les soirs, vendre mes fleurs sur la place du Môle et dans les allées du Jardin royal.

FABIO. – Cela est-il bien vrai ?

LA BOUQUETIÈRE. – Si vrai, que je vous dis adieu, seigneur ; et puisque vous ne voulez pas de mes fleurs, je les jetterai dans la mer en passant ; demain elles seraient fanées.

FABIO. – Pauvre fille, cet habit te sied mieux que l'autre, et je te conseille de ne plus le quitter. Tu es, toi, la fleur sauvage des champs ; mais qui pourrait se tromper entre vous deux ? Tu me rappelles sans doute quelques-uns de ses traits, et ton cœur vaut mieux que le sien, peut-être. Mais qui peut remplacer dans l'âme d'un amant la belle image qu'il s'est plu tous les jours à parer d'un nouveau prestige ? Celle-là n'existe plus en réalité sur la terre ; elle est gravée seulement au fond du cœur fidèle, et nul portrait ne pourra jamais rendre son impérissable beauté[101].

LA BOUQUETIÈRE. – Pourtant on m'a dit que je la valais bien, et, sans coquetterie, je pense qu'étant parée comme la signora Corilla, aux feux des bougies, avec l'aide du spectacle et de la musique, je pourrais bien vous plaire autant qu'elle, et cela sans blanc de perle et sans carmin.

---

101 Dans ce « crayon estompé » de *Sylvie*, où la bouquetière, « fleur sauvage des champs », préfigure la « petite paysanne », tandis que la *prima donna* préfigure Aurélie, on songe à la réplique du héros-narrateur, fasciné par l'actrice, au chap. I de *Sylvie* : « – Moi ? C'est une image que je poursuis, rien de plus. » (OC XI, p. 171).

FABIO. — Si ta vanité se pique, petite fille, tu m'ôteras même le plaisir que je trouve à te regarder un instant. Mais, vraiment, tu oublies qu'elle est la perle de l'Espagne et de l'Italie, que son pied est le plus fin et sa main la plus royale du monde. Pauvre enfant ! la misère n'est pas la culture qu'il faut à des beautés si accomplies, dont le luxe et l'art prennent soin tour à tour.

LA BOUQUETIÈRE. — Regardez mon pied sur ce banc de marbre ; il se découpe encore assez bien dans sa chaussure brune. Et ma main, l'avez-vous seulement touchée ?

FABIO. — Il est vrai que ton pied est charmant, et ta main… Dieu ! qu'elle est douce !… Mais, écoute, je ne veux pas te tromper, mon enfant, c'est bien elle seule que j'aime, et le charme qui m'a séduit n'est pas né dans une soirée. Depuis trois mois que je suis à Naples, je n'ai pas manqué de la voir un seul jour d'Opéra. Trop pauvre pour briller près d'elle, comme tous les beaux cavaliers qui l'entourent aux promenades, n'ayant ni le génie des musiciens, ni la renommée des poètes qui l'inspirent et qui la servent dans son talent[102], j'allais sans espérance m'enivrer de sa vue et de ses chants, et prendre ma part dans ce plaisir de tous, qui pour moi seul était le bonheur et la vie[103]. Oh ! tu la vaux bien peut-être, en effet[104]… mais as-tu cette grâce divine qui se révèle sous tant d'aspects ? As-tu ces pleurs et ce sourire ? As-tu ce chant divin, sans lequel une divinité n'est qu'une belle idole ? Mais alors tu serais à sa place, et tu ne vendrais pas des fleurs aux promeneurs de la Villa-Reale…

LA BOUQUETIÈRE. — Pourquoi donc la nature, en me donnant son apparence, aurait-elle oublié la voix ? Je chante fort bien, je vous jure ; mais les directeurs de San-Carlo n'auraient jamais l'idée d'aller ramasser une prima donna sur la place publique… Écoutez ces vers d'opéra que j'ai retenus pour les avoir entendus seulement au petit théâtre de la Fenice. *(Elle chante.)*

AIR ITALIEN.

Qu'il m'est doux de conserver la paix du cœur, le calme de la pensée.

Il est sage d'aimer dans la belle saison de l'âge ; plus sage de n'aimer pas.

---

102 Au contraire, au chap. XIII de *Sylvie*, le héros-narrateur accompagne Aurélie en qualité de « *seigneur poète* » (OC XI, p. 209).

103 *Cf. Sylvie*, p. 168 : « Je me sentais vivre en elle, et elle vivait pour moi seul. »

104 Le rythme et la suspension de la phrase « Oh ! tu la vaux bien peut-être, en effet… » font penser au rythme et à la suspension de cette phrase qu'on lit au chap. XIV de *Sylvie* : « Là était le bonheur peut-être, cependant… » (OC XI, p. 213).

FABIO, *tombant à ses pieds*. – Oh! madame, qui vous méconnaîtrait maintenant[105]? Mais cela ne peut être… Vous êtes une déesse véritable, et vous allez vous envoler! Mon Dieu! qu'ai-je à répondre à tant de bontés? je suis indigne de vous aimer, pour ne vous avoir point d'abord reconnue!

CORILLA. – Je ne suis donc plus la bouquetière?… Eh bien! je vous remercie; j'ai étudié ce soir un nouveau rôle, et vous m'avez donné la réplique admirablement.

FABIO. – Et Marcelli?

CORILLA. – Tenez, n'est-ce pas lui que je vois errer tristement le long de ces berceaux, comme vous faisiez tout à l'heure?

FABIO. – Évitons-le, prenons une allée.

CORILLA. – Il nous a vus, il vient à nous.

FABIO, CORILLA, MARCELLI.

MARCELLI. – Hé, seigneur Fabio, vous avez donc trouvé la bouquetière? Ma foi, vous avez bien fait, et vous êtes plus heureux que moi ce soir.

FABIO. – Eh bien! qu'avez-vous donc fait de la signora Corilla? vous alliez souper ensemble gaiement.

MARCELLI. – Ma foi, l'on ne comprend rien aux caprices des femmes. Elle s'est dite malade, et je n'ai pu que la reconduire chez elle; mais demain…

FABIO. – Demain ne vaut pas ce soir, seigneur Marcelli.

MARCELLI. – Voyons donc cette ressemblance tant vantée… Elle n'est pas mal, ma foi!… mais ce n'est rien; pas de distinction, pas de grâce. Allons, faites-vous illusion à votre aise… Moi, je vais penser à la prima donna de San-Carlo, que j'épouserai dans huit jours.

CORILLA, *reprenant son ton naturel*. – Il faudra réfléchir là-dessus, seigneur Marcelli. Tenez, moi, j'hésite beaucoup à m'engager. J'ai de la fortune, je veux choisir. Pardonnez-moi d'avoir été comédienne en amour comme au théâtre, et de vous avoir mis à l'épreuve tous deux[106].

105	Comme dans *Sylvie*, le chant est le signe de reconnaissance de l'être intime.
106	Cette « mise à l'épreuve » comporte un arrière-plan véritablement *initiatique* dans *Octavie* lorsque l'héroïne joue le rôle de la déesse Isis, et dans *Sylvie*, quand le narrateur, au chap. XIII, évoque « ces lieux d'épreuves qu'on appelle théâtres » (OC XI, p. 208).

Maintenant, je vous l'avouerai, je ne sais trop si aucun de vous m'aime[107], et j'ai besoin de vous connaître davantage. Le seigneur Fabio n'adore en moi que l'actrice peut-être, et son amour a besoin de la distance et de la rampe allumée[108] ; et vous, seigneur Marcelli, vous me paraissez vous aimer avant tout le monde, et vous émouvoir difficilement dans l'occasion. Vous êtes trop mondain, et lui trop poète. Et maintenant, veuillez tous deux m'accompagner. Chacun de vous avait gagé de souper avec moi : j'en avais fait la promesse à chacun de vous ; nous souperons tous ensemble ; Mazetto nous servira.

MAZETTO, *paraissant et s'adressant au public.* – Sur quoi, messieurs, vous voyez que cette aventure scabreuse va se terminer le plus moralement du monde. – Excusez les fautes de l'auteur[109].

---

107 *Cf. Sylvie*, chap. XIII, où l'actrice déclare : « "Vous ne m'aimez pas ! Vous attendez que je vous dise : "La comédienne est la même que la religieuse" ; vous cherchez un drame, voilà tout, et le dénouement vous échappe. Allez, je ne vous crois plus !" » (OC XI, p. 210).

108 Ce thème courtois de *l'amour de loin*, revisité par l'idéalisme romantique et accentué par la distance de la rampe au théâtre, est amplifié au chap. I de *Sylvie* : « Vue de près, la femme réelle révoltait notre ingénuité ; il fallait qu'elle apparût reine ou déesse, et surtout n'en pas approcher. » (OC XI, p. 170).

109 Cette réplique traditionnelle où le personnage s'adresse directement aux spectateurs, – fréquente dans le théâtre de Plaute –, était plus développée dans les versions de *La Presse* et de la *Revue pittoresque*, où on lit : « Excusez-nous d'avoir brodé quelques répliques sur la trame d'un si pauvre canevas. Le second rideau se lève, et le dernier acte de la grande pièce va commencer. » (*La Presse* ajoute en didascalie : « Fin de l'intermède »).

TROISIÈME CHÂTEAU

Château de cartes, château de Bohême, château en Espagne, – telles sont les premières stations à parcourir pour tout poète. Comme ce fameux roi dont Charles Nodier a raconté l'histoire[110], nous en possédons au moins sept de ceux-là pendant le cours de notre vie errante, – et peu d'entre nous arrivent à ce fameux château de briques et de pierre, rêvé dans la jeunesse, – d'où quelque belle aux longs cheveux nous sourit amoureusement à la seule fenêtre ouverte, tandis que les vitrages treillissés reflètent les splendeurs du soir[111].

En attendant, je crois bien que j'ai passé une fois par le château du diable[112]. Ma cydalise, à moi, perdue, à jamais perdue !... Une longue histoire, qui s'est dénouée dans un pays du Nord, – et qui ressemble à tant d'autres[113] ! Je ne veux ici que donner le motif des vers suivants, conçus dans la fièvre et dans l'insomnie. Cela commence par le désespoir et cela finit par la résignation.

Puis, revient un souffle épuré de la première jeunesse, et quelques fleurs poétiques s'entr'ouvrent encore, dans la forme de l'odelette aimée, – sur le rythme sautillant d'un orchestre d'opéra[114].

---

110 Il s'agit de l'*Histoire du roi de Bohême et de ses sept châteaux* (1830) de Nodier, où l'histoire annoncée est repoussée de digression en digression. La référence à Nodier, « tuteur littéraire » de Nerval (OC XI, p. 85), remotive le titre des *Petits châteaux de Bohême*, et inscrit le recueil dans la veine « fantaisiste ».

111 Ce château est celui du poème *Fantaisie*, cité ici p. 161.

112 L'image du « château du diable », qui emprunte à la littérature « frénétique » (voir *Le Diable vert*, OC X bis, p. 141 et n. 2), renvoie obliquement aux maisons de santé où Nerval a été interné.

113 Dans un langage à demi-crypté, cette Cydalise « à jamais perdue » renvoie à Jenny Colon (aimée au temps du Doyenné, et morte en 1842). Le « pays du nord » désigne Bruxelles où Nerval en décembre 1840 a revu Jenny Colon en présence de Marie Pleyel : cette double rencontre, pour un « cœur épris de deux amours simultanés » (OC XI, p. 206), est également transposée dans *Pandora* (NPl III, p. 663), puis dans *Aurélia* (OC XIII, p. 46). Quant au trait final : « et qui ressemble à tant d'autres », il fait songer à une phrase similaire dans *Sylvie* : « Que dire maintenant qui ne soit l'histoire de tant d'autres ? » (OC XI, p. 208).

114 Dans la petite anthologie qui suit, Nerval distingue deux sections : « Mysticisme » et « Lyrisme », qui correspondent en effet aux deux versants de son œuvre en vers : le versant « sublime » de la lyrique sacrée et de l'inspiration religieuse, et le versant plus « humble », parce que profane, de la lyrique amoureuse. Dans la section « Mysticisme »,

MYSTICISME

LE CHRIST AUX OLIVIERS[115]

> Dieu est mort! le ciel est vide…
> Pleurez! enfants, vous n'avez plus de père!
> JEAN PAUL.

I

Quand le Seigneur, levant au ciel ses maigres bras,
Sous les arbres sacrés, comme font les poëtes,
Se fut longtemps perdu dans ses douleurs muettes,
Et se jugea trahi par des amis ingrats ;

Il se tourna vers ceux qui l'attendaient en bas
Rêvant d'être des rois, des sages, des prophètes…
Mais engourdis, perdus dans le sommeil des bêtes,
Et se prit à crier : « Non, Dieu n'existe pas ! »

Ils dormaient. « Mes amis, savez-vous *la nouvelle* ?
J'ai touché de mon front à la voûte éternelle ;
Je suis sanglant, brisé, souffrant pour bien des jours !

---

où Nerval mêle à l'inspiration chrétienne du *Christ aux Oliviers*, l'inspiration païenne
de *Daphné*, et l'inspiration panthéiste de *Vers Dorés*, le narrateur des *Petits châteaux
de Bohême* décèle un mouvement qui conduit du « désespoir » à la « résignation » : ce
mouvement est celui qui fait passer le poète de l'angoisse métaphysique du *Christ aux
Oliviers* exprimée à la première personne, à la sagesse panthéiste et impersonnelle de
Vers dorés. Dans la section « Lyrisme », Nerval rassemble quelques-uns de ses vers de
théâtre destinés au chant (« sur le rythme sautillant d'un orchestre d'opéra ») : il souligne ainsi le lien fondamental de la poésie lyrique et de la musique ; mais il souligne
aussi l'absence de solution de continuité entre la poésie amoureuse personnelle et le
théâtre, comme si l'ethos lyrique était d'abord pour lui un rôle qu'il s'agit de jouer
comme à distance de soi.
115 La rédaction du *Christ aux Oliviers* remonte à 1841 comme l'atteste le manuscrit Loubens
(NPl III, p. 1488-1489 ; OC XI, p. 524-525). Il s'agit ici de la deuxième publication de ce
poème, qui a d'abord paru dans *L'Artiste* du 31 mars 1844 ; il sera publié une troisième
fois dans *Les Chimères* à la suite des *Filles du feu* : pour le commentaire de cette *laisse*
de cinq sonnets formant un long poème métaphysique, tout à la fois épique, lyrique et
dramatique, voir OC XI, p. 439-447.

Frères, je vous trompais : Abîme ! abîme ! abîme !
Le dieu manque à l'autel, où je suis la victime…
Dieu n'est pas ! Dieu n'est plus ! » Mais ils dormaient toujours !

II

Il reprit : « Tout est mort ! J'ai parcouru les mondes ;
Et j'ai perdu mon vol dans leurs chemins lactés,
Aussi loin que la vie, en ses veines fécondes,
Répand des sables d'or et des flots argentés :

Partout le sol désert côtoyé par des ondes,
Des tourbillons confus d'océans agités…
Un souffle vague émeut les sphères vagabondes,
Mais nul esprit n'existe en ces immensités.

En cherchant l'œil de Dieu, je n'ai vu qu'un orbite
Vaste, noir et sans fond ; d'où la nuit qui l'habite
Rayonne sur le monde et s'épaissit toujours ;

Un arc-en-ciel étrange entoure ce puits sombre,
Seuil de l'ancien chaos dont le néant est l'ombre,
Spirale, engloutissant les Mondes et les Jours !

III

« Immobile Destin, muette sentinelle,
Froide Nécessité !… Hasard qui t'avançant
Parmi les mondes morts sous la neige éternelle,
Refroidis, par degrés l'univers pâlissant,

Sais-tu ce que tu fais, puissance originelle,
De tes soleils éteints, l'un l'autre se froissant…
Es-tu sûr de transmettre une haleine immortelle,
Entre un monde qui meurt et l'autre renaissant ?…

Ô mon père ! est-ce toi que je sens en moi-même ?
As-tu pouvoir de vivre et de vaincre la mort ?
Aurais-tu succombé sous un dernier effort

De cet ange des nuits que frappa l'anathème…
Car je me sens tout seul à pleurer et souffrir,
Hélas ! et si je meurs, c'est que tout va mourir ! »

IV

Nul n'entendait gémir l'éternelle victime,
Livrant au monde en vain tout son cœur épanché ;
Mais prêt à défaillir et sans force penché,
Il appela le *seul* – éveillé dans Solyme :

« Judas ! lui cria-t-il, tu sais ce qu'on m'estime,
Hâte-toi de me vendre, et finis ce marché :
Je suis souffrant, ami ! sur la terre couché…
Viens ! ô toi qui, du moins, as la force du crime ! »

Mais Judas s'en allait mécontent et pensif,
Se trouvant mal payé, plein d'un remords si vif
Qu'il lisait ses noirceurs sur tous les murs écrites…

Enfin Pilate seul, qui veillait pour César,
Sentant quelque pitié, se tourna par hasard :
« Allez chercher ce fou ! » dit-il aux satellites.

V

C'était bien lui, ce fou, cet insensé sublime…
Cet Icare oublié qui remontait les cieux,
Ce Phaéton perdu sous la foudre des dieux,
Ce bel Atys meurtri que Cybèle ranime !

L'augure interrogeait le flanc de la victime.
La terre s'enivrait de ce sang précieux…

L'univers étourdi penchait sur ses essieux,
Et l'Olympe un instant chancela vers l'abîme :

« Réponds ! criait César à Jupiter Ammon,
Quel est ce nouveau dieu qu'on impose à la terre ?
Et si ce n'est un dieu, c'est au moins un démon… »

Mais l'oracle invoqué pour jamais dut se taire ;
Un seul pouvait au monde expliquer ce mystère :
– Celui qui donna l'âme aux enfants du limon.

DAPHNÉ[116]

Jam redit et virgo…

La connais-tu, Daphné, cette ancienne romance,
Au pied du sycomore, ou sous les mûriers blancs,
Sous l'olivier, le myrthe, ou les saules tremblants,
Cette chanson d'amour, qui toujours recommence !

Reconnais-tu le Temple au péristyle immense,
Et les citrons amers où s'imprimaient tes dents,
Et la grotte, fatale aux hôtes imprudents,
Où du dragon vaincu dort l'antique semence ?…

Ils reviendront, ces Dieux, que tu pleures toujours…
Le temps va ramener l'ordre des anciens jours,
La terre a tressailli d'un souffle prophétique :

Cependant la sibylle, au visage latin,
Est endormie encor sous l'arc de Constantin…
Et rien n'a dérangé le sévère Portique.

---

116 Ici titré *Daphné*, ce poème a d'abord paru dans *L'Artiste*, le 28 décembre 1845, sous le titre *Vers dorés* ; il sera repris dans *Les Chimères*, avec pour titre *Delfica*. Le poème est composé de deux fragments de poèmes prélevés au manuscrit Dumesnil de Gramont : il emprunte en effet ses quatrains au sonnet *À J—y Colonna*, et son dernier tercet est repris, avec quelques modifications, du sonnet *À Mad*. Aguado*, – signe que la matière de *Daphné* remonte (comme celle du *Christ aux oliviers*) à la crise de folie de 1841. Voir notre notice dans *Les Filles du feu*, OC XI, p. 433-435.

VERS DORÉS[117]

> Eh quoi ! tout est sensible !
> PYTHAGORE.

Homme, libre penseur ! te crois-tu seul pensant
Dans ce monde où la vie éclate en toute chose ?
Des forces que tu tiens ta liberté dispose,
Mais de tous tes conseils l'univers est absent.

Respecte dans la bête un esprit agissant :
Chaque fleur est une âme à la Nature éclose ;
Un mystère d'amour dans le métal repose ;
« Tout est sensible ! » Et tout sur ton être est puissant.

Crains, dans le mur aveugle, un regard qui t'épie :
À la matière même un verbe est attaché...
Ne la fais pas servir à quelque usage impie !

Souvent dans l'être obscur habite un Dieu caché ;
Et comme un œil naissant couvert par ses paupières,
Un pur esprit s'accroît sous l'écorce des pierres !

---

117 Ce sonnet a été publié pour la première fois dans *L'Artiste* du 16 mars 1845 sous le titre
Pensée antique. Il prend le titre *Vers dorés* dans les *Petits châteaux de Bohême*, puis dans
Les Chimères, où il referme également la série des sonnets. Voir notre notice dans *Les Filles
du feu*, OC XI, p. 445-447.

LYRISME

ESPAGNE[118]

Mon doux pays des Espagnes
Qui voudrait fuir ton beau ciel,
Tes cités et tes montagnes,
Et ton printemps éternel ?

Ton air pur qui nous enivre,
Tes jours, moins beaux que tes nuits,
Tes champs, où Dieu voudrait vivre
S'il quittait son paradis.

Autrefois ta souveraine,
L'Arabie, en te fuyant,
Laissa sur ton front de reine
Sa couronne d'Orient !

Un écho redit encore
À ton rivage enchanté
L'antique refrain du Maure :
Gloire, amour et liberté !

---

118 Poème extrait de *Piquillo* (acte III, sc. II), opéra-comique écrit en collaboration avec
Dumas, musique d'Hippolyte Monpou, dont la première représentation eut lieu à
l'Opéra-Comique le 31 octobre 1837. Le principal rôle féminin, celui de Silvia, était
tenu par Jenny Colon. La pièce fut reprise en décembre 1840 à Bruxelles au théâtre de la
Monnaie, où eut lieu la rencontre de Jenny Colon et Marie Pleyel (voir p. 194, et n. 113).
Il existe deux manuscrits autographes de ce poème : l'un dans la « copie dramatique » de
Piquillo conservée aux *Archives nationales*, cote F^{18}690 ; l'autre sur un feuillet de l'album
Mathilde Bonnet (*facsimile* dans l'*Album Nerval* de la Bibliothèque de la Pléiade, p. 88).
– Théophile Gautier a consacré une notice à Hippolyte Monpou (1804-1841), qui a
mis en musique des poèmes de Hugo (*Gastibelza, l'homme à la carabine*) ou de Musset
(*L'Andalouse*), et dont il fait « le Berlioz de la ballade » (*Histoire du Romantisme*, suivi de
Notices romantiques, édition d'Olivier Schefer, Paris, éditions du Félin, 2011, p. 188-191).

CHŒUR D'AMOUR[119]

Ici l'on passe
Des jours enchantés !
  L'ennui s'efface
Aux cœurs attristés
  Comme la trace
Des flots agités.

  Heure frivole
Et qu'il faut saisir,
  Passion folle
Qui n'est qu'un désir,
  Et qui s'envole
Après le plaisir !

Piquillo (avec Dumas). — Mus. de Monpou.

CHANSON GOTHIQUE[120]

Belle épousée,
J'aime tes pleurs !
C'est la rosée
Qui sied aux fleurs.

Les belles choses
N'ont qu'un printemps,
Semons de roses
Les pas du Temps !

---

119 Autre extrait de *Piquillo* (acte II, sc. I). Ce chœur est chanté par Sylvia, dont le rôle était tenu par Jenny Colon (voir note précédente).

120 Chanson extraite des *Monténégrins* (acte II, sc. IV), opéra-comique en trois actes, par Édouard Alboize et Gérard, musique de Limnander, créé à l'Opéra-Comique le 31 mars 1849. Cette « chanson gothique », où le terme « gothique » signale la veine du romantisme « frénétique », est chantée par Ziska, barde monténégrin, à l'invitation de Sergis, capitaine de l'armée française, désireux de convier à sa table le fantôme d'une princesse défunte, Hélène. L'idée d'une telle scène, qui se passe dans la salle gothique du château de la Maladetta, avait été inspirée à Nerval par l'*Inès de Las Sierras* de Nodier (1837).

Soit brune ou blonde,
Faut-il choisir ?
Le Dieu du monde,
C'est le plaisir.

LES MONTÉNÉGRINS. – Mus. de Limnander.

LA SÉRÉNADE[121]
(D'UHLAND)

— Oh ! quel doux chant m'éveille ?
— Près de ton lit je veille,
Ma fille ! et n'entends rien…
Rendors-toi, c'est chimère !
— J'entends dehors, ma mère,
Un chœur aérien !…

— Ta fièvre va renaître.
— Ces chants de la fenêtre
Semblent s'être approchés.
— Dors, pauvre enfant malade,
Qui rêves sérénade…
Les galants sont couchés !

---

121 Le poème d'Uhland, *Das Ständchen* (c'est-à-dire en effet *La Sérénade*), date de 1810. Il a d'abord été adapté par Gérard, sous le titre *La Malade*, sans la mention d'Uhland, dans *Le Cabinet de lecture*, 29 décembre 1830 ; puis dans les *Annales romantiques*, 1831 ; enfin dans la série des odelettes publiées dans l'*Almanach des Muses* de 1832 (c'était alors la première pièce de cet ensemble). Il existe quatre versions manuscrites de ce poème : – le manuscrit Lolié, sous le titre « La Sérénade des Anges / im^on d'Uhland » (reproduction photographique dans l'*Exposition Gérard de Nerval*, Bibliothèque Historique de la Ville de Paris, 1996, n° 96) ; – le manuscrit Lovenjoul, sous le titre « La Mère et la f. » ; – le Manuscrit Marsan, sous le titre « La Sérénade. / (d'Uhland) » (*facsimile* dans *Cahier de l'Herne*) ; – l'*Album amicorum* d'offrandes poétiques à Cydalise, passé en vente chez *Sotheby's* le 16 décembre 2008 : ce dernier manuscrit contient à côté d'un dessin de Gautier daté de 1833 représentant Cydalise malade, et parmi des vers de Hugo, Gautier, et Lamartine, le poème autographe de Nerval titré « La Malade » : « Adieu le monde, adieu ! / Maman, ces sons étranges / C'est le concert des anges / qui m'appellent à Dieu ! ». – En choisissant de refermer les *Petits châteaux de Bohême* sur le poème « La Sérénade » (qui semble « le crayon estompé » de l'odelette « Les Cydalises » qui refermait le Premier Château), Nerval fait de son recueil un recueil secrètement dédié à la mémoire de Cydalise, la muse perdue du Doyenné.

– Les hommes ! que m'importe ?
Un nuage m'emporte…
Adieu le monde, adieu !
Mère, ces sons étranges
C'est le concert des anges
Qui m'appellent à Dieu !

Musique du p^{ce} Poniatowski.

FIN

ANNEXE

Manuscrit de *La Bohême galante*
(Lovenjoul, D 741, f°s 36-43)

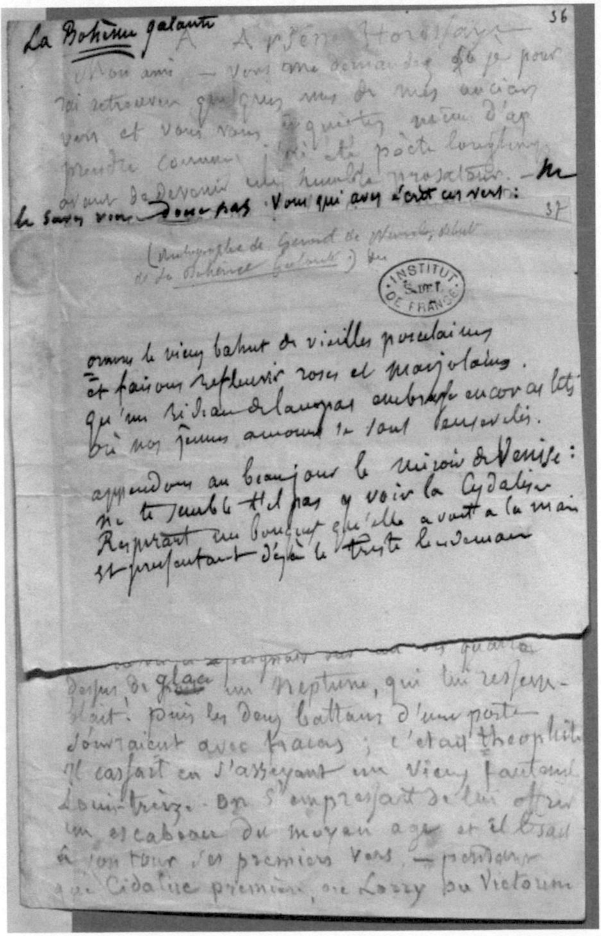

(autographe de Gérard de Nerval, début
de la Scherise Galante) *bu*

ornons le vieux bahut de vieilles porcelaines
et faisons refleurir roses et marjolaines.
qu'un rideau de lampas ombrage encor ce lit
où nos jeunes amours se sont ensevelis.

appendons au beau jour le miroir de Venise:
ne te semble-t-il pas y voir la Cydalise
Reprenant un bouquet qu'elle avait à la main
et présentant déjà le triste lendemain

La _Bohème galante_

À ~~Arsène Houssaye~~

Mon ami. — vous me demandez ~~si~~ je pourrai retrouver quelques uns de mes anciens
vers et vous vous inquiétez même d'apprendre comment j'ai été poète longtemps
avant de devenir un humble prosateur. — M
~~sery ~~Vous ~~donc pas~~ Vous qui avez écrit ces vers :

~~Que de théâtre j'ai poussé avec tes toiles~~
~~curiosités. Il est vrai que vous êtes le plus poète~~
~~de nos douleurs actuelles ;~~ ~~Dit sans doute~~
~~des Pompier et Fournier et Albaroche~~ —
~~me suis confiné de la prose.~~ [C'était dans
notre ~~logis que~~ logement commun de la rue
du Doyenné que nous nous étions reconnus ~~frères~~
~~frères~~ Arcades ambo. — Le vieux salon du
Doyen, restauré par les soins de tant de
peintres nos amis qui sont depuis devenus
célèbres retentissait de nos rimes galantes
traversées souvent par les rires joyeux ou les
folles chansons des Cidalises. — Le bon Rogier
souriait dans sa barbe du haut d'une
échelle où il ~~se~~ peignait sur un des quatre
dessus de glace un Neptune, qui lui ressemblait. Puis les deux battants d'une porte
s'ouvraient avec fracas ; c'était Théophile
il cassait en s'asseyant un vieux fauteuil
Louis-treize. On s'empressait de lui offrir
un escabeau du moyen age et il lisait
à son tour ses premiers vers, — pendant
que Cidalise première, ou Lorry ou Victorine

se berçaient nonchalamment dans le
hamac de Sara la blonde tendu à travers
l'immense salle.

Quelqu'un de nous se levait parfois et rêvait à
des vers nouveaux en contemplant la galerie
du musée égayée (de côté par les arbres des fenêtres du manège.
Ou bien par les fenêtres opposées, qui donnaient sur
l'impasse, on admirait de vagues provocations aux
yeux espagnols de la femme du commissaire
qui apparaissaient assez souvent au-dessus de
la lanterne municipale.

Quels temps heureux! On donnait des bals, des soupers
fins, des fêtes costumées — on jouait des proverbes
et de vieilles comédies, où notre pauvre ou Mlle
Ressi encore débutante ne dédaigna pas d'accepter un rôle — c'était celui de Béatrice dans
rodelet. — Et que notre pauvre Ourliac était
comique dans les rôles d'Arlequin!

Nous étions jeunes, heureux, souvent riches,
... Mais je viens de faire vibrer la corde
sombre : notre jardin est rasé. J'en ai foulé
les débris l'automne passée. Les ruines mêmes de
la chapelle qui se découpaient si gracieusement
sur le vert des arbres et dont le dôme s'était
écroulé un jour, sous Louis XIII, sur onze malheureux chanoines réunis pour dîner un office cette
— n'ont pas été respectées. Le jour où l'on
coupera les arbres du manège j'irai relire sur
la place la forêt coupée de Ronsard. Pourtant
je me suis trouvé, un jour, assez riche pour enlever
aux démolisseurs et racheter en deux lots les boiseries du salon peintes par nos amis. J'ai
les deux dessus de porte de Nanteuil, le Watteau de
Wattier signé. Les deux panneaux longs de

Corot représentant deux paysages de provence
le Moine rouge de Chatillon devant la bible
Sous la hanche cambrée d'une femme nue qui
dort, (1) la Chasse au tigre de Chassériau, les deux
panneaux été et l'Odalisque en costume régence
de Rogier en robe feuille morte, triste présage,
tourné de ses yeux chinois en respirant une rose)
en face du portrait en pied de Théophile vêtu
à l'espagnole. L'affreux propriétaire qui de
meurait à ce de chaussée, mais sur la tête
duquel nous dansions trop souvent avait fait
couvrir toutes ces peintures d'une couche de
peinture à la colle, parceq'il prétendait que
les nudités l'empechait de louer à des bourgeois
— je bénis le sentiment d'economie qui l'a porté
à ne pas employer la peinture à l'huile. De
sorte que tout cela est à peu près sauvé. Je
n'ai pas retrouvé le Siège de Lerida de Lorentz
où l'armée française monte à l'assaut précédé
par des violon, ni deux petits paysages de Rousseau qu'on aura sans doute coupés d'avance.
Quant à mon lit renaissance à ma console
médicis, à mes bahuts, à mon Ribeira, à mes
tapisseries des 4 saisons, il y a longtemps que tout
cela s'était dispersé. — Où avez vous perdu
tant de belles choses? me dit un jour Bal
zac. — Dans les malheurs!

(1) Même sujet que le tableau qui se trouvait chez Victor hugo.

Reparlons de la Cydalise — ou
plutôt n'en disons qu'un mot,
— Elle est embaumée et conservée
à jamais dans le pur crystal
d'un sonnet de Theophile. — de
Theophile, comme nous disions.

Le Theophile a toujours passé
pour grand. Il n'a jamais été un
dant, près de ventre et s'est conservé tel encor que nous le
connaissions. Nos vêtements
étriqués sont si absurdes qu
l'antinoüs habillé d'un habit
semblerait énorme comme la Vénus
habillée d'une robe moderne.
L'un aurait l'air d'un forts

de la halle ll'autre d'une mar
grande de poisson. L'armature
solide du corps de notre ami
(on peut le dire puisqu'il voye
ge en grèce aujourd'hui) lui
souvent fait du tort près de
dames abonnées aux journaux de
modes. Une connaissance plus
parfaite lui a maintenu la
faveur du sexe le plus faible
et le plus intelligent. Il jouissait
d'une grande réputation dans
notre kerch et ne se mourait
pas toujours aux pieds chéris
de la Cydalise.
En remontant plus haut dans mes

escalier à l'impasse, allait
aboutir necessairement à
un petite place environnée d'arbres — enfin où un cabaret
s'était abrité dans les ruines
imposantes de la chapelle
du Dayenné. au clair de
lune en admirant encore les
restes de la vaste coupole italienne qui s'étaient écroulés
[...] les onze malheureux [...] au
accident du quel
[...]
[...]

[Le manuscrit est au crayon. Nous indiquons en gras les ajouts ou corrections portés à l'encre par Arsène Houssaye. Au premier paragraphe, la rature est de la main d'Arsène Houssaye.]

[Fᵒ 36] <*La Bohème galante*>

À Arsène Houssaye

Mon ami, – vous me demandez ~~qu~~ <si> je pourrai retrouver quelques-uns de mes anciens vers et vous vous inquiétez même d'apprendre comment j'ai été poète longtemps avant de devenir un humble prosateur. – ~~Vous êtes certainement le seul directeur de Revue et de Théâtre qui puisse avoir de telles curiosités. Il est vrai que vous êtes le plus poète de nos directeurs actuels, – soit dit sans outrager Roqueplan, et Fournier et Altaroche – mes anciens confrères de la prose~~[1]. **<Ne le savez-vous donc pas vous qui avez écrit ces vers :**

[fᵒ 37, collé sur le fᵒ 36]
Ornons le vieux bahut de vieilles porcelaines
Et faisons refleurir roses et marjolaines.
Qu'un rideau de lampas embrasse encor ces lits
Où nos jeunes amours se sont ensevelis.

Appendons au beau jour le miroir de Venise :
Ne te semble-t-il pas y voir la Cydalise
Respirant un bouquet qu'elle avait à la main,
Et pressentant déjà le triste lendemain>

[Suite du fᵒ 36] ~~Puisque vo~~ C'était dans notre logement commun de la rue du Doyenné, que nous nous étions ~~salués~~ <reconnus> ~~poètes~~ frères – *Arcades ambo.* – Le vieux salon du Doyen, restauré par les soins de tant de peintres nos amis qui sont depuis devenus célèbres retentissait

---

1   Nestor Roqueplan (1805-1870), Marc Fournier (1818-1879), Agénor Altaroche (1811-1884), sont, comme Houssaye, des figures du petit monde de la presse et des théâtres, où Nerval a ses entrées.

de nos rimes galantes traversées souvent par les rires joyeux ou les folles chansons des Cidalises. Le bon Rogier souriait dans sa barbe du haut d'une échelle où il se peignait sur un des quatre dessus de port <glace> un Neptune, qui lui ressemblait! puis les deux battants d'une porte s'ouvraient avec fracas; c'était Théophile. Il cassait en s'asseyant un vieux fauteuil Louis-treize. On s'empressait de lui offrir un escabeau du Moyen Âge, et il lisait à son tour ses premiers vers, – pendant que Cidalise première, ou Lorry, ou Victorine [f° 38] se berçaient nonchalamment dans le hamac de Sarah la blonde tendu à travers l'immense salle.

Quelqu'un de nous se levait parfois et rêvait à des vers nouveaux en contemplant <des fenêtres> la galerie du musée égayée de côté par les arbres du manège. Ou bien par les fenêtres opposées, qui donnaient sur l'impasse, on adressait de vagues provocations aux yeux espagnols de la femme du commissaire qui apparaissaient assez souvent au-dessus de la lanterne municipale.

Quels temps heureux! On donnait des bals, des soupés, des fêtes costumées, – on jouait des proverbes et de vieilles comédies, où notre pauvre Ou Mlle Plessy encore débutante ne dédaigna pas d'accepter un rôle – c'était celui de Béatrice dans *Jodelet*. – Et que notre pauvre Ourliac était comique dans les rôles d'Arlequin!

Nous étions jeunes, heureux, souvent riches… Mais je viens de faire vibrer la corde sombre : notre palais est rasé. J'en ai foulé les débris l'automne passé. Les ruines mêmes de la chapelle, qui se découpaient si gracieusement sur le vert des arbres, et dont le dôme s'étaient écroulés [*sic*] un jour, sous Louis XIII, sur onze malheureux chanoines réunis pour dire un office, cette – n'ont pas été respectées. Le jour où l'on coupera les arbres du manège j'irai relire sur la place *La Forêt coupée* de Ronsard. Pourtant je me suis trouvé en soir <, un jour,> assez riche pour enlever aux démolisseurs et racheter en deux lots les boiseries peintes du salon peintes par nos amis. J'ai les deux dessus de porte de Nanteuil, le *Vatteau* de Vattier, signé. Les deux panneaux longs de [f° 39] Corot, représentant deux paysages de provence ; Le *Moine rouge*, de Chatillon lisant la bible sur la hanche cambrée d'une femme nue qui dort[2] ; la *Chasse au tigre* de Chassériau, les deux panneaux <de Rogier> où la Cidalise en costume régence <– **en robe feuille morte, – triste présage**; –> sourit de ses yeux chinois en respirant une rose en face du portrait en pied de Théophile

---

2   [N.D.A. :] « Même sujet que le tableau qui se trouvait chez Victor Hugo. »

vêtu à l'espagnole. – L'affreux propriétaire qui demeurait au rez-de-chaus-sée, mais sur la tête duquel nous dansions trop souvent avait fait couvrir depuis toutes ces peintures d'une couche de peinture à la colle, parce qu'il prétendait que les nudités l'empêchait [*sic*] de louer à des bourgeois – Je bénis le sentiment d'économie qui l'a porté à ne pas employer la peinture à l'huile. De sorte que tout cela est à peu près sauvé. Je n'ai pas retrouvé le *Siège de Lerida*, de Lorentz, où l'armée française monte à l'assaut pré-cédée par du violon, ni les deux petits paysages de Rousseau, qu'on aura sans doute coupés d'avance – Quant à mon lit renaissance à ma console médicis, à mes bahuts, à mon Ribeira, à mes tapisseries des 4 saisons, il y a longtemps que tout cela s'était dispersé. – Où avez-vous perdu tant de belles choses ? me dit un jour Balzac. – Dans les malheurs !

[Au dos :] La suite tantôt.

Reparlons de la Cydalise – ou plutôt n'en disons qu'un mot. – Elle est embaumée et conservée à jamais, dans le pur cristal d'un sonnet de Théophile – du Théophile, comme nous disions.

Le Théophile a toujours passé pour gras. Il n'a jamais cependant pris de ventre et s'est conservé tel encore que nous le connaissions. Nos vêtements étriqués sont si absurdes que l'Antinoüs habillé d'un habit semblerait <énorme> comme la Vénus habillée d'une robe moderne. L'un aurait l'air d'un fort [f° 41] de la halle l'autre d'une marchande de poisson. L'armature solide du corps de notre ami (on peut le dire puisqu'il voyage en Grèce aujourd'hui) lui ~~toujours~~ <souvent> fait du tort près des dames abonnées aux journaux de modes. Une connaissance plus parfaite lui a maintenu la faveur du sexe le plus faible et le plus intelligent. Il jouissait d'une grande réputation dans notre cercle, et ne se mourait pas toujours aux pieds chinois de la Cydalise.

En remontant plus haut dans mes [f° 42, vierge]

[f° 43] escaliers à l'impasse, allait aboutir nécessairement à une petite place entourée d'arbres, – ~~en fa~~ où un cabaret s'était abrité sous les ruines imposantes de la chapelle du Doyenné. Au clair de lune, on admirait encore les restes de la vaste coupole italienne qui s'étaient écroulée [*sic*] <au 17ᵉ siècle> sur les onze malheureux chanoines – accident duquel le cardinal Mazarin fut un instant soupçonné.

BIBLIOGRAPHIE[1]

MANUEL BIBLIOGRAPHIQUE

BRIX, Michel, *Manuel bibliographique des œuvres de Gérard de Nerval*, Namur, Presses universitaires de Namur, Études nervaliennes et romantiques, 1997.

ÉDITIONS

ŒUVRES COMPLÈTES

NERVAL, Gérard de, *Œuvres complètes*, éd. Jean Guillaume et Claude Pichois, Paris, Gallimard, Bibliothèque de la Pléiade, t. I (1989), t. II (1984), t. III (1991).

NERVAL, Gérard de, *Œuvres complètes*, sous la direction de Jean-Nicolas Illouz, Paris, Classiques Garnier, en cours. Déjà parus : – tome I : *Choix des poésies de Ronsard, Dubellay, Baïf, Belleau, Dubartas, Chassignet, Desportes, Régnier*, édition de Jean-Nicolas Illouz et Emmanuel Buron, 201 ; – tome VII, vol. 1 et 2 : *Scènes de la vie orientale*, édition de Philippe Destruel, 2014 ; – tome IX : *Les Illuminés*, édition de Jacques-Remi Dahan, 2014 ; – tome X : *La Bohême galante, Petits châteaux de Bohême*, 2019 ; – tome X bis, *Les Nuits d'octobre, Contes et facéties*, édition de Jean-Nicolas Illouz avec la collaboration de Gabrielle Chamarat, 2018 ; – tome XI : *Les Filles du feu*, édition de Jean-Nicolas Illouz avec la collaboration de Jean-Luc Steinmetz, 2015 – tome XIII : *Aurélia*, édition de Jean-Nicolas Illouz, 2013.

---

1 À côté d'ouvrages généraux de référence, nous mentionnons ici surtout les travaux portant sur *La Bohême galante* et les *Petits châteaux de Bohême*. – Pour des compléments bibliographiques, on se reportera à la *Revue Nerval* qui publie tous les ans une « Année bibliographique ».

AUTRES ÉDITIONS

Aurélia, Un roman à faire, Les Nuits d'octobre, Petits Châteaux de Bohême, Pandora, Promenades et souvenirs, édition de Jacques Bony, Paris, Flammarion, 1990.
Les Filles du feu, Les Chimères, préface de Gérard Macé, édition de Bertrand Marchal, Paris, Gallimard, Folio classique, 2005.
Aurélia, précédé de *Les Nuits d'octobre, Pandora, Promenades et souvenirs*, préface de Gérard Macé, édition de Jean-Nicolas Illouz, Paris, Gallimard, Folio classique, 2005.
Les Chimères, La Bohême galante, Petits châteaux de Bohême, préface de Gérard Macé, édition de Bertrand Marchal, Paris, Gallimard, Poésie/Gallimard, 2005.
Lénore et autres poésies allemandes, préface de Gérard Macé, édition de Jean-Nicolas Illouz avec la collaboration de Dolf Oehler, Paris, Gallimard, Poésie/Gallimard, 2005.
La Bohême galante (*L'Artiste*, 1er juillet-15 décembre 1852), Introduction, notice, notes et relevé des variantes par Philippe Destruel, Tusson, Du Lérot, 2007.

CATALOGUES D'EXPOSITION
ET DOCUMENTS ICONOGRAPHIQUES

Gérard de Nerval, Paris, Ville de Paris, Maison de Balzac, 1981.
Album Gérard de Nerval, Iconographie choisie et commentée par Éric BUFFETAUD et Claude PICHOIS, Paris, Gallimard, Bibliothèque de la Pléiade, 1993.
PICHOIS, Claude, AVICE, Jean-Paul, *Gérard de Nerval. Paris, la vie errante*, Bibliothèque historique de la ville de Paris, 1996.

OUVRAGES ET ARTICLES CRITIQUES

BARA, Olivier, « Les romantiques et l'opéra-comique : Berlioz, Gautier, Nerval. Petit essai de critique comparée », *Lieux littéraires / La Revue, Aspects de la critique musicale au XIXe siècle*, n° 6, Montpellier, Université Paul Valéry, juin 2004, p. 75-91.
BAYLE, Corinne, *La Marche à l'étoile*, Seyssel, Champ Vallon, 2001.

BAYLE, Corinne, Gérard de Nerval. L'Inconsolé, Paris, éditions Aden, 2008.

BAYLE, Corinne, Broderies nervaliennes, Paris, Classiques Garnier, coll. « Études romantiques et dix-neuviémistes », Série « Gérard de Nerval », 2016.

BAYLE, Corinne, « Nerval et la musique : le chant comme poésie idéale », Europe, mars 2007, p. 90-101.

BAYLE, Corinne, « Gautier, Nerval, et les Cydalises. Figurations de la poésie, entre image et voix », dans Gautier et Nerval : Collaborations, solidarités, différences, Dossier dirigé par Anne Geisler-Szmulewicz et Sarga Moussa, Bulletin de la Société Théophile Gautier, n° 38, 2016, p. 47-62.

BÉGUIN, Albert, Gérard de Nerval, Paris, José Corti, 1945.

BÉGUIN, Albert, L'Âme romantique et le rêve, Paris, José Corti, 1963.

BEM, Jeanne, « L'autre de la chanson dans le texte nervalien », dans Nerval : Une poétique du rêve, actes du colloque de Bâle, Mulhouse et Fribourg, Paris-Genève, Champion-Slatkine, 1989, p. 133-141.

BÉNICHOU, Paul, Nerval et la chanson folklorique, Paris, José Corti, 1970.

BÉNICHOU, Paul, Le Sacre de l'écrivain [1973], Paris, Gallimard, 1996.

BÉNICHOU, Paul, L'École du désenchantement, Sainte-Beuve, Nodier, Musset, Nerval, Gautier, Paris, Gallimard, 1992 [« Gérard de Nerval », p. 217-492].

BÉNICHOU, Paul, « Les Chimères de Nerval », texte établi par Bertrand Marchal, Revue Nerval, n° 3, 2019, p. 279-335.

BONEU, Violaine, L'Idylle en France au XIXᵉ siècle, Paris, Presses de l'Université Paris-Sorbonne, 2014.

BONNET, Henri, « Promenades et souvenirs : "le champ des Raines" ou l'élégie comme rêverie naïve et sentimentale », Revue Nerval, n° 3, 2019, p. 63-78.

BONY, Jacques, Le Récit nervalien. Une recherche des formes, Paris, José Corti, 1990.

BONY, Jacques, L'Esthétique de Nerval, Paris, CEDES, 1997.

BONY, Jacques, Aspects de Nerval. Histoire – Esthétique – Fantaisie, Paris, Eurédit, 2006.

BOWMAN, Frank Paul, Gérard de Nerval. La Conquête de soi par l'écriture, Orléans, Paradigme, 1997.

BRIX, Michel, « Nerval, Houssaye et La Bohême galante », Revue Romane, n° 26, 1, 1991, p. 69-77.

BRIX, Michel, « Le musée imaginaire de Gérard de Nerval », French Studies, n° 52/4, 1998, p. 425-435.

BRIX, Michel, « Une renaissance romantique : les chansons populaires », dans Corinne Grenouillet et Éléonore Reverzy (dir.), Les Voix du peuple dans la littérature des XIXᵉ et XXᵉ siècles, P.U. de Strasbourg, 2006, p. 29-40.

BRIX, Michel, Chronologie de la vie et des œuvres de Gérard de Nerval, Tusson, Du Lérot, 2017.

BRIX, Michel, et PICHOIS, Claude, Gérard de Nerval, Paris, Fayard, 1995.

BRIX, Michel, et PICHOIS, Claude, *Dictionnaire Nerval*, Tusson, Du Lérot, 2006.

CARLE, Michel, *Du citoyen à l'artiste. Gérard de Nerval et ses premiers écrits*, Ottawa, Les Presses de l'Université d'Ottawa, 1992.

CÉARD, Jean, « Nerval et les poètes français du XVIe siècle. Le *Choix* de 1830 », *RHLF*, n° 84, 1989, p. 1033-1048.

CÉARD, Jean, « Les débuts d'un seiziémiste : Nerval et l'introduction aux poètes du XVIe siècle », dans Yvonne Bellenger (dir.), *La Littérature et ses avatars*, Aux amateurs de livres, 1991, p. 267-276.

CÉARD, Jean, « La redécouverte de la Pléiade par les Romantiques français », dans Pierre Brunel (dir.), *Romantismes européens et Romantisme français*, Montpellier, Éditions Espaces, 2000, p. 133-148.

CÉARD, Jean, « Nerval et la Renaissance », RHLH, 2005, n° 4, p. 805-815.

CELLIER, Léon, *Gérard de Nerval, l'homme et l'œuvre*, Paris, Hatier, 1956.

CHAMARAT-MALANDAIN, Gabrielle, *Nerval ou l'Incendie du théâtre. Identité et littérature dans l'œuvre en prose de Gérard de Nerval*, Paris, José Corti, 1986.

CHAMARAT-MALANDAIN, Gabrielle, *Nerval, réalisme et invention*, Orléans, Paradigme, 1997.

CHAMARAT-MALANDAIN, Gabrielle, « Le Christ aux Oliviers : Vigny et Nerval », *RHLF*, 1998/3, n° 98, p. 417-428.

CHAMBERS, Ross, *Mélancolie et opposition. Les Débuts du modernisme en France*, Paris, José Corti, 1987 [chapitre III : « Duplicité du pouvoir, pouvoir de la duplicité », p. 71-95 ; chapitre IV : « Écriture oppositionnelle, identité dialogique », p. 97-129].

CHEVRIER, Jean-François, *L'Hallucination artistique de William Blake à Sigmar Polke*, Paris, L'Arachnéen, 2012 [« Gérard de Nerval. Les combinaisons du délire », p. 129-162].

CLOT, Catherine, « *Le Valois*, de Gérard de Nerval, illustré par Germaine Krull », article publié en ligne sur le site *PHlit*, Répertoire de la Photolittérature ancienne et contemporaine, actes du colloque *Photolittérature, Littérature visuelle et nouvelles textualités*, sous la direction de P. Edwards, V. Lavoie, J.-P. Montier, NYU, Paris, 26-27 octobre 2012.

COGEZ, Gérard, *Gérard de Nerval*, Paris, Gallimard, 2010.

COLLOT, Michel, *Gérard de Nerval ou la dévotion à l'imaginaire*, Paris, PUF, 1992.

COLLOT, Michel, « Défense et illustration des droits de l'imaginaire », *Revue Nerval*, n° 1.

DELAY, Florence, *Dit Nerval*, Paris, Gallimard, 1999.

DEMARCQ, Jacques, *Nervaliennes*, Paris, José Corti, 2010.

DESTRUEL, Philippe, « Origine, tradition et "mémoires littéraires" : Nerval de *La Bohême galante* aux *Petits Châteaux de Bohême* », *Littérature et Origine*, actes du colloque international de Clermont-Ferrand (17-18-19 novembre

1993), textes réunis par Simone Bernard-Griffiths, publiés par Simone Bernard-Griffiths et Christian Croisille, Saint-Genouph, Nizet, 1997, p. 17-31.

D'HULST, Lieven, « Fonction de la citation poétique dans *La Bohême galante et Petits Châteaux de Bohême* de Nerval », dans Nathalie Vincent-Munnia, Simone Bernard-Griffiths et Robert Pickering (dir.), *Aux origines du poème en prose français (1750-1850)*, Paris, Champion, 2003, p. 416-429.

FOGLIA, Aurélie, « Nerval ou la chimère du moi », *Revue Nerval*, n° 1, 2017, p. 59-76.

FRISSON, Marie, « *Petits Châteaux de Bohême. Prose et poésie* de Gérard de Nerval : un prosimètre fantaisiste ? », *Fabula / Les colloques, Générations fantaisistes (1920-1939)* : www.fabula.org/colloques/document2615.php

GAILLARD, Françoise, « Nerval, ou les contradictions du romantisme », *Romantisme*, n° 1-2, 1971, p. 128-138.

GLATIGNY, Sandra, « Lyrisme nervalien et transgénéricité », *Revue Nerval*, n° 2, 2018, p. 107-124.

GROJNOWSKI, Daniel, « Poésie et chanson : de Nerval à Verlaine », *Critique*, n° 243-244, Paris, Éditions de Minuit, 1967, p. 768-783.

HETZEL, Aurélia, *La Reine de Saba : des traditions au mythe littéraire*, Paris, Classiques Garnier, 2012.

ILLOUZ, Jean-Nicolas, *Nerval. Le « rêveur en prose ». Imaginaire et écriture*, Paris, PUF, 1997.

ILLOUZ, Jean-Nicolas et MOUCHARD, Claude (dir.), *« Clartés d'Orient » : Nerval ailleurs*, Paris, éditions Laurence Teper, 2004, 348 p.

ILLOUZ, Jean-Nicolas, « Savoir et mélancolie. Autour de l'hermétisme des *Chimères* », dans *Gérard de Nerval, Les Filles du feu, Aurélia, « Soleil noir »*, textes réunis par José-Luis Diaz, actes du colloque d'agrégation des 28 et 29 novembre 1997, Paris, SEDES, 1997, p. 125-131.

ILLOUZ, Jean-Nicolas, « Nerval : langue perdue, prose errante (à propos des *Chansons et Légendes du Valois*) », *Sorgue*, n° 4, automne 2002, p. 15-25.

ILLOUZ, Jean-Nicolas, « Nerval, entre vers et prose », *Crise de prose*, dans Jean-Nicolas Illouz et Jacques Neefs (dir.), Saint-Denis, PUV, 2002, p. 73-88.

ILLOUZ, Jean-Nicolas, « "La lyre d'Orphée" ou Le Tombeau des *Chimères* », *Littérature*, n° 127, septembre 2002, p. 71-85.

ILLOUZ, Jean-Nicolas, « Nerval : d'un théâtre à l'autre », dans Jean-Nicolas Illouz et Claude Mouchard (dir.), *"Clartés d'Orient", Nerval ailleurs*, Paris, Éditions Laurence Teper, 2004, p. 99-133.

ILLOUZ, Jean-Nicolas, « Une théorie critique du romantisme : *Sylvie* de Nerval », dans Jacques Neefs (dir.), *Le Bonheur de la littérature. Variations critiques pour Béatrice Didier*, Paris, PUF, 2005, p. 219-227.

ILLOUZ, Jean-Nicolas, « Nerval, "sentimental" et "naïf". L'idylle, l'élégie et la satire dans *Sylvie* », *Europe*, n° 935, mars 2007, p. 122-141.

ILLOUZ, Jean-Nicolas, « Nerval : l'Orient intérieur », dans Patrick Née et Daniel Lançon (dir.), *L'Ailleurs depuis le Romantisme. Essai sur les littératures en français*, Hermann, 2009, p. 55-83.

ILLOUZ, Jean-Nicolas, « Les religions de Nerval », dans Jacques Neefs (dir.), *Savoirs en récits*, t. II, *Éclats de savoirs. Nerval, Balzac, Flaubert, Verne, les Goncourt*, Saint-Denis, Presses universitaires de Vincennes, coll. « Manuscrits modernes », 2010, p. 49-69.

ILLOUZ, Jean-Nicolas, « Nerval, poète renaissant », *Littérature*, n° 158, juin 2010, p. 5-19.

ILLOUZ, Jean-Nicolas, « Nerval et Baudelaire devant Nadar », publication en ligne en 2011 sur le site « Phlit », répertoire de Photolittérature ancienne et contemporaine, http://phlit.org ; et dans *Baudelaire et Nerval : poétiques comparées*, Études réunies par Patrick Labarthe et Dagmar Wieser, avec la collaboration de Jean-Paul Avice, Paris, Honoré Champion, 2015, p. 181-207.

ILLOUZ, Jean-Nicolas, « "Un mille-pattes romantique" : *Aurélia* de Gérard de Nerval ou le Livre et la Vie », *Romantisme*, n° 161, 2013, p. 73-86.

ILLOUZ, Jean-Nicolas, « Œuvre fragmentaire et Livre-chimère : Note sur la composition des *Filles du feu* », préface à NERVAL, Gérard de, *Œuvres complètes*, Tome XI : *Les Filles du feu*, édition de Jean-Nicolas Illouz avec la collaboration de Jean-Luc Steinmetz, Paris, Classiques Garnier, 2015, p. 9-24.

ILLOUZ, Jean-Nicolas, « "Tu demandes pourquoi j'ai tant de rage au cœur" : écriture et opposition, entre mythe et histoire, des *Faux Saulniers* à *Angélique* de Gérard de Nerval », dans *Nerval : histoire et politique*, sous la direction de Gabrielle Chamarat, Jean-Nicolas Illouz, Mireille Labouret, Bertrand Marchal, Henri Scepi, Gisèle Séginger, Paris, Garnier, 2017, p. 189-210.

ILLOUZ, Jean-Nicolas, Article « Nerval » dans *Dictionnaire de l'autobiographie française et francophone* (dirigé par Françoise Tenant, comité de pilotage : Jean-Louis Jeannelle, Michel Braud, Véronique Montémont et Philippe Lejeune), Paris, Champion, 2017.

ILLOUZ, Jean-Nicolas, « Nerval conteur (à propos de *Contes et facéties*) », revue *Féeries* [En ligne], 14 | 2017, mis en ligne le 31 juillet 2017. URL : http://feeries.revues.org/1047

ILLOUZ, Jean-Nicolas, « Bohème, fugue et rhapsodie : *La Bohême galante* et les *Petits châteaux de Bohême* de Nerval », dans Sylvain Ledda et Gabrielle Chamarat (dir.), *Hommage à Jacques Bony*, Namur, Presses universitaires de Namur, 2019, p. 247-262.

ILLOUZ, Jean-Nicolas, « Une géognosie fantastique : lecture de *À Mad^e Sand* », *Revue Nerval*, n° 3, p. 221-242.

JACKSON, John E., *Souvent dans l'être obscur. Rêves, capacité négative et romantisme européen*, Paris, Corti, 2001.

JEAN, Raymond, *Nerval par lui-même*, Paris, Seuil, Écrivains de toujours, 1964.

JEAN, Raymond, *La Poétique du désir, Nerval, Lautréamont, Apollinaire, Éluard*, Paris, Seuil, 1974, p. 31-303.

JEAN, Raymond, « En ce temps, je *ronsardisais…* », *Europe*, n° 691-692, nov.-déc. 1986, p. 7-11.

JEANNERET, Michel, *La Lettre perdue. Écriture et folie dans l'œuvre de Nerval*, Paris, Flammarion, 1978.

JEANNERET, Michel, « Nerval et la biographie impossible », *French Studies*, Oxford, Basil Blackwell, n° 24, 1970, p. 127-144.

JOURDE, Pierre, *Littérature monstre*, Paris, L'Esprit des péninsules, 2008 [« Nerval, la voix, l'irreprésentable », p. 567-596].

KEKUS, Filip, *Nerval fantaisiste*, Paris, Classiques Garnier, 2019.

KEKUS, Filip, « Feuilletonisme et dissidence : autour des *Faux Saulniers* », *Revue Nerval*, n° 2, 2018, p. 55-72.

KEKUS, Filip, « Poésie et contrebande : *Le Contrebandier* de Sand et "El Desdichado" de Nerval », *Revue Nerval*, n° 3, 2019, p. 243-260.

LABARTHE, Patrick, « Nerval ou le prosateur obstiné », *Versants*, n° 51, 2006, p. 95-112.

LAFORGUE, Pierre, *Romanticoco : fantaisie, chimère et mélancolie, 1830-1860*, Saint-Denis, Presses universitaires de Vincennes, 2001.

LEBENSTJN, Jean-Claude, *Le Champ des morts. Fleurs de rêve* I, Bassac, Éditions du Limon, 1997.

LE HIR, Sabine, « Nerval, premier wagnérien français », *Revue Nerval*, n° 2, 2018.

LEBLANC, Cécile, « Un cénacle wagnérien : Nerval et les "jeunes disciples" de Wagner (Weimar, 1850) », *Revue Nerval*, n° 2, 2018.

MACÉ, Gérard, *Ex libris. Nerval – Corbière – Rimbaud – Mallarmé*, Paris, Gallimard, 1980.

MACÉ, Gérard, *Je suis l'autre*, Paris, Gallimard, 2007.

MARCHAL, Bertrand, « Nerval et le retour des dieux ou le théâtre de la Renaissance », dans *Gérard de Nerval, « Les Filles du feu », « Aurélia ». Soleil noir*, Paris, SEDES, 1997, p. 125-132.

MARCHAL, Bertrand, « *Les Chimères* de Nerval », dans André Guyaux (dir.), *Gérard de Nerval*, actes du colloque de la Sorbonne du 15 novembre 1997, Paris, Presses de l'Université de Paris-Sorbonne, 1997, p. 117-128.

MARCHAL, Bertrand, « Du "Ténébreux" aux "Clartés d'Orient" dans *Les Chimères* de Nerval », dans Jean-Nicolas Illouz et Claude Mouchard (dir.), « *Clartés d'Orient », Nerval ailleurs*, Paris, Éditions Laurence Teper, 2004, p. 31-43.

MARCHAL, Bertrand, « Nerval et la chimère poétique », dans *Quinze études sur Nerval et le Romantisme*, hommage à Jacques Bony, textes réunis et présentés par Jérôme Thélot et Hisashi Mizuno, Paris, Kimé, 2005.

MARCHAL, Bertrand, « "Je suis le ténébreux…". Notes sur un *incipit* nervalien, ou saint Gérard, comédien et martyr », dans Fabienne Bercegol et Didier Philippot (dir.), *La Pensée du paradoxe. Approches du romantisme. Hommage à Michel Crouzet*, Paris, Presses de l'Université Paris-Sorbonne, 2006, p. 559-566.

MARCHAL, Bertrand, « Des *Odelettes* aux *Chimères* », dans *Gérard de Nerval et l'esthétique de la modernité*, Paris, Hermann, 2010, p. 33-45.

MARCHAL, Bertrand, « *Le Christ aux Oliviers* », dans Patricia Oster et Karlheinz Stierle, *Palimpsestes poétiques*, Paris, Honoré Champion, 2015, p. 191-205.

MARCHAL, Bertrand, « Nerval et la chimère du retour des dieux. Fortune d'une métaphore », dans Sylvain Ledda et Gabrielle Chamarat (dir.), *Nerval écrivain. Hommage à Jacques Bony*, Namur, Presses universitaires de Namur, 2019, p. 193-204.

MARIE, Aristide, *Gérard de Nerval. Le poète et l'homme*, 1914, Genève, Paris, Slatkine Reprints, 1980.

MOUSSA, Sarga, « Nerval et la tombe de J.-J. Rousseau », *Revue de l'Institut de Sociologie*, Université libre de Bruxelles, 1998/1-2, 2000, p. 119-131.

MURAT, Laure, *La Maison du docteur Blanche*, Paris, Hachette, 2002.

MURAY, Philippe, *Le XIXᵉ siècle à travers les âges*, [1984], Paris, Denoël, 1984 [« Pythagore en gilet rouge (Nerval) », p. 399-424].

NOZAKI, Kan, « Le partage du rêve chez Nerval », *Revue Nerval*, n° 1, p. 43-58.

OLSEN, Michel, « *La Reine des poissons*, conte populaire ou création poétique ? », *Revue romane* (Copenhague), 1967/1, p. 224-231.

OPIELA, Anna, *La Musique dans la pensée et dans l'œuvre de Stendhal et de Nerval*, Paris, Honoré Champion, 2015.

PICHOIS, Claude, « Nerval en 1830 », *Romantisme*, n°39, vol. 13, 1983, p. 170-171.

PINSON, Jean-Claude, « Nerval à l'avant de nous », *Revue Nerval*, n° 3, 2019, p. 111-121.

RICHARD, Jean-Pierre, *Poésie et profondeur*, Paris, Seuil, 1976 [première édition : 1955 ; « Géographie magique de Nerval », p. 15-89].

RICHARD, Jean-Pierre, *Microlectures*, Paris, Seuil, 1979 [« Le nom et l'écriture », p. 13-24].

RIGOLI, Juan, *Lire le délire. Aliénisme, rhétorique et littérature en France au XIXᵉ siècle*, Paris, Fayard, 2001 [« Le fou et ses lecteurs ("À Alexandre Dumas", *Aurélia*) », p. 517-581].

SANDRAS, Michel, « Nerval et le débat entre la prose et la poésie », dans José-Luis Diaz (dir.), *Gérard de Nerval, Les Filles du feu, Aurélia, « Soleil noir »*, actes du colloque d'agrégation des 28 et 29 novembre 1997, Paris, SEDES, 1997, p. 133-143.

SANGSUE, Daniel, *Le Récit excentrique, Gautier, De Maistre, Nerval, Nodier*, Paris, José Corti, 1987 [chapitre X : « Nerval : *Voyage en Orient, Les Nuits d'octobre, Les Faux Saulniers* », p. 349-406].

SANGSUE, Daniel, *Fantômes, esprits et autres morts-vivants. Essai de pneumatologie littéraire*, Paris, José Corti, 2011 [chapitre 23 : « Revenance et morts-vivants chez Nerval », p. 407-429].

SANGSUE, Daniel, « Trente ans après : le récit excentrique nervalien revisité », *Revue Nerval*, n° 2, 2018, p. 15-32.

SCHÄRER, Kurt, *Thématique de Nerval ou le monde recomposé*, Paris, Minard, 1968.

SCHÄRER, Kurt, « Nerval et l'ironie lyrique », dans *Nerval. Une poétique du rêve*, Actes du colloque de Bâle, Mulhouse et Fribourg des 10, 11 et 12 novembre 1986 organisé par Jacques Huré, Joseph Jurt et Robert Kopp, Paris, Genève, Champion-Slatkine, 1989, p. 153-164.

SCHÄRER, Kurt, « Reprendre à la musique notre bien : Nerval et le symbolisme », dans *Baudelaire et Nerval : poétiques comparées*, Études réunies par Patrick Labarthe et Dagmar Wieser, avec la collaboration de Jean-Paul Avice, Paris, Honoré Champion, 2015, p. 227-242.

SCHNEIDER, Marcel, *La Symphonie imaginaire*, Paris, Seuil, 1981, p. 127-132 [« Nerval qui aimait les chansons du Valois », p. 127-132].

SCEPI, Henri, *Poésie vacante. Nerval, Mallarmé, Laforgue*, Lyon, ENS éditions, 2008.

SCEPI, Henri, « L'essayisme nervalien. Étude d'une déviation », dans Pierre Glaudes et Boris Lyon-Caen (dir.), *Essais et essayisme en France au XIXe siècle*, Paris, Garnier, collection « Rencontres », 2014, p. 153-170.

SCEPI, Henri, « Fictions de l'origine », *Revue Nerval*, n° 3, 2019, p. 95-109.

SÉGINGER, Gisèle, « Nerval : une révolution à retardement ? », *Les révolutions littéraires : idée et histoire*, Textes réunis par Jean-Yves Guérin et Agnès Spiquel, Presses universitaires de Valenciennes, 2006, p. 157-173.

SÉGINGER, Gisèle, « Tout est mort, tout vit. Musset, Nerval : la double figure d'une génération », *Romantisme*, n° 147, 2010, p. 55-68.

STAROBINSKI, Jean, *L'Encre de la mélancolie*, Paris, Seuil, 2012, [p. 480-484].

STEINMETZ, Jean-Luc, *Signets. Essais critiques sur la poésie du XVIIIe au XXe siècle*, Paris, José Corti, 1995 [« Les poésies dans les *Petits châteaux de Bohême* », p. 71-86 ; « Un disciple de Du Bartas : Gérard de Nerval », p. 87-106].

STEINMETZ, Jean-Luc, « Quatre hantises (sur les lieux de Bohême) », *Romantisme*, n° 59, 1988, p. 59-69.

STEINMETZ, Jean-Luc, Préface à *Gérard de Nerval*, Presses de l'Université de Paris-Sorbonne, Mémoire de la critique, 1997, p. 7-27.

STEINMETZ, Jean-Luc, *Reconnaissances. Nerval, Baudelaire, Lautréamont, Rimbaud, Mallarmé*, Nantes, éditions Cécile Defaut, 2008 [« La double poésie de Gérard de Nerval », p. 21-50 ; « Le texte et la vie », p. 51-72 ; « La réception critique de Nerval au XIXᵉ siècle », p. 73-102].

STEINMETZ, Jean-Luc, « Le texte et la vie, ou le retour de Jenny Colon », *Europe*, n° 935, mars 2007, p. 25-37.

STEINMETZ, Jean-Luc, « La non-révélation des *Chimères* », dans *Gérard de Nerval et l'esthétique de la modernité*, Paris, Hermann, 2010, p. 19-32.

STREIFF-MORETTI, Monique, « Le *Pastor Fido* et les thèmes de *L'Arcadia* dans *Promenades et souvenirs* », dans Monique Streiff Moretti (dir.), *L'Imaginaire nervalien. L'espace de l'Italie*, Naples, Edizioni scientifiche italiane, 1988, p. 261-272.

SYLVOS, Françoise, *Nerval ou l'Antimonde. Discours et figures de l'utopie*, Paris, L'Harmattan, 1997.

SYLVOS, Françoise, « La référence au Burlesque dans l'œuvre de Gérard de Nerval », dans D. Bertrand et A. Montandon, *Poétiques du Burlesque*, actes du colloque de Clermont-Ferrand, Paris, Champion Slatkine, 1997.

SYLVOS, Françoise, « Nerval et Gautier, l'aventure d'une collaboration », *Bulletin de la Société Théophile Gautier*, n° 30, *Le cothurne étroit du journalisme : Théophile Gautier et la contrainte médiatique*, année 2008, p. 43-58.

THOMAS, Catherine, *Le Mythe du XVIIIᵉ siècle au XIXᵉ siècle (1830-1860)*, Paris, Honoré Champion, 2003 [« Gérard de Nerval : le XVIIIᵉ siècle ou le désordre créateur », p. 97-102].

TIBI, Laurence, *La Lyre désenchantée. L'instrument de musique et la voix humaine dans la littérature française du XIXᵉ siècle*, Paris, Honoré Champion, 2003.

TIERSOT, Julien, *La Chanson populaire et les écrivains romantiques*, Paris, Plon, 1931 [chap. II : « Gérard de Nerval ; les chansons populaires du Valois », p. 49-138].

TOUTTAIN, Pierre-André, « Cythère en Valois : Gérard de Nerval et les peintres du XVIIIᵉ siècle », *Cahiers Gérard de Nerval*, n° 12, p. 33-37.

TRITSMANS, Bruno, « Les métamorphoses du palimpseste. Souvenir et régénération chez Nerval », *Revue romane*, n° 21, Copenhague, 1989.

TSUJIKAWA, Keiko, *Nerval et les limbes de l'histoire. Lecture des* Illuminés, Préface de Jean-Nicolas Illouz, Genève, Droz, 2008.

VADÉ, Yves, *L'Enchantement littéraire. Écriture et magie de Chateaubriand à Rimbaud*, Paris, Gallimard, 1990.

VADÉ, Yves, « L'énonciation lyrique dans *Les Chimères* », dans *Aspects du lyrisme du XVIᵉ au XIXᵉ siècle. Ronsard, Rousseau, Nerval*, actes du colloque organisé par M.-H. Cotoni, J. Rieu, J.-M. Seillan à Nice, 5 et 6 décembre 1997, Nice, Publications de la Faculté des Lettres, Arts et Sciences humaines de Nice, Université de Nice Sophia-Antipolis, Centre de recherches littéraires pluridisciplinaires, 1998, p. 183-197.

WIESER, Dagmar, « Nerval au miroir de Ronsard et de Corneille », dans Laurent Adert et Éric Eigenmann (dir.), *L'Histoire dans la littérature*, Genève, Droz, 2000, p. 195-217.

WIESER, Dagmar, *Nerval : une poétique du deuil à l'âge romantique*, Genève, Droz, 2004.

WIESER, Dagmar, « Schiller, Heine, Nerval : la naïveté romantisée », *Revue Nerval*, n° 3, 2019, p. 29-48.

WULF, Judith, « L'utopie poétique de la langue commune », *Revue Nerval*, n° 2, 2018, p. 125-142.

ZINK, Michel, *Le Moyen Âge et ses chansons. Ou un passé en trompe-l'œil*, Paris, Éditions de Fallois, 1996, [« "La fée des légendes éternellement jeune". Chansons populaires, vieilles chansons. De Marot à Nerval, p. 73-90 »].

INDEX DES NOMS DE PERSONNES

TABLE DES MATIÈRES

LA BOHÊME GALANTE

PETITS CHÂTEAUX DE BOHÊME
PROSE ET POÉSIE

IMPRIM'VERT®

Achevé d'imprimer par Corlet,
Condé-en-Normandie (Calvados),
en Avril 2022
N° d'impression : 175633 - dépôt légal : Avril 2022
Imprimé en France